安倍晋三が〈日本〉を壊す

この国のかたちとは – 山口二郎対談集

山口二郎
内田樹
柳澤協二
水野和夫
山岡淳一郎
鈴木哲夫
外岡秀俊
佐藤優

青灯社

山口二郎：編

安倍晋三が〈日本〉を壊す

――この国のかたちとは：山口二郎対談集

装丁　眞島和馬

目次

I

内面の葛藤を持たない安倍首相

内田 樹 × 山口二郎

幼児化する安倍政治

山口　内田先生とお話ししたいことはいくつかあるのですが、まず一つは、日本における規範というものは今、一体どうなっているのか、ということです。つまり、我々が成長するにつれて、紙に書かれてはいなくてもやっぱり「こういうことはやっちゃだめだ」ということを、内面化する作業を通して大人になっていくわけです。しかし今、権力者が、明確な言葉になっていないルールはもうすべて無視してもいい、だから内閣法制局の長官もＮＨＫの会長も、全部自分の好きなようにする。つまり、そういうことをやってはいけないし、今までの権力者も自制してきた、という書かれざる規範といったものが本当になくなってしまったというのが、今の安倍政治の非常に大きな特徴です。、また、それを咎める人がいなくなってしまった現実がある。規範を自分で作ってそれに従うというのは、人間の知的能力の非常に重要な部分なのですが、そこがどんどん崩れてゆく日本は、一体どうなってしまったのだろうか、という疑問が、私が安倍政治について感じる一番大きな疑問なんですね。

内田　いろんな見方があると思いますが、ひとつは「幼児化」ということだと思います。ふつうの大人は、公的な行動規範と自分の私的な感情や欲望が対立して、葛藤する。よく昔の漫画でありましたけれど、お財布を拾ったミッキーマウスの頭の上に、「良いミッキー」と「悪いミッキー」が出てきて……。

山口　ああ、はいはい。

内田　「悪魔のミッキー」が「落としたやつが悪いんだから、もらっちゃえよ」とそそのかし、「天使のミッキー」が「だめだよ、ちゃんと返さなきゃいけないよ」とたしなめる。これやはり公私の別ということが機能していた時代の人たちの実感だったと思うんです。その葛藤の体感を分かりやすく図像化してある。あれは実際に、人間の中で脳内現象として起きていたことだと思うんです。

ジュリアン・ジェインズの『神々の沈黙』によると、古代の人間は意識の一方に集団の訓戒的な規範を、他方に個人的な感情や欲求を分離していたそうです。だから、『イリアース』の時代に、人々はほんとうに「神の声」を聴いた。聖書に出てくる預言者たちも「神の声」を聴いた。それは集団を維持するために必須の訓戒や、過去にあった危機的状況を生き延びたときの成功事例の蓄積などが脳内で別人格に解離して、判断に迷うことに遭遇すると、「その声」がなすべきことを語る。そういうことだったそうです。僕はその仮説をかなり信じているんです。その「神の声」が、ある時点から人間に聞こえなくなってしまった。しかたがないので、その声を外化して、法律や規範や常識というかたちにした。

『神々の沈黙』の仮説で僕が惹かれるのは、集団規範というのはもともとは個人の人格が二つに分裂したかたちで現われたという点です。私利私欲の追求や私権の拡大を求めるナチュラルな欲求とは解離したかたちで規範意識がある。その二つが個人の人格の内部で葛藤している。僕は規範意識というのは実はその葛藤そのもののことだと思うんです。公と私がひとりの人間の中で分裂し、対立し、葛藤していて、どちらにも片付けることができない。そのような不安定でダイナミックな状態そのもののことを「公私の別の感覚」と呼ぶのだと僕は思います。古代から近代まで、人間の社会的なふるまいを規定してきたのは、その内的な葛藤と緊張だったと思うのです。

そして、今の政治家を見ていて感じるのは、その内面的な緊張関係が失われているということですね。公と私が葛藤していない。

山口　まさにおっしゃる通り、パブリックな世界は、相反するものの葛藤から成り立っているのですね。書かれた法律と規範と並んで、マナーとか常識という、言語化されていなくても大人たちが共有するルール、その二種類のものを取り込んで、欲望とか感情というものをコントロールしながら何とかちゃんと社会の中で行動していく、それでパブリックな世界というのができているわけですよね。今の保守的な政治家は、パブリックなものを強調するくせに、パブリックな世界における行動の仕方がまったく分かっていない。安倍なんかはその極致で、自分の感情でもってパブリックな世界を一色に塗ることをためらわない、という問題ですね。それとちょうど裏腹の問題で、本来プライヴェートに任せておけばいい事柄について余計なルールをいっぱい作りたがる。

内田　そうですね。

山口　そこのところの規範意識の逆転現象が、今の安倍政治というか自民党政治の特徴だなと思うわけです。

内田　なるほど。

山口　だから、憲法改正案で国民に向かって道徳の説教をするというのは、やっぱりパブリックな世界におけるルールの本質を分かっていない人たちなんです。

内面的な葛藤がない安倍晋三

内田　公私の別というと、つい空間的に対立しているものを表象してしまうけれど、僕はそれとはちょっと違うと思うんです。公私は必ず分裂する。そして、公的規範と私念私欲との分裂に苦しむという状態そのもののことを「パブリック」と呼ぶと思うのです。その分裂と葛藤を通じてあたかも「公的な規範」というものが、私人とは別立てで単独で存在するかのように見えてくる。そういう遂行的な仕掛けだと思うんです。公私のいずれに与すべきかというとき、つまり個人的にはこうしたいけれど、規範は違うふるまいを指示するというとき、どっちに行ったらいいか分からなくなって、悩み、ためらうという事態そのものが、「公」ということの定義ではないかと思うんですよ。

公人の心得を述べた古諺に「李下《りか》に冠を正さず、瓜田《かでん》に履《くつ》を納《い》れず」というのがありますけれど、あれはやっぱり、人間というのはスモモの木の下に来た時についスモモの実の方に手が伸びてしまうという人性の自然から話は始まっていると思うんです。人間というのは李下ではついスモモに手が伸びてしまうし、瓜の田んぼがあればつい入り込んでしまう。それを前提にしている。だから、私人は葛藤しない。抑制がないから。スモモの木があれば、何もためらわず手を伸ばす。それが私人です。でも、公人は違う。公人は葛藤するから。スモモは欲しい。でも、人が見ていようが見ていまいが、「公人として人の範とならねばならぬ」というような規範意識があって、スモモに伸びたがっている手がこわばって動かない。そのいじいじ、じたばたしている「片づかない」感じが公人の「当たり前」なんじゃないかと僕は思うんです。別に君子然としてすまし返っていることが公人のあり方だと僕は思わない。そんな人間いるはずがないから。そうじゃなくて、小人と君子のどちらにもなりきれないで、そのはざまでじたばたするという余計な所作が、公人を公人たらしめているのだと僕は思うんです。だから、私的欲望を節度なく露出させる人間も、表情も変えずにきれいごとを棒読みにできる人間も、どちらも公人の資格を満たしていない。でも、今の政権党にはその二種類の人間しかいない。誰ひとり葛藤していない。誰もじたばたしていない。それほどまでに葛藤する能力を失ってしまった。それが「幼稚化」ということの実態じゃないかと僕は思います。

山口　そこはすごくよく分かるんですよ。自民党の憲法案で、家族の尊重とか、個人の私的な生き方に関することを非常に強調する。でも、家族というのはもちろん一番親しい人間だけど、憎たらしいこともしょっちゅうあるし、女房と離婚しようかと思うことも時々あるし……みたいな、まさに葛藤の中で家族生活を営むわけで。それを、憲法で家族を大事にしようなんて書こうと思う人は、多分、家族の葛藤なんて全然ない人たちなんでしょうね。

内田　経験してないか、あるいは葛藤があっても気がついていない。「公私混同」とか「公私の別がない」という言い方は昔からよくしています。でも、今はそういうのとは違う気がする。今だって「公」がなくなったわけじゃないんですから。公的規範なら、憲法でも法律でも自民党綱領でも官邸からのお達しでも、実際に存在している。問題は公がなくなったことじゃなくて、公私の対立という仮想的な分裂を、一人の人間の中に抱え込む能力がなくなったことなんです。だから、私的な感情や欲得を平気で剥き出しにした後、いきなり木で鼻を括ったような紋切り型を口にできる。その「間」のためらいがない。

山口 そうですね。スイッチが切り替わるようなものではないですよね。

内田 安倍首相を見ていると内面的な葛藤がないですね。自分の私念はすべて公的規範と結びついており、私的野心の追求はストレートに国益につながっていると信じている。公私の別がない。でも、それを安倍さんに理解させることは至難の業だと思います。安倍さん本人がここに来ても、たぶん上手く説得できないだろうなあ。「あなた、公私の葛藤に苦しんでいないでしょう?」と言ったら、「なんで私がそんなものに苦しまなきゃいけないんだ」と憤然と言われるだけだという気がしますね。

山口 だから、自分は一〇〇パーセント公的な人物、自分のやっていることは全部公共への献身、みたいに見做せるというのは、何かすごく大きな錯覚というか、ある意味でたいへん幼児的な自己中心主義だという感じもするわけです。

内田 一種の解離性人格障害を病んでいるとも言えますね。安倍さんだって人間だから、他人には言えないような私的妄想や私的欲望を抱え込んでいるわけですけれど、それと内閣総理大臣としての意識の間に葛藤がない。たぶんすぱっと切っているんだと思います。私人安倍晋三と政治的ペルソナとしての安倍晋三が別人になっている。子どものころから個人的に安倍晋三を知っているという人たちの証言によると、「安倍君はとってもいい子だった」って言うんですよ。「おとなしい、優しい子だった」って。

山口 ああ、そうですか!

内田 それを聞くと、現在の首相のありようとあまりにイメージがかけ離れているので、もしかするとどこかの段階で——家業を継ぐためにむりやり政治家にされた段階で、彼が生存戦略として人格解離を選んだということかも知れません。葛藤するにはあまりに「私人としてしたいこと」と「政治家としてしなければならないこと」がかけ離れていた。だから、どこかで葛藤することを放棄して、解離することにした。

山口　なるほどね。葛藤を封印しちゃうと、ああいう政治家になるわけですかね。

内田　葛藤するのってかなり精神力が要るんです。あの人は私人としてはかなりメンタルが弱いんじゃないんですか。だから葛藤するだけの精神力がない。そのメンタルの弱さが人格分裂を生み出した。体力・精神力があったら、「酸いも甘いも噛み分けた」器の大きい政治家になれたでしょうけれど、なれなかった。政治家をしているときは、他人の痛みや苦しみに対する共感力がほとんど働いてないですからね。他人からの疑惑とか不審の目にも何も感じていないみたいです。あれは、蟹の甲羅のような、甲冑みたいな外皮をまとって自己防衛しているからだと思います。それで、この「葛藤しない人格」が意外にも華々しい政治的成功をもたらした。その成功体験が強烈だったせいで、そこに居着いてしまった。そういう気がしますね。

葛藤を持たなくなった日本社会

山口　まあ、安倍個人はそういう形で説明がつくのかもしれませんが、日本社会も、そういう葛藤を持たないことを欲しているというのかなあ、葛藤を持たない指導者を戴くことを何とも思っていない、何の痛痒も感じていないという問題がありますね。今までは公的な世界での指導的立場に、あまり愚劣な、下劣な人物を置いては、任命した側の品性も問われるみたいな常識があって……NHKの会長などはその典型ですけどね。確かに放送法のどこを読んでも、バカを会長に任命してはいけないとは書いていないけれど、そんなことは別に言わずもがなで。あるいは百田（尚樹）みたいな変な男をわざわざ経営委員にしているとか、やはり、書かれていないルールは何をやってもいい──書かれていない、禁じられていないことは、もう何をやってもいいんだという、非常に子どもっぽい正当化です。私なんかも子どもの頃、親に逆らう時、何かお説教されたり何かをしちゃダメと禁止命令を受けたりした時に、「その根拠は？」とか言ってね。どこに書いてあるんだ、みたいなことを言って反抗したものですけれども。それがそのまま六〇の大人になっちゃってるという状況。安倍だけじゃなくて、今の日本社会にそういう葛藤を持たない文化というか、国民的な共通意識があるんですかね？

内田　葛藤を持たないことの方が、生存戦略上有利というか、葛藤を持たない方が競争において大きなアドバンテージがあるということが、どこかで集団的に確認されたんでしょう。内的葛藤を抱えている人間、公私の間で切り裂かれている人間、弱者や敗者に対して疚しさや有責感を持ってしまう人間は「競争においては弱い」ということがどこかで集団的に了解された。

山口　ああ、なるほどね。

内田　昔は、葛藤を持っている人間の方が人として深みがあるとか、練れているとか、厚みがあるとか、器が大きいとか、そういう評価があったのでしょうけれど、今はそういう評言をもう耳にすること自体がない。だって、葛藤を抱えている人間は「俺は正しい！」と言い続けられないわけじゃないですか。「君の言うことにも一理ありそうな気がする」と言う人間と、「俺が全部正しくて、お前は全部間違っている」と言う人間が対立したら、一昔前なら、前者の方が大人で、後者がガキだということで評価が決まったはずなのに、今は「私が一〇〇パーセント正しく、お前は一〇〇パーセント間違っている」と押してくる人間の方が勝つ。

山口　まあ、大阪市長だった橋下（徹）なんかもその典型例ですよね。

内田　まさに彼が典型的ですね。「なんだ、幼児的にふるまう方が政治的には大人より強いんだ」って、彼の成功事例を見て、みんなが学習したんじゃないですか。成功例の学習って、はやり言葉の伝播と同じで、ものすごく早いですから。

山口　政治の世界でこういう現象が出てきたのは、やっぱり安倍以後だと——安倍以前はさすがにみんな、たしなみとか、ある種の自制心とか……。

内田　そうですよね。麻生太郎も抑制の効かない人だったけれど、福田康夫にはまだ葛藤が感じられましたね。あ、葛藤がなくなったのは、小泉純一郎からですか。

山口　ああ、そうだそうだ。

内田　小泉からですね、政治文化が大きく変わったのは。やっぱり二一世紀に入ってからなんですね。この一五、六年というところでしょうか。

山口　あと、政治の世界だけじゃなくて、最近の東芝の不正経理とか、民間の世界でも相変わらずいろんな隠蔽とか無責任の体系が露呈したような事例が出ていて、そういうものを見ていても、エリートたちが葛藤しないということの害悪は、すごく明らかですよね。

内田　大きな権限を持っている人間は、自分に委託された権限に対していくぶんか気後れがあったと思うんです。自分のような人間がこんな大きな権限を託されていてよいのか。自分のような心が乱れて妄想を抑えがたい心の弱い人間が、人様に偉そうに説教していていいのだろうか……

とか、そういう気後れや戸惑いがギリギリのところで公人の腐敗を抑制していたという気がするんです。それがいきなり希薄になった感じがします。

山口 これはやはり知性のあり方とつながってくるわけで、内田先生もよくお書きになっているけど、大学教育って基本的に葛藤をする訓練をする場ですよね。

内田 そうですね。

山口 だから、答えのない問題を考えるとか、難しい本を読んで一生懸命考え込むとか悩むとか。そういう正解を早く、手っ取り早く理解するというのではない、知的な鍛錬をするのが人文系の……。

内田 理系だって同じだと思うんです。自然科学でも自分が仮説を立てた時に、実験で仮説を否定するような結果が出て来たときには、それを無視して自分の仮説にしがみつく科学者と、反証事例を直視して自分の仮説を書き換えられる科学者がいて、そこには断絶がありますから。

先日、福岡伸一先生からうかがったんですけれど、分子生物学でも、仮説を立てた時は、本当に次から次と自説に適合する事例が見つかるんだそうです。その時に優れた科学者は、これはもしかすると――おかしな言葉ですが、「空目《そらめ》」じゃないかなって思うらしい。どれほど冷静な知性でも、こういうときには必ず認知バイアスがかかるから。自分の仮説に都合のいい事例だけが目に入り、自説になじまない実験結果は目に入らなくなる。それは仕方がないんです。人間の脳はそういう構造になっているんですから。だから、その時に、もしかするとこれは「空目」じゃないかなと思える科学者とそう思えない科学者の間に、一流の学者とそうでない学者の差が生まれる。一流の学者と二流以下を分けるのは、認知バイアスに対する自覚の違いなんです。自分の判断に入り込んでいる曇りを、どれぐらい自覚できるか。その点では自然科学も人文科学も違いはないと思います。この逡巡できる能力、仮説と反証事例の間の不整合を苦しむことができる力が、最終的に知性のはたらきを担保しているんじゃないでしょうか。

金の力しか信じていない文科省

山口　そこまで言うと、先生もよく議論してきた大学の荒廃の話にもつながっていって、ちょっと繰り返しになるんですが、本当に大学教育で実益とか効能みたいなことばかり強調されると、もう葛藤することが本当にできなくなるわけですよね。ちょうど今日も教授会で、来年度の授業のシラバスをもっとちゃんと書け、みたいな話が出て、私なんかは今、学科主任をやっていて、人にむしろそういうことを要求する立場なんですね。本当に情けないですけど、授業をやりながら学生と対話しながら考える、なんてことを今シラバスで書くと、ダメなんですね。最初からもう、ゴールはここであって、こういう段階を踏んでここに行く、といった形で書かなきゃ授業じゃない、みたいな。

内田　信じられないですね。

山口　本当に、自動車教習所の免許の取得までの行程みたいで。

内田　僕が教務部長だった時に、やっぱり文科省からシラバスを詳しく書けっていう指令があって。僕も立場上、教授会でそれを伝達しなきゃいけないわけです。でも、僕自身はシラバスなんか教育効果と何の関係もないと確信していたので、シラバスなんか適当でいいですって教授会で言っちゃったんです。だって、自己評価委員会をやっている時に、いろいろなアンケートをとってみて、一つ分かったことがあって、それは「シラバスが詳細に書いてあった」ことと「授業満足度」の間には統計的相関がないということだったんです。僕は骨の髄まで合理主義者ですから、教育効果に関係もないことのために時間と金を使うことが我慢できないのです。詳しく書きたい人は書けばいいし、授業で何をするかは教室に行って学生の顔を見てから考えるという人はそうすればいい。でも、翌年「シラバスに精粗の差がある」という理由で助成金が削減された。僕はそのときにめちゃくちゃ腹が立ったんです。仮にも大学というのは知性の働きを問う場じゃないですか。そこで「意味がないこと」をさせようとするから「意味がない」と言ったわけです。それに対して助成金を減らすというのはおかしいでしょう。「シラバスを書くことには教育効果上このように意味がある」ということを論理的に立証すれば済むことじゃないですか。僕は僕の手持ちの統計的なエビデンスに基づいて、「シラバスと教育効果には相関がない」と言っている。だったら文科省も、統計的なエビデンスに基づいて「シラバスを詳しく書くと教育効果が上がる」ということを証明して僕を論破すればいい。僕だってそれを示されたら「なるほど」と引き下がって、来年からは全員に詳細に書かせますと約束しますよ。でも、何の反証も示さずにただ金を削った。これはもう本当に、知性の働きというものを文科省自らが否定しているに等しい。教育行政を司る省庁が知性の力を信じていない。金の力しか信じていない。「文句があるなら金をやらない」というのは要するに「人間はすべて金で動く。不本意なことでも、不条理なことでも、金で釣ればやる」という人間観を、文科省自身が露呈しているということですよ。こんな反知性的な省庁はない方が日本のためですよ。すみません、大学の話になるとつい興奮しちゃって……。

山口　いやいや、まったく悩みは同じです。そういう、葛藤しないことによって単純にゲームに勝つというさっきのご説明はとても腑に落ちるんですけど、もうちょっと掘り下げて行って、そういう、葛藤に耐えられない弱さ――精神の弱さ、知の弱さみたいなもの、それらはどこから来た問題なんでしょうかね。我々の教育の仕方が悪いからということで若い人たちについてはある程度、説明がつくのかもしれないけど。

安倍登場の背景にある弱い知の形

内田　知性をどうやって活性化するかというのは非常に古くからある問題なんですよね。それ自体は技術的な問題なんです。この技術に長けていたのがユダヤ人です。ユダヤ人というのはご存知の通り、非常に知性的な社会集団です。それはノーベル賞の受賞者数でわかります。部門によっては受賞者の二五パーセントがユダヤ人です。でも、ユダヤ人の人口は一三五〇万人。東京都の人口と変わらない。人口比では世界人口の〇・二パーセントにすぎない。それが統計的にありえない比率で、知的なイノベーションを担っている。別にユダヤ人だけ脳の構造が他と違うわけじゃない。ということは、ユダヤ人が集団的に実践している知的訓練の方法があるということになる。知性の使い方に集団に固有の「パターン」があるはずなんです。僕が思うには、ユダヤ人の集団的な文化の特徴は「ペンディングできる力」なんです。物事を宙吊りにできる。先ほど言いましたけれど、これこそ「空目」をもたらす認知バイアスを制御する能力なんです。自分の眼にはこういうふうに世界が見えるけれど、これは認知バイアスがかかっているせいでそう見えているだけではないか、これとは違う見え方があるのではないか、と。ユダヤ人はそういうふうに考えることができる。というか、そういうふうに考えることを集団的規範として命じられている。あれこれの問題がすっきり片づいて気持ちがいいという状態と、あれもこれも片づかないで気分が悪いという状態では、あえて後者を選ぶ。この座り心地の悪さに耐える能力を、大変に高く評価する社会集団なんです、伝統的に。

ユダヤ教の根本経典をタルムードといいますが、これはなぜかエディションが二つある。タルムードを解釈する律法学院も古代から二つあり、それぞれ異説を立てている。同時代には必ず二人の大律法学者が登場してきて、聖典の解釈について一方がある解釈を立てると、他方がそれに反論する。けっして聖なるテクストの釈義において最終的結論を出さないように制度そのものが設計されている。タルムードにも決定版というものがないんです。根本経典が現在も新たな注解が付け加えられて増殖し続けている。これがユダヤ教という宗教の際立った特徴だと思います。

僕はユダヤ的知性というのは「宙吊りにできる力」ということだと思います。弱い知性は話を片付けたがり、「最終的解決」を求める。ユダヤ人六〇〇万人を虐殺したナチス・ドイツの作戦名が「最終的解決」だったというのはその意味できわめて示唆的だと思うんです。知性についての文明史的な対立があるとすれば、それは「葛藤できること」と「葛藤できないこと」の間にあるのではないかと僕は思います。

日本の知性も、歴史的に見れば同じだと思うんです。葛藤しているときは多産的で豊穣で、葛藤がなくなると痩せ細る。日本列島には土着の文化があって、そこに大陸・半島から外来の文化が渡来してきた。言語の場合だと、土着のコロキアルな言語の上に、大陸から外来の文字がやってきた。漢字から仮名が作られ、外来の表意記号と土着の表音記号が共存するハイブリッド言語ができた。明治になると新たに欧米の学知がやってきた。知識人たちは外来の概念を中国人のように音訳せず、すべて漢字二字熟語に翻訳していった。土着のコロキアルな言語という「下地」はそのままで、「トッピング」を漢語から欧米語に置き換えた。でも、そういうアクロバティックな言語運用によって、明治の日本は短期間に近代化を成し遂げることができた。

神仏習合もそうですね。天神地祇を祀る土着の習慣に、外来の仏教を載せて、ハイブリッド宗教を作り出した。それが明治維新の神仏分離まで一三〇〇年続いて、日本固有の宗教的風土を形成した。

日本でも、文化的に生産的なものはほとんどつねに異物との出会いと、それとの習合から生まれたと言ってよいと思います。他者と出会って当惑し、一〇〇パーセント受け入れるでもなく、一〇〇パーセント退けるでもなく、「ナカとって」折り合うというときに列島住民の知性の活動は最大化した。

山口　そういうペンディングにする能力とか、ソリューションを簡単には見つけられないことに耐える、という、その辺がやはり今の政治を読み解くひとつの鍵かなと思います。私は政治学の分野で、なぜ安倍みたいな幼稚な人物が絶大な権力を持っているのかということを考えて、それを遡っていくと、バブルの崩壊あたり――九〇年前後くらいまで遡って、あの辺から始まったのかなと感じるんですね。それで近過去、近いところから遡っていくと、民主党政権が瓦解して、そのあと安倍が出てきた。ある種の政治の可能性――民主党が掲げた理想主義的な政治に対する幻滅で、安倍的なものを、ともかく消去法で支持してしまうということがあった。では民主党的なものがなぜ出てきたのかと言うと、その前、やはり九〇年代以降くらいの日本の政治や行政の停滞とか、腐敗とか、バブル崩壊、人口減少のような大きな社会変動に対して政治や行政が全然対応できていない。そういう問題意識が始まります。そこで改革とかソリューションを求める気分が、九〇年代以来二〇年くらい継続的に横溢していました。そのような流れの中で小泉が出てきたり、民主党が出てきたりという試行錯誤をやってきたわけです。単純明快なソリューションを求めるマインドでいくつかやったけれど失敗して、その最後に安倍が出てきて、とりあえず金融緩和、円安で株価を引っ張り上げて景気を良くしてくれた。そういう暫定的なソリューションをみんな見て、この政治を支持しているという状況なのだろうと思うんです。

戦後のシステムがバブルの崩壊とかグローバル化にぶつかって上手くいかなくなったという感覚を持つことは、まあ仕方なかったと思うんですが、何か代わりのすっきりしたシステムを打ち立ててモデルチェンジを図ればいい、みたいな九〇年代の改革の議論が、その後の政治における言説を支配しました。そして、政治の世界もすっきり勝ち負けを決める小選挙区制にするとか、行政の世界も内閣の集権化で司令塔をきっちり作って、そこでトップダウン型で指示を出して政策を動かしていく仕組みにすればいいとか、そういう政治や行政の制度を変えたことが、明らかに安倍的な政治を支える土台を作ってしまったということがある。まあそこで、経済成長が止まったとか、あるいは少子化と人口減少が進むとか、そういう状況に対して、これじゃいけない、従来の仕組みをゼロベースで見直して、何か別のシステムとか別のソリューションをという、そこの問題設定のところで、何か間違いがあったのかなという感じは……まあ、後知恵ですけど、あるわけなんです。

内田さんは、物事についてリセットとか、システム全体を転換するといったような言説に、常に懐疑的なことを書いてこられましたよね。

内田 そうですね。

山口 そこで、社会的な行き詰まりがある時に、どうやってシステムを直していくのかという、そこのイメージはどんなものですか?

社会システムを変えれば変えるほど悪くなる

内田 社会のシステムって、ぼんやり見ると、そこにすべて現時的に存在しているわけですが、その中には一〇〇〇年前からあるものと、去年できたものとが混在している。それらをまとめて「今のシステム」と呼ぶという乱暴なことをして、それは「既成の制度」だから全部リセットしなければならないということを言い立てている。でも、長い年月をかけてずっと存在して熟成してきた制度と、昨日今日に誰かが思いつきで作った制度を同列に論じてよいはずがない。でも、制度改革を論じる人の中に、ある制度がいったい「いつから」存在しているのか、その惰性の違いを重く見る人はほとんどいません。どう考えても、何百年もの間、変わらずに来た惰性の強い制度と、昨日できたての制度をどちらも「今ある制度」と呼んで一括りにするのはきわめて非科学的な態度だと思います。

例えば医療や学校教育はきわめて惰性が強い制度です。これはもう人類発生以来ずっと存在している。形態は変えながらですけど、本質的には変わっていない。近代医療や近代教育は市民社会成立と同時にかたちが整って、この二世紀ほど続いて、そこそこの成果を上げてきた。そういうものは選挙結果や株価の高下とリンクして急に変えていいものではない。国民国家が存立する前からあった制度を国民国家の都合で変えてよいはずがないし、株式会社ができる前からあった制度を「株式会社みたいに組織化されていないから、けしからん」と言うようなのは、意味のない言いがかりです。

こういう人類学的な制度は別の時間の流れで動いている。そういうものに対して「社会のニーズに対応していないから変えろ」とがみがみ言い立てる人間を、僕は信用しません。制度の中には、実状に合わせてリセットした方がいいものもあれば、換えが効かないから使いながら手直しするしかないものもあるし、これは絶対に手を着けてはいけないというものもある。

制度改革論者たちはまず例外なく、長い前史を持って惰性の強い、変化に対して強い抵抗力のある制度を攻撃してきます。そして、昨日今日できたばかりの薄っぺらなイデオロギー的な構築物を「わが国の伝統」だと言って擁護しようとする。彼らが攻撃を集中するのは医療、教育、司法、行政というような制度資本です。そういう種類の、本来であれば惰性の強いことが手柄であるような制度を、短期的な政治権力に屈服させようとする。必ずそうします。

「国家一〇〇年の計」と言いますけど、こういう惰性の強い制度は猫の目のようにくるくる変えるべきではない。三世代くらいはあまり大きくシステムを変えない方がいい。五〇年くらいは「ほとんど同じだった」というくらいが適当なのです。

小泉内閣以来の制度改革は「変えてはいけないもの」に集中攻撃を加えて、「変えた方がいいもの」を温存したような印象がします。だから、この間の行政改革や政治改革はほとんど失敗だったと言ってよいのではないかと思います。

山口　政治の世界は特に、制度を変えることによって別の政党政治の仕組みを作るという、すごく操作主義といいますか、設計主義的な発想でものごとを変えてしまったんですね。私なんかは、そこについて、今から振り返るといささか忸怩たるものがあります。例えばイギリスのような二大政党制、つまり小選挙区制のもとで二大政党制をやってきたシステムを日本も真似してみたい、みたいな議論があったけど、イギリスには長い長い政党の発達の過程と長い時間の中での政治の蓄積もあって、今日の政党システムがあるわけです。選挙制度が何かの政党システムを作ったわけではないですよね。社会的な背景とか、一九世紀の階級社会とか、もうちょっと前のある種の地主とか貴族とか、いろんな、まさに歴史的な遺産の上に今日の政党というものがあるのだということを日本で改革を叫んだ学者や評論家は理解していなかった。

日本ではすごくせっかちに、九〇年代にバブルが弾けるのと、冷戦の終わり、グローバル化と非常に大きな変化が同時的に起こった。だからさあ大変だという感じで、非常に短期的にソリューションを求めて、じゃあもうここの制度を変えて、そうすると政治家の行動も変わるから、それで政党を集約して……という、何とも荒っぽい発想でした。それで外形的な二大政党制らしきものを作れば多分、時々政権交代も起こるだろうというような、まあ今から思うとすごく粗雑な議論をやって、それ以前の政党システムを壊した。そうは言っても九〇年代には、その前の思考・仕組みの中の惰性があって、小渕とか森といった昔ながらの政治家が総理大臣をやりましたが、小泉という人はそのような変わった制度を最大限フルに活用して権力を握り、政策を転換した人です。さっきの話でもあった、そこの部分と重なってくるわけですね。そこから本格的に変わり始めた。

それで、一度民主党が政権を取った時に私なんかは応援をしたわけですけど、大きな流れとして考えてみると、やっぱり葛藤を避けて短期的なソリューションを国民に示して、パッと支持を集めて権力をとるという政治のスタイルは、ずっと一貫している。民主党が金科玉条にしていたマニフェストなるものも、その一例でした。民主党でも自民党でも、そこは全然変わりはなかったという反省になってしまった。

民主主義で政策を転換していくという時に、選挙の時に政策を示して国民がよいと思う方を選んで、勝った方が政策を変えていくという素朴なモデルがあるわけですが、先ほどから言っているように、大学をはじめとして、変えてはいけないものに無理矢理手を加えて、変えれば変えるほどどんどん悪くなっていくという分野があまりにも大きくて。そうすると、政治の力を使うことで世の中の仕組みを改良していくということ自体、もう無理なのかというような、そういうシニシズムを私はどう考えていいか、今は分からなくなってきました。シニシズムに浸ると、民主主義とか政治とか、あまり議論する意味もなくなってしまうし。どこに人間の力、人間の知性で社会を改良していく余地があるのかということを、内田先生はどうお考えになりますか?

テレビで安倍の顔が出てくると消す

内田 日本の政治って、それほど変わらないと思うんです。もちろん政権交代があったり、極右政権が出てきたりということはありますけれど、変わり方は変わらない。ある政治形態が長く続くと、飽きてくる。もういい加減にしろというような倦厭感がじわじわ拡がってきて、その「うんざり感」がある閾値を超えると、劇的に政治が変わる。「一寸先は闇」と言いますけど、最後の一滴がぽつんと落ちた瞬間に、リトマス試験紙の色が変わるように色が変わる。政治の世界って、その「一滴で変わる」という事例がたいへんに多い世界だと思うんです。だからこそ、政治家は医療や教育のような惰性の強い社会制度を嫌うわけですけれど。でも、政治を動かしている文法は、医療や教育や行政の文法とは違うんです。だから、政治的な文法でその他の制度資本について語るべきではないし、同時に市民生活の価値観やルールをそのまま政治過程にあてはめることも自制しなければならない。僕はそう思っています。それなりの距離を持つべきだと。

僕は「ベストな政治システム」というものはないと思っています、とりあえず「今より少しはましなシステム」を人はつねに求める。よりましなシステムを求めるという趨勢は、何があっても変わらない。独裁制を選ぶ時も、人々はそれが「よりましなシステム」だと自分に言い聞かせている。だから、仮に独裁政治が一定期間続いた場合でも、どこかで必ず崩壊します。どこかで飽きて、うんざりして「よりましなもの」が欲しくなるんです。権力の内側にいて、独裁制の受益者である人間たちでさえ、自分たちに利益をもたらす仕組みに飽きるということが起きる。別に本人は「飽きた」とは思っていないし、「違う政体に移行した方がいい」とも思っていない。けれど、複数の政策選択肢のうちから、つい政体の寿命を縮めるようなものを選択してしまう。独裁政体だって、上が善政を布けば延命できるんです。けれども、そうしない。下々が苦しむような政策ばかりつい選択してしまう。国民が飢えているのにとんでもない贅沢をしてみたり、無法な行いをして国民を苦しめたりする。それは無意識のうちに彼らが滅亡を願っているからなんです。人間を政治的に衝き動かす一番大きな動員は実は「飽きる」ことなんです。飽きると、自分にとって有利な政体であっても、別物と換えようとする。

社民党は今度の参院では比例代表区で二人取れないかもしれない。不思議ですよね。社民党って、言っていることは至極まともなんですよ。ほんとうに正しい政策で、国民がどうして自分たちへの恩恵を約束するこの政党を支持しないのかというと、「飽きた」からなんですよね。話を聴いても、ぜんぜんわくわくしない。でも、政治を語るときの語り口や、運動の仕方とかはもうあまりにも定型的で、どきどきしてこないんですよ。僕自身は福島みずほさんのことも大好きだし、社民党にはぜひ頑張ってほしいと思っているんです。でも、福島さんと対談していても、「定型」的な話になると、聞いているときの注意力が一気に低下してしまう。話しているコンテンツの正否とは関係ないんです。内容は正しいけれど、聞き飽きるということがある。やっぱり橋下さんとか安倍さんとか、新しいキャラクターが登場してきて、反知性主義と言っていいと思うけれど、従来だったら公人の規範を守るべき人たちが平然とそのルールもマナーも踏みにじっていると、そちらの目新しさについ目が行ってしまうんです。小泉純一郎から始まった流れだと思いますけど、僕たちはつい「目新しいもの」に惹きつけられる。でも、すべての流行と同じで、必ずこの「今、目新しいもの」も飽きられる。それは株価が上がろうと外交的な成功を収めようが関係ない。飽きる時は飽きる。膨満感がある閾値を超えると、「何か違うものない?」というふうに気持ちが動いてしまう。

僕はこの「飽きる」という情動は、政治システムの交替の基準としてはそれなりに意味があるという気がしてきているんですよ。何か上位の、「あるべき政治」という崇高な理念があって、それに照らして今の政権や政策の当否を論じるのではなく、「言ってることはよく分からないんだけど、なんか惹かれる」とか「言っていることは正しいと思うけど、なんか飽きた」というような基準で、結局僕たち有権者は為政者を選んでいる。理念の正否よりも「飽きたか、飽きないか」の方が明らかに市民の政治的選択に対する影響力は大きい。

安倍政治は早晩飽きられる。これは避けられない。これまで飽きられなかった政治家なんて一人もいなかったわけですから。そろそろ「もう飽きたよ」というかたちの劇的な反動が来ると思います。僕の周りの人には、テレビのニュースを見ていて安倍の顔が出てくると瞬間的に消すという人がいます。それは個別的な政策に反対というレベルのことじゃないんです。生理的にうんざりしている。本当だったら、安倍政治を批判しようと思ったら、きちんと国会の答弁も全部聴いて、施政方針演説も全部聞いて、論のどこに瑕疵があるのかとか調べないといけないんだけど、もうそれができない、厭で。これは政治を語る態度としては、ほんとうはよくないことなんです。でも、テレビに安倍さんの顔が映ると反射的にチャンネルを替えてしまうという反応の方が、ある意味ではより「政治的」なのではないかという気がするんです。

なぜ民主党は安倍批判をためらうのか

山口　ただ、政治の世界はやはり、別の選択肢を作っていないと、いくら飽きても続くというか……自民党政権の、一九八〇年代・九〇年代くらいは、他がないからかなり飽きたけど続くという面もあったと思います。そういう意味で言うと、野党側の問題はきわめて大きいわけです。民主党の……何と言うか、自信喪失、アイデンティティ喪失というのが、これも私たちにはなかなか分からない。私はずっと近くで民主党を見てきて、いろんなアドバイスもしてきて、安倍政治がいろんなバカなこと、あるいはめちゃくちゃなことをやっているわけだから、これを否定することは、野党としてはきわめて簡単なはずではないかと言ってきました。だけど、何か安倍を批判することを逡巡するみたいな気分がある。あるいは、明確に対決をする野党としてのスタンスをとることを躊躇するという気分が。ここが今一つ分からない。

内田 何でですかね。

山口 まあ、本来、自民党に近い保守的な考えを持っている人が、選挙区の都合でたまたま民主党から出て民主党の政治家を何年もやってきたけど、本当は自分はあっちに行きたいんだという本心を持っている政治家の心理、それはまだ分かります。岡田（克也）なんかは九三年に自民党を出てから二〇年以上ずっと、ともかく歯を食いしばって野党を貫いてきたわけなんですけど、それでも、何のためにあなたは野党の指導者を今やっているんだという思いがあまり伝わってこない。安倍政治を見ていてあなた方は悔しくないのか、みたいな、そういう、「あいつ絶対嫌だ」とか「あいつは許せない」とか、そういう感情のレベルからも、今の安倍政治に対する反発というのがあまり伝わってこないんです。

内田 そこが不思議ですね。

山口 何なんだろうこれは、という。

内田 何なんでしょうか。

山口 たとえマスコミから批判を受けても、あるいはいろいろ保守派のネット民からバカにされても、政治家としては、もう自分の立ち位置を明確にせざるを得ないというような話になるはずなんですけどね。

内田　「貧すれば鈍す」ということかな……没落期の社会党なんかもそうでしたけど、どこかの段階で、もう何かを捨ててしまったでしょう。政権獲得なんて夢のまた夢となった後、長期低落傾向の中でなおよく戦い続けるということはきわめて困難な仕事なんでしょう。長期低落期に後退戦をよく戦って、残すべきものを残したという政党を僕は見た憶えがない。落ち目になるともう一気に瓦解する。

民主党の場合、もう政権交代は無理だけれど、自分一身に限って言うと、あと二期や三期は国会議員ができると思っている「選挙に強い」人たちがいて、その人たちが民主党の中核を形成している。彼らからすると、あと一〇年くらい国会議員ができたら引退して、どこかの大学の客員教授でもやるかというようなライフプランを立てていれば、いまさら際立ったことはもう面倒になっているんじゃないですか。そういう自己保身の気持ちは一度出てくると、もう新しいことはできなくなる。

公明党だってそうじゃないですか。自民党についてゆくしか政策がないんだから、創価学会からの支持が先細りして、あとは党勢は縮小してゆくだけでしょう。自民党の補完勢力として相手にされるのもあとせいぜい一〇年でしょう。それが分かっていながら、立党の原点に返ってもう一回党を作り直すということを言い出す人はいない。創価学会員の知り合いに聞くと、彼らは政権与党の特権に甘えてさんざんいい思いをしてきたので、それを手放せなくなっているんだと言ってました。党の先のことより今の自分の議席を守りたい一心なんじゃないですか。

山口　社会党の末期もそんな感じでしたね。土井さんでパッと、ちょっと盛り返したけど、その後、土井さんが引っ込んでからは、もう全然だめで。

内田　長く議員をしていると、後援会や支持者たちのネットワークができますよね。それが言い訳になる。自分の周りには、たくさん自分のことを頼ってきている人がいる。自分を中心に動いている「マシーン」がある。それを簡単に自己都合で壊すわけにはいかない。地域の利益を代表し、特定の業界を代表し、地元の陳情の窓口になっているわけだから、自分が議員であり続けることには意味がある。そう自分に言い聞かせることができる。国家的なビジョンを語ることはもうしない。だけど一人の地域代表としてはそこそこの仕事を果たしている。それで十分じゃないか。そういうふうに自分に対する言い訳ができると、もう冒険はしませんよ。

アベノミクスの恩恵を受けている連合

山口　やっぱり自民党政治に対抗するというのは、日本では大変に困難なことです。英語で“Natural Party of Government”「当然の与党」という言葉があって、保守党がNatural Party of Governmentなわけですけど、日本の自民党はもっとナチュラルな政権党なので、これに対抗していくことは容易じゃない。それで、九〇年代以降の政党再編、あるいはもう少し前の労働界の連合結成、そのあたりから自民党に対抗する塊をつくるという動きが広がった。やっぱり尖鋭なことを言う少数派では世の中は変えられないから、まず数を大きくしようということで、労働組合も総評と同盟がくっついて連合を作り、政党の方も旧社会党の一部やその他いろんなものが集まって民主党を作って、要するに数の上で存在感を国民に示して自民党に対抗していく路線で二〇年ちょっと戦ってきました。これが今は、上手くいっていないなあという感想です。むしろ正当性とか、とんがった思想あるいは政策理念みたいなところで勝負しようとしないと、人々の期待を集めることはできません。何となく数が大きい、そこで拮抗する対抗勢力というのは、飽きられてしまっていますね。

内田　二大政党ビジョンというもの自体がもう飽きられていますね。自民党みたいな政党が二個できるだけだっていうことが分かっちゃいましたから。多少政策に濃淡はあっても、組成は同じなんですから。

山口　民主党が最近ダメだった理由の一つは、私はやっぱり連合にもあると思っています。連合の基本は、官公労もいくつかあるだろうけど、鉄鋼とか電気とか自動車とか電力とかいう民間の大企業の組合で、そうするとやっぱりこの人たちだけはアベノミクスでトリクルダウンの恩恵を受けているわけですね。だから安倍政治に対して戦おうという気持ちを持たないのはむしろ当然なのかもしれません。そこらへんがやっぱり民主党にも当然伝わっていて、本気で戦おうとしないというか、自分たちの組織代表だけいればいいといったような、誠に生ぬるい政治認識が根底にある感じもするわけです。だから、今度の参議院選であんた方、大敗したらもう終わりだぞって、存亡の危機だって僕らは言うんだけど、それが共有されていないというところが……。

内田　民進党も社民党になりそうですね。

山口　共産党が野党第一党みたいになって……。

内田　可能性はありますね。参院戦で、このまま野党連合ができないままだと。

山口　とんがったイデオロギーみたいなものを政治の世界でたてなければいけない。昨年の安保法制の反対運動を見ても、新しい担い手は登場しつつあるわけなので、我々みたいな年寄りがちゃんとその道筋を引いて、若い人たちにもっと活躍の場を作っていって、対抗イデオロギーを作るということが、私はできると思うんです。

世界中で復権しているリベラル勢力

山口　そこでその左派リベラルの復活の可能性みたいな話をちょっとしたいと思うんですけど。

内田　そうですね、少しは希望のある話をしたいですから。僕は「左翼のバックラッシュ」という現象は今、世界的に起きていると思うんです。米民主党の大統領候補バーニー・サンダースは社会主義者だし、英労働党の新党首ジェレミー・コービンも民主社会主義者ですし、カナダの新首相になったジャスティン・トルドーもリベラル派です。アングロ＝サクソン圏の、それも新自由主義の先進国において、市場に任せればすべてうまくゆくという市場原理主義に対する補正の動きが始まっている。バーニー・サンダースには、僕はとにかく注目しています。もしこれが民主党の大統領候補で一位になったら、アメリカ政治史における転換点になりますね。

山口　まあアメリカも、二〇世紀の初めには社会主義とか労働運動もけっこうありましてね。ちょうどだから今と同じで、一九世紀後半にアメリカの資本主義が勃興して、二〇世紀の初めはもう資本の横暴がめちゃくちゃに進んだ時期で、それに対する市民というか庶民の反対運動みたいなものが出てきた時代ですよね。

内田　そうですよね。

山口　だから、一〇〇年ぶりくらいに、そういうある種の左派的な政治思想が出てきているという状況ですね。

内田　アメリカの中にも左翼の血脈というのはあったと思うんですね。アメリカ共産党の立党は一九二一年ですし、三〇年代にはスターリン主義者とトロツキストが党派闘争を展開したり、他国とマルクス主義をめぐる事情はそれほど違っていたわけじゃない。アメリカの左翼が徹底的に潰されたのは、ジョセフ・マッカシーとジョン・エドガー・フーヴァーというかなりファナティックな二人の人物の関与が大きいのではないかと思います。フーヴァーは四八年間もＦＢＩの長官をやって、八代の大統領を背後からコントロールしていた怪物ですが、マッカーシーズムの時代にＦＢＩは非米活動委員会と協力して、左翼を徹底的に摘発しました。コミンテルンがアメリカでスパイ活動をしていたのは歴史的事実ですけれども、あそこまでヒステリックに左翼が弾圧されたのはマッカーシーとフーヴァーの個人的な偏見も相当影響していると僕は思います。あの二人がいなければ、アメリカの左翼運動はずいぶん違った歴史的展開を遂げた可能性もある。

結果的にアメリカの左翼の伝統が消えてしまったけれど、完全に消えたわけじゃない。かたちを変えて生き延びた。左翼の「アヴァター」がビートニクとか、ヒッピームーヴメントとか、公民権運動とか、ブラックパンサーとか、カウンターカルチャーにかたちを変えて脈々と継続したんじゃないかと僕は思います。そして、半世紀経って、東西冷戦が終わり、共産主義の脅威もなくなったら、社会主義に対するアレルギーもなくなった。

山口　ええ、確かに。冷戦が終わってもう二五年だから、ソーシャリズムといっても別に危険思想ではなくなったということでしょうね。

内田 若い人の場合は、現代史のダークサイドを知らないから、「社会主義って、何ですか?」という感じになっているんじゃないでしょうか。「社会主義」というのを素朴に「個人主義」の反対のものくらいに考えているかもしれない。

山口 そう。しかも言っていることは誠にまともな政策で。大学の学費を安くするとか。

内田 すごくまともですからね。大学の学費無償化とか、国民皆保険とか、銃規制とか、若い人たちにとっては、自分たちの生活にいきなり直結する政策ばかりですからね。

山口 賃金を上げるとか。

内田 そうです。自分たちの要求をサンダースが代弁してくれているわけですからね。支持されて当然だと思います。でも、この「左翼のバックラッシュ」が可能になるためには、冷戦が終わってから二五年という時間がやはり必要だったんでしょうね。

山口 必要だったんですね。

内田 だから、これからジワジワジワっと、拡がっていくんじゃないかな。

山口 そうですね。だから、レフトが担っていたソ連型社会主義の記憶をロンダリングするために、それぐらいの時間がかかったわけだけれども。

内田 それに、中国が社会主義の国だとはもう誰も思わなくなった。

山口 ああ、確かに、確かに。だから、世界を見渡すとけっこう、その日本語でいうところのリベラルというか、まあレフト、あるいはアメリカのリベラルが復権してきているということです。アメリカというのはおもしろい国で、大統領選挙を四年に一回やって、あれはやっぱりお祭りだし、人々が政治的なアイデンティティを思い出す国民的な行事なわけですよね。俺ってどこの立ち位置だっけ、みたいな。それで今、オバマが八年やっていたけど、なかなかやっぱり資本の横暴など十分にはコントロールできていない、成果も限られているという状況で、もう一歩踏み込んでやろうという人が出てきて、そこに特に若者なんかの支持が集まっているという状況なんでしょうね。もうクリントンも……まさにさっき言ったように、飽きがあるんでしょうね。

内田　そうですね。ヒラリー・クリントンも、最近になって登場した人だったら、おそらく圧勝したでしょうけど。でも、悪いけれどビル・クリントンの時代から出ずっぱりですからね、もう見飽きたという有権者が多いんじゃないでしょうか。それに、政治の舞台に長くいると、あちこち顔を立てないといけないステイクホルダーが増えて、切っ先が鈍くなってくる。

山口　確かに、守りに入ってしまうとね。

内田　守りに入った候補者はなかなか勝てないんじゃないかなあ。オバマも最初の大統領選の時は、“Change !”のひと言で勢いに乗りましたからね。流れから言ったら、八年前のオバマみたいに、バーニー・サンダースが一気に行く可能性はあります。もしサンダースが勝って、相手がトランプだということになったら、大統領選の争点は劇的に分かりやすいものになりますね。

元駐日英国大使のコルタッチさんという方が『ジャパンタイムズ』に寄稿して安倍改憲について論じていたのですが、その寄稿文の終わりの方に、アメリカの大統領選挙について少しだけコメントしていて、今年の大統領選挙を、英国の人もヨーロッパの人も手に汗握って見つめていると書いてあった。もしトランプになったらどうしようって。それをヨーロッパ中が心配しているって。まあ、そうでしょうね。「トランプだけはやめてくれ」というのは、ヨーロッパ諸国の本音でしょう。アメリカの共和党支持者たちも、トランプに自分たちの気持ちを代弁させて溜飲を下げているんでしょうけれど、大統領選挙で民主党の候補に勝てるとは思っていないんじゃないかな。

不快な隣人に耐える

山口 だから、そういう形の左派の逆襲という希望もあるけど、他方でやっぱりヨーロッパはイスラモフォビアというか、移民の問題とかテロの問題で自由な社会の根底が相当動揺している。何と言うのか、市民社会の脆さ弱さみたいなものも見えているわけですけど、フランスが専門の先生から見て、フランス革命以来築いてきた普遍主義とか人権の観念というのは、これからどういうふうになっていくと思いますか？

内田 悪いけれど、ヨーロッパの市民社会原理はかなり劣化してきましたね。フランスで露呈したのは、エマニュエル・トッドが『シャルリとは誰か？』で書いている通り、普遍主義の名におけるイスラモフォビアですからね。フランスのローカルな価値観にすぎない政教分離を、人類全体が共有すべきものとして、フランスのイスラーム信者たちに強要している。「シャルリ・エブド」のときの国民的規模のデモがありましたね。あれについてトッドは非常に批判的なんです。僕もトッドの説明には納得できるところがある。今度「我々はシャルリだ」ということで集まった連中というのは、トッドによれば、かつての反ドレフュス派、ヴィシー派と同じ流れだという。

山口 はーあ。なるほどね。

内田 国民戦線の支持層ともかぶるんです。やっぱりフランスにもアメリカと同じように二つの対立的な政治文化がある。平等主義的、リベラルな政治文化と、伝統的な――かつてシャルル・モーラスが「深いフランス（La France profonde）」と呼んだ政治文化です。「表層のフランス」と「深層のフランス」の二項対立という図式は、一九世紀のエドゥアール・ドリュモンの反ユダヤ主義の時も、シャルル・モーラスの王党派イデオロギーの時も、ヴィシーの「国民革命」の時も、ずっと同じなんです。農耕的でカトリックで非常に階層的な「深いフランス」と、無神論的で平等主義的でコスモポリタン的な都市部「浅いフランス」が、具体的に地域差として存在している。アメリカの東西の海岸にニューヨークとロサンゼルスとがあって真ん中に共和党の支持基盤である中西部があるように、フランスの場合はパリ盆地と南仏が、アメリカにおける民主党の基盤であるニューヨークとロサンゼルスに相当する。そして、パリ盆地を囲むようにアメリカの中西部にあたる「深いフランス」が拡がっている。

今回はイスラームという新しい問題で、フランスのこの伝統的な二項対立図式が甦ってきた。そういうことなんじゃないかと思います。もう、普遍的な「何とか主義」でフランス全体をまとめることは諦めるしかないんじゃないでしょうか。フランスに限らずどこの国でも、普遍主義的な単一原理の下に多文化集団を社会的に統合包摂するのは、もう無理だと思いますね。これからは個人ベースで、具体的に目の前にいる隣人と付き合っていくしかないと思う。そういう場合に行動規準になるのは政治的原理じゃなくて、もう「人として」といったような倫理しかないと思います。困っている人がいたら気の毒だから手を差し伸べる。飢えている人がいたら食物をあげる、住む家のない人がいたらわが家の扉を開く。そういうプリミティブな「惻隠《そくいん》の情」のレベルでしか他者との共生はできないんじゃないかと思います。「移民と難民の違い」というような議論をしても始まらない。大義名分を決めてからどうふるまうか決めるというものじゃないでしょう。「移民問題とか多文化共生とか難しいことは分からないけど、隣の部屋にいるハサンさんや向いに住んでるチャンさんとは、とにかく会ったら『おはよう』と挨拶して、困ったことがあったら助け合う」というような、生活レベルでの共生を実践してゆくしかないんじゃないですか。だって、隣人として現にそこにいるわけですから。何を考えているのかよく理解できない隣人と、あれこれとトラブルを起こしながらもなんとか折り合って暮らしてゆく。どう関わるべきかについての原理原則はないけれど、とにかく隣に住んでいる以上は折り合って暮らす。それが、言ってしまえばリベラリズムの一番いいところじゃないですか。リベラリズムの一番いいところは、「リベラリズムとは何でなければならないか」というようなうるさいことを言わないということでしょ。

山口　ああ！　でもそこは最初に出てきた葛藤の話にまた戻るわけですよね。ある程度、嫌だなあと思いつつ、でもまあともかく上手くやっていこう、みたいな。

内田　必要なのは、不快な隣人に耐えるための技術と知恵だと思うんですよ。理解し合い共感し合わなければ他者とは共生できないというようなことじゃないんです。理解も共感もできないけれど、隣人なんだから折り合うしかない。残念ながら「不快な隣人に耐えるための政治思想」というのは存在しないんです。それは政治思想のレベルの問題ではなくて、「人として」生きるマナーみたいなものですから。でも、それでいいと思うんです。「人として」で。常識とかマナーとか家風とか自己規範とか、そういう非原理的なものに依拠するしかない。

山口　なるほど、うんうん。そうしてみると、やはり日本の政治状況に対して我々が提示すべきある種の理念の軸みたいなものが見えてくると思うんですよ。つまり、安倍的なるものというのはまさに排除の政治であり、何と言うか、架空の「日本的なるもの」みたいなものを勝手にでっちあげて、それに合わないものをどんどん切っていく、弾き飛ばしていくという政治のやり方ですよね。

内田 そうですね。本当に架空の——架空の日本文化とか架空の伝統を、架空の韓国人や架空の中国人に対置させている。どっちも架空なんですよ。架空の集団を思い描いて、それに対して愛着を示したり嫌悪を示したりする。そこには個人の顔がまったくない。「ハサンさん」も「チャンさん」もいない。

山口 だから、そう。個人を見ないから、そういうソリューションが書けるわけですよね。「中国は怖い、北朝鮮はけしからん、女は男に従属しろ」という形で、十把一絡げに扱うという。

内田 安保法案を一まとめて提出したというところに、それが端的に出ていますよね。個々の法案に「顔」がない。一本まとめて、「架空の戦争」に備えた「架空の準備」の法律ですから。

考える議論を続けること

山口 その「人間として」接する、というところから共存のあり方を考えるということが、これから対抗勢力が目指すべき理念ということになるだろうと思うんですけど、日本の左派とか日本のリベラルといったものがこれから立ち直っていくための条件として、何がこれから必要になっていくのでしょうか。

内田 うーん。何でしょうね。僕が福島みずほさんと話した時は、とにかく基本は「やさしさ」ですよね、という結論になったんです。やはり政治的対立というのは、ある種の厳密性とか不寛容とかいうものがどうしても前面に出てくる。この「排除の政治」に対して僕たちが応じるためには、もう少し「手触りの優しい政治」を対置するしかないですね。政治をもっと手触りの優しい言葉で、耳に障らない語調で語ること。あとは、具体的な生活のレベルで政治的な実践を行ってゆくということ。マスに対してマス、理念に対して理念、綱領に対して綱領、政策に対して対案という同じレベルでの対立ではなくて、レベルを「ずらす」ということですね。

去年夏の国会前デモで感じたことですが、国会内部では国会議員のおじさんたちが、とにかく「戦争できるように国のかたちを変えろ」と青筋立てて怒鳴り合い、殴り合っていた。外では若者たちが雨に濡れながら、「憲法を守れ」「立憲政治を守れ」「選挙に行こう」「野党がんばれ」と叫びながら「国のかたちを変えないで」と訴求していた。国会の中では「変えろ」、外では「変えるな！」と言っていたわけです。普通は「変えろ」というのが若者で「変えるな」というのが保守派の老人たちのはずなんですけれど、それが逆になっていた。だから、今の政治的対立は「保守と革新」の対立じゃないんです。

これは動議の構図と少し似ているなと思うんです。議事法では、なかなか結論が出ない難しい議題を議論している時に、「もうこんな議論をぐだぐだ続けていても埒があかないから、白黒つけよう」という議事打ち切りの動議というのが出ることがあります。「A案が嫌なら、対案を出せ、対案がないなら黙っていろ。議長、もう裁決を取りましょう」という声が大きくなった時に、「すみません、もうちょっと議論を続けませんか？」と言い出した人がいた。「延会の動議」です。

この「採決動議」と「延会動議」では、延会動議の方が優先順位が上なんですよ。「もう議論を止めよう」という動議と「もっと議論を続けよう」という動議では、「もっと議論を続けよう」という動議から採否を始めないといけない。僕はここに人類の叡智の一端があるなと思ったんです。「もういいだろう、十分に議論したんだから。どっちが多数派かで白黒つけよう」というのが今の日本では「最後の言葉」だと思われていますけれど、本当はそれよりも「もっと話しましょう」という動議の方が先に扱われなければならない。これは合意形成についてのルールとして実に奥が深いなと思いました。安保法案のとき、国会内では「もう議論は尽くした、もう採決しよう」という動議が出され、外では若者たちが国会に対して「延会の動議」を出していた。そんな気がしたんです。僕は「議決を急がずに、もうちょっと話しませんか」という訴えが今の政治的状況で一番聞き届けられなければいけないんじゃないかと思うんです。もう少し丁寧に、もう少し具体的に、個々の問題にもっと近づいて、そこに関わってくる個人の顔がはっきりと見えるところまで行って、そこで論じませんかという。そういう「延会の動議」を求める声が今、出てきているんじゃないかなということですね。

山口　うんうん。やっぱり「変えろ」とか「決めろ」という声はもう九〇年代からずっと強かったわけで。

内田　「決められない政治」とかですね。

山口　だけど、変えろ決めろと言う人は、ここにソリューションがあるから、これを早く決めて実行しろと声高に言うわけです。しかし、実際に規制緩和なんかは特にどんどん決められて実行されてきて、世の中のかたちが変わってきて、そのことが何をもたらしたのかということを、やっぱりちゃんと見ないといけないですよね。後先考えずに決めた結果、世の中こういうふうになっちゃったじゃないかということを言うのは、我々あるいは野党の役割であって、世の中大変だから、安全保障環境が悪化したからとか、デフレがひどいからとか、人口が減っているからとか、そういう脅し文句で「今、決めろ」という、そこの議論を押しとどめるということですね。

内田 そうですね。

山口 変なことを決めるよりは、もう少し考える議論を続けることの方が、やはり賢いわけですよね。

規制緩和の事後検証を

内田 特に規制緩和の時は、すごい勢いでしたからね。大学でもそうでした。事前にいくら協議しても意味がない。それよりまずやってみて、その成否を見て、事後に検証すればいいという、事前評価から事後評価へと変わりましたよね。僕も当時はそれでいいと思ったんです。いくら事前に議論してみても、何が起きるかは完全には予測できない。だったら見切り発車で始めた方が話が早いと僕も思ったんです。

でも、確かに事前にことの当否について吟味する習慣は失われたけれど、実は事後の検証も全然やっていないんです。確かに規制緩和を合理化する時は、ゲームへの参入条件を緩和する代わりに、シビアな事後検証をするという話でしたよね。でも、総括なんかどこでも何もしていないですよ。大学の場合は市場に丸投げしておしまい。志願者が定員分来た大学は「正しいこと」をして、志願者が定員割れした大学は「正しくなかった」で終わりです。

きちんと総括しないとダメですよ。野党の側に要求することがあるとすれば、九〇年代以降、小泉政治以降に様々な改革が行われたけれども、どの改革が何をもたらしたのかについて、もうこれだけ期間が経ったんだから、一度きちんとした総括をした方がいいんじゃないかということです。何が成功して、何が失敗したのかについての網羅的なリストを作る。失敗から学習することが必要だと思います。イギリスの議会政治はまさに、「失敗の蓄積」というふうに言っていますが、失敗事例を蓄積することで、失敗のリスクを減らすことができる。でも、日本のこの一五年間で一番問題なのは、失敗から何も学習していないということです。もちろん、成功した政策だってあると思いますよ。構造改革と規制緩和で、このへんがこんなによくなった、というところもあるんでしょう。でも、一方でここは大失敗して、この業界は壊滅しましたとか、こんなに多くの人が不幸になりましたとかいう事例だってあるでしょう。

山口　貸切バスがよく事故を起こして人が死ぬし……とか、いろいろな問題が具体的にあるわけですよね。

内田　ええ。さっきも愚痴を言ってたんですけど、JR西日本の新快速というのが、やたら止まったり遅れたりするんです。前はそんなことはなかったのに、最近はひどい。理由を聞いたら、それまで地区ごとにばらばらに運行していたのを、相互乗り入れをして、播州赤穂から敦賀まで繋いでしまったからだというんです。区間を区切って運行していれば、どこかで車両故障とか人身事故とかあっても、他のエリアは問題なく運行できる。でも、全部一本で繋いでしまうと、はるか遠方でトラブルが起きても、全線が一斉に止まってしまう。どうしてそんなことするのか聞いたら、相互乗り入れすると、車庫が要らないからなんだそうです。

山口 ああ！

内田 区間を区切って運行していると、車両を止めておく場所が要るでしょ。でも、電車が全車両線路の上を動いているようにすれば、車庫が要らない。車庫のあった土地を売れば金になる。そうやって効率化と収益増大を見込んでやってみたら、交通機関としてのリスクが一気に増大してしまった。区間を分断しておいたのは、安定的な運行のためのリスクヘッジだったんです。一区画が機能停止になっても、他は生きているようにしてあった。潜水艦の遮蔽壁と同じです。どこかに浸水しても、壁があるから、船は沈まない。でも、今進めている効率化はだいたい潜水艦の遮蔽壁を撤去して、空間を効率的に使おうというような話ばかりです。だから、システムとして極端に脆弱になった。そういうことが日本中で起きていると思う。最初は効率化された、コストカットできた、金が儲かった……と喜んでいたけれど、思いもかけないトラブルを生み出してしまった。そういうことがいっぱいあると思うんです。この失敗事例の研究をしないと、制度改革をやったことの意味がない。

山口 そうですね。だから、アベノミクスに対してムキになって「いや、こっちの方が成長する」みたいな政策を何か出すよりは、そういう今までの議論の仕方そのものが間違っていたというような形でいかないと。

内田 必要なのは、プランAに対してプランBを出すのではなくて、プランAを出してきたあなたの頭の中身に一体どれぐらい信頼性があるのかを問うことだと思います。一体あなたの起案したこの政策にはどれぐらいの信頼性があるのか。そのためにはこれまでの政策の通算成績を見るしかない。打率二割だったら、今度のプランAもたぶん八割の確率で失敗すると予測できる。分かった上で、でもこれで行ってみようというのならいいんです。打率を隠しておいてプランを出すのはよくないと僕は言っているだけです。政策の通算打率を出すというのは、目の前のプランAに対して「対案を出せ」とか凄むことよりも、ずっと優先順位の高い政治課題だと思うんです。プランそのものの整合性よりも、それを思いついて、それを推進している人間の頭の中身を査定することの方が優先する。当然じゃないですか。そうすれば無用のリスクを避けられると思うんですけどね。

日本はアメリカの属国

山口　あと、少し話がずれますが、日本の右派とか日本のナショナリズムのしつこさは予想外でしたね。私は二〇年前の戦後五〇年の時に、わりと自民党もリベラルな人が主流になって、自主憲法制定とか歴史修正主義みたいなものというのは、さすがに自民党も卒業するのかな、などという少し甘いことを考えていました。世代を超えて、かつ観念的な自己正当化的歴史観がどんどん引き継がれていく、そして天皇が一番それに対して憂慮の言葉を発しているという、すごく倒錯した現状が生じているのですが、これがナショナリズムの厄介さということなんですかね。

内田　あれを「ナショナリズム」と呼ぶ気に僕はなれないんですよね。だって、ナショナリストであったら、まず最初にやるべきことは……。

山口　安保破棄。

内田 そうですね。外国軍が国土の一部を不法占拠をしている事態に対して、反基地運動を展開するのがナショナリストの最優先の仕事でしょう。国土奪還というのがまっ先にくる。それをやらないんですから。そんな連中のことを僕は「ナショナリスト」だとは認めない。天皇を崇敬するということと、米軍基地の撤去を優先課題に掲げていること。それが正統なナショナリストじゃないんですか。だから、安倍政権を僕は右翼だともナショナリストだとも思っていないんです。あれは属国民に固有の精神の病ですよ。

山口 それが若い世代に引き継がれるというのは、やはり経済状況が悪くなって、みんなが将来に希望を持てないとか、相対的に貧困化しているとか、いろんな説明がありますけど。

内田 若い人たちも日本が属国だってことは分かっていると思います。外交にしても国防にしてもエネルギーにしても食糧にしても教育にしても医療にしても、とにかく根幹になるような政策に関して、日本はアメリカの許諾を得ないと何も実現できないわけですから。日本は主権国家ではないんです。

でも、「属国である」ということがきちんと主題化されていない。敗戦直後は、とにかく戦争に負けた、何とかして国家主権を回復したいということが悲願だった。なにしろついこの間まで日本は主権国家だったわけですから。国民全員が、主権国家の臣民であるとはどういうことかについて実感を持っていた。自国の運命をまがりなりにも自己決定できたわけですからね。戦争をすることだって決められた。国を滅ぼすような政策だったけれど、それでも自己責任でそれを採用したわけです。でも、敗戦国になってしまったのでもう自国のことを何も自己決定できなくなってしまった。ですから、一刻も早く主権を回復したいという気持ちは、一九七〇年代くらいまで

――七三年の日中共同声明頃までは確かにあったと思います。八〇年代も中曽根康弘くらいまではギリギリあったかもしれない。でも、どこかで日本人は属国民であるということに慣れ始めてしまった。何でも長く続くと慣れてくるんです。今の人は日本の上にアメリカがいて、重要政策について決定するのは当たり前だって思うようになった。だって、生まれてからずっとそうなんですから。敗戦の前の、日本が主権国家であった時の記憶を持っている日本人なんか、もうほとんどいない。今生きている日本人は、ほぼ全員が属国になってから後の日本しか知らない。だから、属国の地位を脱して、国家主権を奪還しようということをもう誰も言わなくなった。

でも、その屈辱感だけは病的なかたちでときどき噴出する。それが極右的な病的な言動なんじゃないかなという気がします。正しいナショナリズムなら、「反米闘争」になるはずですけれど、そちらには行けない。それを言うと日本が属国であることを自覚しなければならないから。それは意識したくない。だから、属国民であることの屈辱感は感じているけれど、宗主国に牙を剥くことは禁じられているので、そのフラストレーションが無方向的に漏れ出てくる。

江藤淳まででしたら、対米従属を通じての対米自立ということの矛盾や葛藤は自覚されていたわけですけれど、もう今はそういう言葉遣いをする人もいなくなってしまった。アメリカはもう基地を返還する気はないし、日本に対する権益を返す気もない。日本は完全に「ウチのシマ」だと思っているわけです。そこにもってきてアメリカも国力が衰えてきた。だからもう日本はアメリカにとって同盟国であるより以上に収奪の対象になりつつある。TPPも露骨にそうでしょう。アーミテージのレポートなんか本当にあからさまですよね。あれは属国に向かってものを言うような口ぶりですからね。昔はもう少し遠慮があったかもしれないけれど、もうまったく何の遠慮もなくなった。

山口 アーミテージってヴェトナム戦争の時、南ヴェトナムの軍事顧問だったんですよね。

内田 そうなんですか。

山口 この間、NHKのBSのドキュメンタリーで、ヴェトナム戦争を振り返るというのを見ていたら彼が出てきました。随分若い頃から、あのアーミテージって人は威張っていたんですね。ヴェトナム戦争を指図していたわけです、傀儡国家として。

内田 なるほど、傀儡政権をコントロールする技術の専門家なんですね。

山口 そうなんですよ。

内田 宥めたり脅かしたり、利権の飴をなめさせたり、そういうのがすごく上手い人だったんでしょうね。今でもそうだと思うんですけど。そんなやつに勲章をあげるんだから。

山口 旭日大綬章の勲章をもらったわけで。

安倍支持はアメリカが承認しているから

内田 植民地というのは悲しいものなんです。植民地では、帝国の植民地統治に協力する人間しか出世できない。植民地統治に協力しなければ、キャリアパスが開けない。だから、植民地になって一定の年月が経つと、植民地現地では、政治家も財界人も官僚も学者もジャーナリストも、上から下まで、みんな植民地支配に協力した人間ばかりになる。

だから、時間の経過ってけっこう恐ろしいんです。独立していた主権国家であった時代を覚えている人間が指導層に残っているうちは、主権回復は悲願として自覚されているんですけれど、植民地支配が長く続くと、そういう人が一人もいなくなる。

今の日本がそうです。敗戦から七〇年、対米協力しなければ上に上がっていけない仕組みを作っていたら、指導層は全部そういう人だけになってしまった。対米従属技術に長けた人たちが社会の指導層を占めている。

今朝、新聞を見たら、内閣支持率が五一パーセントに上がっていましたけれど、安倍政権を支持している人たちの、最大の支持理由は「アメリカが承認しているから」ですよ。あれは、ベトナムのゴ・ディン・ジエムやフィリピンのマルコスとかを支持していた人たちと発想は同じなんです。「たいして能力のない統治者だけれど、アメリカからは信頼されているらしいから、いいじゃないか」という理由なんです。別に余人をもって代えがたい人物だと思っているわけじゃない。いくらだって替えはいることはみんな知っているんです。ただ、アメリカからとりあえず「じゃあお前でいいよ」と言われている人はこの人だから、それでいいじゃないか、と。

でも、現代日本人が政治家の格付けをするときの基準が、第一にそれなんですよ。「アメリカの信認があるかどうか」、それだけです。首相がアメリカに行くと、歓迎の夕食会があったかなかったかとか、大統領が何時間会ってくれたとか、議会で演説させてくれたかどうかとか、ホワイトハウスの示したホスピタリティの程度に関してあんな詳細に報道するのって、考えてみたら変でしょう。「韓国の大統領はこんなだったのに、うちの首相はこんなだった」と比較するのって、大奥でお局たちが将軍様の御寵愛を競っているような絵柄でしょ。

山口　御殿女中のね。

内田　そういう記事を書いている記者自身が、そういうことを気にすることを恥ずかしいと思っていない。もう恥の感覚がなくなっている。本当に属国民だと思いますよ。でも、その日本人の何とも言えないノンシャランスも、これまた属国民固有の無責任さなんですよね。つまり、安倍という人が大したことのない政治家だということは、内閣支持者たちにも分かっている。このまま いくと、もしかすると海外派兵までいって、中東やアフリカで自衛隊員が死ぬかも知れないな、とはぼんやりと思っている。でも、アメリカが日本政府の上にいるわけだから、安倍が暴走しても、めちゃめちゃなことになる前に、どこかでアメリカが制止するだろうと思っている。

この間の日韓の慰安婦問題の合意もそうですよね。日韓だけで放っておいたらずっと、未来永劫解決できそうもない。でも、北朝鮮情勢が不安定で、米日韓の連携を深めないといけないという喫緊の課題があるから、アメリカは日韓首脳に「おい、もういいかげんにしろよ」と一喝した。そしたら両首脳ともにいっぺんに縮み上がって、あっさり合意ができた。そういう舞台裏だって、実は日本人はみんな、なんとなく知っているんです。でも、それは「言わない約束」になっている。

日本人がだらだらしていられるのは、宗主国であるアメリカは合理的にふるまうはずであると、なんとなく期待しているからです。日本政府がいかに無能であっても、非合理的であっても、その上位にいるアメリカ国務省あたりのジャパン・ハンドラーはアメリカの国益を追求するために合理的に思考して、日本政府に対しても必要とあらば適切な指示を下すはずだと日本人は思っている。マッカーサーの時代からずっとそうなんです。

日本政府が非合理的な政策を選択しても、よりロジカルな政治的装置がその上に乗っかっているので、あまりひどいことにはならないだろうという安心感がある。そのアメリカの合理性に対する信頼感というのは、財界人や政治学者やジャーナリストには絶対あると思いますよ。アメリカに詳しい人たちは、自分はアメリカがどういうロジックで動いているかがある程度分かっていると思っている。だからこの範囲内でしか日本の政治家は動かないということを知っている。だから俺は日本の政治を分かっているんだというふうに思っている。でも、そういうのをまさに属国民というんですよ。

なかなか難しいんですよ、属国なのにそれを自覚していない国というケースは、歴史的にも例外的ですから。

山口　確かに、主権国家モデルでは語れないですよね、日本の政治は。

内田　語れないです。主権国家だったら、もう少し真剣に総理大臣を選びますよ。

山口　そうですよね。いくら自民党でも、もうちょっといい人はいますからね。

内田　あれでも平気なのは、アメリカから「あいつを止めさせろ」と言われていないからなんです。自己評価じゃくて外部評価なんですよ。なんだか悲しい話になりましたけど。

山口　いやいや。

内田　まあでも、バーニー・サンダースに期待ですね。バーニー・サンダースが大統領になってくれたら、日米関係もずいぶん変わるでしょうから。

山口　うん、おもしろい。

内田　日本の政治が変わるのはアメリカ大統領選の結果次第というのが、本当に悲しいですね。でも、サンダースが選ばれたら、日本もガラっと変わりますよ。

山口　ああいう政策をやってもいいんだ、みたいな。こう何か、ブレーキが外れるみたいな。

内田　ああいう政策を掲げると、有権者からすごく人気が出るということが分かったら、じゃあウチもってことになりますから。ぜひ、バーニー・サンダースに勝っていただきたい、と祈ることに切なるものがあるんですけどね。日本の政治を変えるために、他国の大統領に期待するしかないところが、本当に悲しいですね。

II

〈日本のかたち〉を変える安保法制

柳澤協二×山口二郎

安倍首相の海外派兵への根本的問題提起

柳沢　いやあ、何かと鬱陶しいですね。

山口　鬱陶しいですね。まずは最近私が一番疑問に思うのは、憲法9条2項（※）をめぐる政治家の議論の展開ですね。予算委員会の稲田朋美の質問に答える形で、安倍首相まで9条2項と現実のズレという指摘をして、だから改憲だと言う。この現実に合わせるのが立憲主義だという話になってきて、戦後の、特にこの十数年間の防衛政策は一体何だったのかという大きな疑問を持つわけです。柳澤さんにとっては、とりわけ話は衝撃的というか、非常に怒っておられるのではないかと想像しているんですけど。

（※）第9条　日本国民は、正義と秩序を基調とする国際平和を誠実に希求し、国権の発動たる戦争と、武力による威嚇又は武力の行使は、国際紛争を解決する手段としては、永久にこれを放棄する。
②　前項の目的を達するため、陸海空軍その他の戦力は、これを保持しない。国の交戦権は、これを認めない。

柳澤　私が防衛政策に関わっていた時代は、ほんの七年前までです。私が仕えてきた歴代の自民党政権にしても、憲法9条にチャレンジするということはしてこなかったんですね。その中で、特に冷戦が終わってから少しずつ、日米の同盟協力という文脈で自衛隊の海外任務を増やすという流れはあった。ただその時に、憲法との関係でどう整合性をとるのかというのは非常に大きな課題であったわけですね。だから、非戦闘地域とか、他国の武力行使と一体化しないとか、そういう概念を使って憲法の禁止する武力行使には該当しないという説明をしてきた。実は二〇一四年の閣議決定前後に私が話した政府関係者の中には、一体化するとかしないとかいうのはあくまで日本国内での議論であって、現実の海外の活動は、そんな概念は通用しないという議論がずいぶんあったんですね。ただそれでも、非常にはっきりとこれは大きいなと思っているのは、現に一発も自衛隊は撃ってきていない、そして一人も戦死者を出していないという事実ですね。自衛隊の側が武器の使用をきわめて抑制していたし、活動の場所も一生懸命選んだし、ということですね。したがって、国内の憲法上の議論が、それは国際的な基準から見れば多少の違いはあったにしても、現実に通用してきた時代だった。

もうそれでは通用しないというのが、実は安倍さんが言っている一番大きな、根本的な問題提起だと思います。つまり、今までは一発の弾も撃たない範囲で貢献してきた、今度はそれではもう間に合わない、やっていけないという問題提起なわけですね。そうすると、それが現実と離れているというよりは、今までそうやって維持してきた現実をむしろ変えようというわけですね。一方で、それをやらないと日本にとってどういう不利益があるのか、それをやることによってどういうプラスがあるのか、それに伴うコストはどうかなどという、そういう議論がまったくなされていない。日本だけよその国と違っていていいのかというような、粗雑な問題提起がある。……私が護憲派かどうかは分からないけど、護憲派側の問題は、憲法があるからそれ以上やってはいけないんだということは言えたにしても、これからの二一世紀を乗り切るという観点からしても、変えなくていいんだという、そのビジョンを提示できていなかったと思います。そのために、やれないよりやれるに越したことはないという、ある意味、非常に分かりやすい議論で来られているわけですね。そういう形で問題提起をしてきている。

先日も蒸し返されている憲法9条2項の問題にしたって、文言が分かりにくいから変えると言うなら、安保法制の分かりにくさの方がもっと直近の大きな問題なんだから、分かりやすさを追求するなら安保法制を引っこめろよ、と私は言いたくなるんですけどね。だから、一方では、憲法が何であろうと、これをやらないといけないという論法で迫ってくる。しかしそれに対抗するのに、憲法に違反するからダメだと言うだけでは、実は対抗軸として十分なものになっていない。そこのギャップを今すごく私は感じるんですよね。だから、単にこれはけしからんと言って怒るよりも、そこにどういうビジョンをこちらが出せるのかということ、それを考えていかなければ、これからの議論には勝てない、そういう感覚で、私は今の議論を捉えているんです。

国のかたちをどう変えたいのか

山口　ビジョンの話に行く前に、憲法9条が持っていた規範性をまったく検証することもなしに、これを変えるという議論をここで持ち出すということの意図と言いますか、狙いというのは一体何でしょうか。あるいは自衛隊、防衛省の中に9条2項はいらないという声が強いのでしょうか？

柳澤　防衛省・自衛隊は、自分から進んでそこにチャレンジするということはずっとしてこなかったし、今も同じだと思うんですね。つまり、国民が理解しないことをしてはいけないという思いがある。一方で、国民の理解というのは、つまり政治が決めることなのであって、政治が決めればやるけれど、そうでなければやりませんというのが一貫した姿勢です。では、憲法改正を期待しているかというと、それは憲法上の位置づけがはっきり読めた方がいいということはあるでしょう。防衛大学校を卒業して自衛隊の幹部を経験した人たちも、税金泥棒と言われた時代を経験してこられたわけですから。しかし、今は現実として、九割の国民が自衛隊を支持しているわけですからね。だから今回のような改憲の議論がなければ、それはそれで彼らは受け止めていたと思う。しかし「憲法上はっきりしたほうがいいよね」という言われ方をしてしまうと、それで政治が責任持ってやってくれるなら、それはそれでいいよね、ということにならざるを得ないだろうと思うんです。

問題は、そうした上で何をしたいのか。分かりにくいから変えると言ったって、現に九割の国民は分かっているわけですね。自衛隊がどんな存在かと。あえて私の言葉で言えば、つまり海外で戦争をしない、そういう自衛隊を九割の国民が支持しているというのが、今までの国民のコンセンサスであり、それがひいては、時代における生きた憲法9条の規範性であったと思うんですね。ところが、この前の閣議決定では、集団的自衛権を使わなければ国が守れないという政策的なニーズを先に言ってきたわけで、それならそれで「憲法を変えろよ」という話になりますね。今度の稲田朋美さんとのやりとりで、安倍首相が「分かりにくいから変える」と言ったのは、あまりにも人をバカにしている。総理大臣として自分も分からないとは言えないから、国民が分からないだろう、という上から目線です。国民はどういう自衛隊を支持しているかという本質的な問題が全部捨象されたまま。憲法って、そんな気軽なものじゃないだろうということ。かたや六〇年かけて九割の国民の支持を得てきた自衛隊の積み重ねがある。その現実の重みの上に憲法の規範性があって、大多数の国民はそれに納得してくれているという状況だと思うんですね。
それを変えて一体何をしたいのかというところがまったく見えない。まあ何をしたいのかというのは、推し測れば、今の憲法の解釈の中でも集団的自衛権を使えるように限定的な容認をしたんだから、文言を変えるということはフルスペックで集団的自衛権を使えるようにしたいんだなというふうに、誰でも考えるわけです。そういう議論をするならするで、ちゃんと問題提起をしなきゃいけないだろうと思うんです。そういう堂々とした議論を避けるところに、非常に胡散臭さを感じるんですね。つまり、一方で、言い方としてすごく分かりやすい感じもあるわけですね。だけど、そこに隠されたもっと重たい、大きな歴史の積み重ねとか、それによって日本の国のかたちが変わっていくことの善し悪しの議論がまったくなされないままに行ってしまう。そういう大きな問題点があるだろうと思うんです。

山口　安倍も稲田も保守じゃないな、と私は思いますね、議論を聞いていまして。

柳澤　うん、極右であって、保守じゃないですね。

山口　やはり、戦後半世紀以上の安全保障政策、あるいは自衛隊の運用の蓄積が、ある意味で憲法9条を具体化しているわけですよね。さっきおっしゃったように、海外で戦争をしない自衛隊という非常にユニークな組織が国民に理解され、支持されているという現実があるわけですからね。この定着した現実を、単に9条2項の言葉と実態がズレているからという単純な言いがかりで転覆するというのは、すごく革命的というのか反革命的というのか……。

柳澤　本当に何と言うべきか……。憲法というのはつまり、国のアイデンティティなんですね。それを内外に向けてどう発信するかというのが憲法なわけで、国のアイデンティティをどう変えようとしているのか、そこの議論こそ大事なのでね。安倍首相が言っているように、押し付けられたものだから変えなきゃいかんと、ならば、押し付けられていたものが気に入らないのだったら、自分がどういうアイデンティティを世に問おうとしているのかということをちゃんと出さないとね、そこから始まらないといけない。「分かりにくいから」というのは……それはね、分かりにくいところは他にもたくさんあるだろうけど、問題は国の姿をどうしたいのかというところ、そこの議論をちゃんとやらないと、それはもう文言の問題ではないと思うんですけどね。

山口　まあ、国の姿ということで言えば、やはり日本は第二次世界大戦で戦争を起こした側であり、大敗北を喫し、ポツダム宣言を受諾して戦後の歩みを始めたという、その経験が国のかたちを規定しているわけで、その歴史的な規定性は七〇年経っても変わらないわけですよね。

柳澤　うん、変わらないですね。あれだけの戦争をして、あれだけの被害を国民と他国に与えてね、それは七〇年時間が経ったからもういいよねという話ではないので、それをどうきちんと清算できているかということが問われなければいけない。天皇陛下はそこのところをご自分で背負って、多分ご存命の間にそれをやり続けなければいけないとお考えだと思うんですけど。そういう国民精神的な方向性が今でも必要なんですね。このまま行ってしまうと、七〇年経って自分たちは忘れちゃうかもしれないけど、自分が忘れればいいという話ではないのであって。

もう一つは、アメリカとの日米安保によって日本の安全を確保する、その代わり軍事的には世界に向かって大国づらをしない、世界に出て行かないという選択をしてきたわけですよね。それが、戦争の経験を踏まえた憲法の下で戦後七〇年間生きてきた知恵でもあった。それは、大国として振る舞おうとする上では限界でもあったわけですね。その意味でも、国家像の選択の問題だろうと思うんです。

自衛隊を出すべきだという強迫観念

山口　今、天皇の話が出ましたが、昨年の安保法制の問題についての世論の反応を見ていて、私は予想以上に9条に対する愛着は大きいものかなと思い知らされました。天皇のお言葉もそういう国民意識の象徴なのでしょう。若い世代にもそれが継承されているんだなということに驚きましたが。

柳澤　ただそこで、スローガンが「立憲主義」なんですね。それは確かにものすごく大事なこと――民主主義を支える主権者として、一番、基本中の基本ではあるけれども、ただこの問題を立憲主義で語ってしまうと、憲法を変えれば立憲主義の問題はなくなってしまうという限界があるわけですね。だから、さらにそこから過去の日本の歴史を振り返って、それから七〇年の日本の歩みを振り返って、蓄積されたものの重さをもう一回どう捉え直していけるかですね。

山口　そうですね。おっしゃることはよく分かる。やはり憲法論としてやることには限界があるので。集団的自衛権を進める側は、日本を取り巻く安全保障環境の変化という理由、それからもう一つは、中東やアフリカなどをはじめとするテロの問題に国際社会が共同して対処する時に日本は何もしなくていいのかみたいな、ある種の国際的義務といったもの。この二つを振りかざして、集団的自衛権が必要だという議論をしているわけですね。それで、平和国家としての対抗軸の話をする前に、今言った二つの議論について、ちょっとおさらいをしておきたいと思います。

要するに、テロその他の国際的な紛争に国際社会と共同して対処するという話と、それから日本を取り巻く、特に中国・朝鮮半島情勢への対応。これは、本来矛盾しうるというか、自衛隊がどんどん外へ行ってしまうのであれば、本土の防衛が手薄になるという……限られた資源をどこに優先的に投入するかという問題を考えると矛盾しうると思うんですけど、専門家から今の議論についての問題点を指摘していただければと思います。

柳澤　国際情勢が変わった、だから今までのやり方を変えなきゃいけないという話はあるけど、国際情勢は変わっても、今まで積み上げてきたものは変わっていないわけですね。当然、憲法も変わっていない。その中での選択の問題だと思うんです。日本だって、まず自分は自分で守れなければいけないという要因が一つあって、そして国際的な、テロだけではなく、地球温暖化の問題にしたって、人間の安全保障の問題にしたって、それはもう一国ではできないのはまさにその分野であるわけだから、そこは日本も何かしなければいけない。しかしそれは、自衛隊を出すということとイコールではないのでね。自衛隊はむしろ、イラクでも一発の弾も撃たずに帰ってきたわけですけど、そのことに対するアラブの人たちの支持は、それなりに大事にしなければいけないと私は思っています。

今ＩＳＩＬとの戦争が行われていますけど、そこに加担していくやり方が問題です。何が国際社会の中で一番求められていて、そして日本だからそれをやらなければいけないのか。あるいはそこで今、すぐに空爆との関係でやれることはないかもしれないけど、難民支援をやるとか、あるいはある程度、展望が変わってきたところで、国造りにどういう貢献をしていくか……といったいろんなプログラムを、今、準備しておくという、そういう選択肢もあると思う。

だから、国際社会の一員としてやらなきゃいけないということは、自衛隊を出さなきゃいかんということと、常識的にも論理的にも一緒ではない。一緒ではないはずなのに、冷戦が終わって湾岸戦争以来、自衛隊を出さなければいけないというような……出さないから世界からバカにされてしまうという強迫観念のようなものがすごくあって、そこでアメリカが何かするたびに日本が自衛隊を出して協力するというひとつの同盟のパターンができ上がってきた。その延長線上で今の議論がある。今度の安保法制でもアメリカが行くところは世界中どこでもお付き合いできるような法制が出てきている。自衛隊を出さなければいけない、自衛隊を出すのが当たり前、出した以上はもっとたくさん武器も使えるようにして、よその国の軍隊と同じようにやらないといけないと、その流れで考えればそうなっていくんだけど、それをやっていくことが本当に日本の良さを活かす道なのか、そしてそれが世界から喜ばれる道なのかというところを、もう一歩引いて考えていく必要がある。日本がどんな貢献をしようとしている国であるかという、これもやはり、国家像の発信の問題だと思うんですね。

アメリカと中国が戦えば日本は戦場になる

柳澤　それから、近隣諸国との関係で言えば、例えば中国が強くなってきている。それで、アメリカはどうも以前ほど何でもしてくれそうもないから、アメリカの船をお助けすることによってアメリカに助けてもらえることを担保する、というのが安倍さんの発想だと思うんですけど、一番おかしいのは、要はアメリカを通じてしか見ていないということですね。結局アメリカのような国と同盟を組んでいれば——第二次大戦以後は、アメリカって世界最強の国ですから、今日だってアメリカ一国に敵う国は世界中どこにもいないわけなので、そのアメリカがいるから日本が安全であり得る、そういう発想でずっときている。米軍基地の存在とか日米安保体制を正当化するための論理、国民が納得するための論理としては十分機能したし、そこは私も、アメリカの抑止力の有効性という意味では、半分は正しいと思う。しかしそのアメリカも、なぜ日本を守るかと言えば、やはりアメリカの国益がかかっているからですね。日本の基地がなければアメリカはこのアジア地域にプレゼンスできないという、アメリカにとって非常に重要な拠点であるがゆえに日本を守ろうというわけなのです。

そういう構造の中で、日中の固有の紛争要因とは何かと言ったら、尖閣は……これはどちらかというと政治の課題ですよね。軍事的に取りっこをしたところで、お互いにものすごく大きな犠牲を出すわりに利益は少ない。それで、アメリカがそこに介入してくれるかと言えば、アメリカの国益から見て、むしろそういうところに介入することは考え難い。

ちょっと話が進み過ぎてしまいましたが、今までの日米というのは、そういう形で、世界最強のアメリカの基地を置いてアメリカが守ってくれているという、一種の集団幻想だと思うんですが、半分は事実でした。アメリカの国益から見るとね。その代わり、アメリカ軍は日本の基地をベースにして、朝鮮戦争もヴェトナム戦争もそうだし、アフガン戦争もイラク戦争も、中継基地として使って戦争をしているわけですね。基地を提供する以上のことはやっていない、つまり直接それに参戦しないという意味で、何とか憲法との関係を整理した。つまり、日米安保があっても日本が戦争に巻き込まれることはないんだということを、それで納得してきたんだと思うんですね。だからアメリカの基地を置いて、アメリカの庇護の下に、しかしアメリカの戦争には巻き込まれないという、こういうバランスをずっととってきた。

今はそれがどう変わったのですか、ということを考えなければいけない。確かに中国は強くなる、しかし、それ自体を抑止できるわけではない。経済力をつけて軍拡するのはその国の勝手ですからね。では何を抑止したいのか。島を、尖閣を守りたいというなら、それは本来、日本がやるべき個別的自衛権の話になる。国際秩序全体をアメリカ主導のままに維持したいということになると、今までやってきた「アメリカの戦争に巻き込まれない」という部分を変えないといけなくなるわけですね。今はそういう判断の岐路に立たされているのだと思います。ソ連が相手の時は、日本は日本の防衛に特化するという形でやってきているわけだから、本気で戦争をするようなことは多分、誰も、常識的には考えられないわけです。まして米中の間で、日本固有の紛争要因である尖閣の問題などを上手くコントロールすることによって、とにかくアメリカの戦争に巻き込まれずに、そして見捨てられずにという、この微妙なバランスを保っていかなければならない。

アメリカと一緒になって中国との戦争に勝つという意味ならば、アメリカと一体化するのは一つの選択肢なのかもしれないけど、しかしその時に——アメリカと中国が戦争をすれば、戦場になるのは日本なんですね。ミサイルが飛んでくるのは、日本に飛んでくるわけでね。だからそれは、日本を守りたいということと矛盾してくることになるわけです。

山口　うん、そうですね。

柳澤　さっき言われた資源配分の問題から言っても、結局、相手を抑止するということは相手よりも絶えずこちらが強くないといけない。そうでないと抑止できないわけですから。そのためには当然、中国が軍拡をするならこちらも……まあ、アメリカは軍事費を減らしているから心配だというのなら、その分、日本が軍拡しなければいけないが、そんなことができるとは今誰も思っていないわけでね。そこを政策として、リアリスティックな判断では――国家間は力の論理が基本だというのがリアリストの立場だと思うのですが、もっと抑止力を高めなければということになるかもしれない。

しかしそれは、日本の国力のキャパシティから言っても、それから「アメリカの戦争に巻き込まれない」という立場を維持してきた日本国民の精神的なコンセンサスから言っても、現実としてできない政策を追及していることになる。そこで一気にリアリストではなくなっちゃうんですよね。そこらへん、ものすごく納得しづらいことを言っている。

例えば安倍さんは、「アメリカの船を守ることによって日米が一体であることが示されて、抑止力が高まるから、日本が戦争に巻き込まれることは絶対になくなるんです」という言い方をする。だけど、常識的に考えれば、アメリカの船を守るということは、アメリカの船を攻撃する国にとって日本は敵国になるということですから、日本が攻撃をされるインセンティブになるわけですよね。それは戦争に巻き込まれるってことなんだけど、そこを本当に、冷静に自分の立場で考えていってこそリアリズムだと思うんですけどね。そこのところが急に、非常に感情論的な、ロマンティシズムになってしまっている。そこが、この議論の粗雑さをものすごく感じるところなんです。

日本にもっともふさわしいのは、「専守防衛」です。つまり、日本は、自らの国土を守ることに専念する。それで足りないという部分、敵基地を攻撃したり、壊滅的打撃の威嚇をして攻撃を抑止する機能は、米軍にまかせるということです。軍事力が必要であれば、海域を分担することが重要で、どこへでも出かけていくことは得策ではない。これが専守防衛です。この考え方が普通でないというなら、それが普通になるように宣伝すべきでしょう。力の拡大競争につなげないという意味では、「抑止力」で対応すべきではなく、力の押しつけに屈しない「拒否力」を持つべきだと思います。

戦闘をしない自衛隊は非常識か

山口　少し話が戻りますけど、国際社会における義務という話については、やはり湾岸戦争以来、日本は金だけ出して血を流さないという国際社会からの批判があるという議論が、自衛隊の海外での活動を拡大する根拠としてずっと使われてきました。これは多分に、外務官僚が創作したというか、捏造した話ではないかと私は思うんです。当時、防衛省におられて、外務省の役人たちの発想——彼らの組織的利益の追求の中で自衛隊を利用していく、その策謀というのか、悪知恵、こういうことについていろいろと見たり聞いたりしたことはあるかと思いますが、いかがですか?

柳澤　それを策謀と考えるかどうかということはありますが、ただ「湾岸のトラウマ」というのは、防衛官僚としても、自分の役割を増やす——自分たちの仕事あるいは権限を増やすという意味でも、むしろそれを当然の前提として考えてきたと自分で思っているんですね。そういうものがなければ、イラクまで行かせることは多分なかった。しかし、イラクまで出してみて私が感じたのは、これは出さなければいけないというオブッセッションがあったからそこまで来た、そしてそれはまた湾岸のトラウマに逆戻りしていいのかというところで正当化していたわけです、自分なりにね。

しかしこれはもう、あれ以上やったら本当に戦死者が出るなという実感を私は持っているんですが、今度の安保法制だって、あそこに出てきている個別のメニューは、今までやれなかったことがやれるようになるということですね、その意味では、議論として目新しいものは、実はほとんどないんです。駆け付け警護にしても、治安維持にしても。それを、誰がやらせたいと思っているか、ということ。そういう実際の派遣の現場、派遣の段階になれば、まあ大体、外務省が積極的で防衛省が慎重というのが今までのパターンであったわけです。

私も、官邸にいる時に非常に案じていたのは、どうも今の外務官僚の主流は、外交が上手くいかないのはその背景となる軍事的な力が上手く使えないからだ、と思っている節がある。私はそれは違うだろうと思っていたんですね。むしろ、外交が下手くそをやるからやらなくてもいい無駄な戦争になるのであって、そこはＰＫＯの話などとはまたちょっと違う意味になるんですが。おっしゃるように、確かに自衛隊に対しては、非常に熱心にアプローチしていましたからね。何とか、自分たちの外交の道具としてもっと使えるようにしたいという思いは、彼らにはあったんだろうと思う。私はどうも、そこのところが本当に、最後まで好きになれないところでしたけど。むしろそれで、実際にものごとを引き受けなければならないのは防衛省であり自衛隊ですから。そこはもう、感覚が違うなという気はしていますね。

山口　国家像という言葉が先ほどから何度か出てきていますが、「戦争に参加しない」とか、「海外で弾を撃たない、殺さない」という自衛隊のあり方を貫くということは、国際的に見て非常識なことなのでしょうか。これについて今、国民がいまひとつ確信を持てていない。それが非常識なんだと言う人たちが今、憲法を変えろとか、集団的自衛権をやれとか言っているわけですけど。

柳澤　例えばＩＳＩＬのようなものをどうするかという問題ですね。目の前にある暴力は、武力を使ってでも止めないといけないのかもしれない。だけど、そもそもああなっていった直接のきっかけは、イラク戦争をやったことによる混乱ですよね。だから、軍事力では解決しないということもみんな分かっている。その中で、では日本はどういうことをやるのかということをしっかり示していくことは大事なんですね。日本以外にも、戦闘をしない形で軍隊が貢献している国というのはいくらでもあるんですから。どうもそれが普通の国でないというのは、アメリカを見ているから……アメリカと、アメリカに親しい同盟国しか見ていないから、その中では普通ではないかもしれない。逆にそうしていない国の方が、数から言えば圧倒的に普通です。そしてそこで後ろめたさを感じるのには、二つの問題があると思うんです。

一つは、やはりアメリカに守ってもらっているんだから、アメリカにサービスしないといけないということ。何か負い目を感じている部分があるわけですね。それはもうずっと、戦後の平和の代償としてアメリカに従属することを甘んじて受けてきたという、その体質が染みついちゃって、そしてそれがどんどん増幅されているような感じさえする。そういう、自分を失ってしまっている部分が一つにあるということ。もう一つは、普通でなければいけないのかと考えると、そこは何でも軍事力で解決しようとしないのが日本のユニークさなんですね。むしろ世界中がそういうふうになってほしいわけでしょう？ そこで普通でないことをむしろ、日本としてはもっと誇りに思ってもいいんじゃないかということなんです。ところが、政治家も、官僚も、みんなそれを負い目だというふうに感じるものだから――そこはなかなか国民には伝わらないんだけど――むしろ官僚機構や政治家集団に期待できないとすれば、そういうところを民間の側からもっと発信していく必要があるだろうと思うんです。安全保障の学者だと言われている人たちが、みんなアメリカに対する負い目論で固まってしまって、そこからどうやってプライドを導き出そうかという発想しか持っていない。この話は、実は単純な思い込みの問題なんだけど、そうであるがゆえに、違う見方を世の中の思想の流れとして生み出していくのは難しいことだと感じます。

アメリカ一辺倒という思考停止

山口 何が普通かということを考えると、アメリカはけっして普通ではないというか、世界の中で誠にユニークな国ですよね。もちろん自由主義陣営の旗頭として、ある種の普遍的な理念とか仕組みを世界に広めていったという部分もありますが、戦後史の中では、あちこちに傀儡政権を作って自国の利益を追求してきた。アフガニスタンではビン・ラディンらを含めたタリバンを使い、それが化け物みたいになったら今度はそれを攻め滅ぼし、イランのホメイニ体制が邪魔な時にはイラクに肩入れしたけれど、イラクが増長するとそれを叩き潰した。アメリカの近視眼的な権益の追求は、世界にいろんな傷跡を残し、不安定要因を撒き散らしてきたわけですから、日本はもう少し距離をとってもいい。日米安保という同盟関係はあるけれども、アメリカの軍事行動と一〇〇パーセント一緒に行く必要はないし、それは日本の安全保障にとっても、むしろマイナスになるということですよね。

柳澤　一方、自立といっても、軍事的にアメリカと張り合うことなんて誰もできやしない。自前で核を持って自立をすべきと言ったって、ならばその核はどこへ行くんだという話ですよね。自立するんだったらアメリカに対する抑止力としてアメリカに向けなければいけないが、そんなことはできっこない。自立というのは、そういう力で自立するんじゃなくて――アメリカは核を持っている、けれども日本はそれに対してどう自分のポジションを維持するかという、そういう自立だと思うんです。アメリカが考えることを受け入れる、アメリカが見る世界を自分の世界と同じだとした上でものごとを考えるのでは、アメリカから思想的に独立することはできない。私は、アメリカとの同盟関係は、それを維持する以外に今、選択肢はないと思うけど、そこで世界を見る時、アメリカのレンズでしか見られないところに、実は一番大きな問題があると思うんですね。

山口　そうですね。外務官僚も、国際政治というか安全保障の学者も、今、完全にアメリカと同化しているわけですよね。

柳澤　そうですね。まあ彼らは、よく勉強はしている。ただ、どういう勉強をしているかというと、アメリカに行っていろんな人にインタビューをしている。これがアメリカだという話を聞かされているんです。そうすると結局、アメリカというのはアーミテージのことかという話になっていっちゃう。そういう思想的な、あるいは精神的な乏しさに、むしろ慣れきってしまっている感じ、そこが心配ですね。

アメリカの話について言うと、私はその道で専門家ではないけれど、アメリカは自分の価値観で世界を治めるのが一番正しいことだと思っている国です。これを仮に覇権主義と——まあ帝国主義という人もいるけれど、そういう潮流として捉えるとすると、戦後一貫してアメリカは覇権主義なんですね。そのために日米同盟も使って、特に日本のインフラを使って自分の軍事力の展開をしてきている。そこが実は、持ちつ持たれつなんだけれど、しかし日本はアメリカの覇権主義に加担していないと思っている。なぜか。それは、集団的自衛権を自ら禁止して、アメリカの覇権主義的な戦争に直接入っていないからなんですね。それはそれで、ある意味、都合のいい誤解だったかもしれない。

日米同盟を守るのを護憲だというと護憲派が怒るかもしれませんが、今までの憲法のラインを維持しようとする立場から言っても、そこは、もしかしたら自分たちの方にも思考停止の部分があったんじゃないかと考えていかないといけない。今、憲法をいじろうとしている方も、実はアメリカとさえ付き合っていれば万事うまくいくんだという思考停止から出発しているわけですから。お互いに思考停止している中で、どっちが先に抜けるかという争いなのではないか。さっき、冒頭は暗めなプレゼンをしてしまったけど、そういうふうに捉えればけっこう、まだまだ決着はついていないわけだし、やることはいくらでもあると思うんです。そして、私はちょっと山口さんの感想も聞きたいんです。アメリカは世界のリーダーであるべきだという覇権主義をベースにずっと来ている。私は、形は変わってもそこの基本がそう変わることはないと思うけど、最近の大統領選挙の動きを見ていると、トランプが言っていることなんて、あれ、孤立主義ですよね。

山口 孤立主義ですね。

柳澤 そうですよね。それから民主党でも、サンダースが言っていることって、あれは福祉国家論みたいな話です。民主・共和両党の対抗馬の有力な人としてそういう潮流があるということは、つまりアメリカ世論の半分は孤立主義なんですね。アメリカは、覇権主義にしたって国益に沿った、非常に選択的な介入しかできなくなっているはずだし、その中で安倍さんが言っている「アメリカの船を助けてあげればアメリカはいつでも助けてくれるんです」というあの発想が、まったく場違いな、現実離れしたものに余計見えてくる。そこが、アメリカの潮流そのものを読み間違えてるんじゃないか、安倍さんのことながらそういうことも心配なんですが。

山口　アフガン・イラクの大戦争で相当疲弊したわけですよね。だから、外の問題にコミットすることを嫌う国民感情はかなり強いですね。これ、ヴェトナム戦争に負けて以来の現象でしょうね。

柳澤　そうそう。湾岸戦争でようやくリカバーしたと言われていますよね。

山口　だから、経済的にもそんなによくなくて、国内の、格差とか貧困などの様々な矛盾も見えてくる中で、内政に専念していけという世論も出てくるのは当然ですよね。

柳澤　だから、安全保障だけではなくて、経済も、雇用を確保しろとか、弱者に対するケアをちゃんとやれというような世論が、アメリカでもしっかり根強くある。日本は逆に、アメリカ式の金融資本主義のモデルをどんどん入れている。気がついてみたら日本だけ損をしていたということにもなりかねない。経済も安全保障も、そこはセットで、アメリカとどういう距離を保つかということが、今こそ重要になってきているという気がするんです。

山口　そうですね。私も、日米安保体制はそう簡単に変えられないと思うし、変えるべきでもないと思います。現状で日本が日米安保の枠を脱して単独で自衛隊を動かすようになったら、それは世界への脅威になるでしょう。とはいえ、さっきからおっしゃっているそのアメリカの覇権主義的な行動に対しては、やはり日本として判断するという、そこの知的な自立性がなければいけないですよね。だから、もしあのイラク戦争の時に日本が支持しないと言っていたら、どうなっていたのか。ドイツとフランスが支持しないと言いましたね。

柳澤　ドイツ・フランスはあれで、国際世論の中では非常に評価が高まったと思うんです。

山口　そうですね。

柳澤　しかし、そのドイツだから、アメリカは国連常任理事国入りを許さなかった。一方で、小泉さんが早々にアメリカを支持すると言われた。日本は軍隊を出すにしたって、戦闘には関わらない、非戦闘地域の人道復興のような、アメリカがやる軍事作戦とは一線を画したことしかどうせやれないんだから、政治的な支持は大盤振る舞いするという、そういうバランス感覚があったんじゃないか。自分の実感としても、アメリカが戦争を始めた以上、日本は支持すべきだと、僕は当時思っていた。だけど、支持したからと言って自衛隊を即出す、などという選択肢はないと思っていましたしね。あの時、現に、自民党の中でも支持することに難色を示していた人は、「支持したら戦費を出せと言われるぞ」という心配の仕方をしていた。だから、そこはまだ――小泉政権はいろいろと言われるけど、私は小泉さんはそう嫌いではないし――憲法との関係でのバランス感覚はギリギリ保っておられたように思うんです。そういう蓄積の上で今、一気にそこを跳び越しちゃおうとしているところが、今の政権の、ある意味での特殊性だと思います。

安保法制の問題点

柳澤　ところで、今回の安保法制の中身について触れておこうと思います、安保法制は、一一本の法律を改正または新設したものをまとめた呼び方ですが、法律を作るのは、法律でなければできないことをしようとするからで、つまり法律事項ですね。私は、法律事項は大きく四つにまとめられると思っています。

第一に、自衛隊の派遣を拡大することです。これには、従来、日本周辺に限っていた米軍の軍事行動への後方支援を世界規模で拡大する部分と、自衛隊法を改正して平時からの米艦防護や、集団的自衛権による防衛出動ができるようにする共同作戦の部分があります。平時からの米艦防護は、従来、集団的自衛権の問題として認識されていたのに、警察的な武器使用権限という形で、何食わぬ顔で入れられている。これは、若干驚きました。第一次安倍政権のときも、今回の政権でも、安保法制懇の報告書では、これは集団的自衛権の一部とされていたからです。

自衛隊自身の武器を防護するのは、まさしく警察的な行動ですが、公海上でアメリカの軍艦を守るとなると、これは戦争への巻き込まれです。それを現場の判断でやれるようにしているわけですから、南シナ海で米中海軍がにらみ合っている状況を考えれば、そこに自衛隊が絡んでいくことを可能にする、大変あぶない要素を含んだ立法です。

後方支援についても、従来の非戦闘地域という要件……これも厳密な定義は難しかったのですが、少なくとも戦場から二重、三重に離れておこうという意図は働いていました。それを外してしまって、現に戦闘が行われていないところに行けるようになった。自衛隊が補給活動をしている間に戦闘がなければいいのですから、つまりは弾薬切れを起こした前線部隊に弾薬を補給することまで、条文上はできるようになる。これも、極めてあぶない。敵の標的になりに行くようなものです。

第二に、自衛隊の武器使用権限の拡大です。従来、自衛隊の武器使用は、自分の身を守るためにやむを得ないときに限定されていました。いわゆる自己保存型の武器使用です。今度は、自衛隊が治安維持や駆け付け警護をやれるようにする任務拡大に伴い自己保存ではない、いわゆる任務遂行型の武器使用が可能になります。治安維持など、最初から武器を使わなければできない任務をやらせるわけですから、武器使用が拡大するのは当然ですね。

問題は、こちらが武器を使えば相手も当然反撃してくることです。ありていに言えば、武装勢力との撃ち合いですね。そうなれば、無事では済まない。それだけでなく、武装勢力も、報復として武器を持たない民間人をテロの標的にするでしょう。隊員のリスクについて、法案審議のときの政府答弁は、リスクがあっても訓練で極限する、ということでした。しからば、どんな訓練をするのか。確実に必要になる訓練は、目の前にいる民間人にも見えるが実は爆弾を持ったテロ犯と思しき人間に向かって引き金を引く訓練です。

相手がこちらに向かって撃ってきていないのに、こちらが撃つというのは、本能的に抵抗を感じるような、極めて難しい判断です。それはもう、考えるより反射的に撃たなければならない。そこで、間違ってテロ犯でない人間を撃ってしまったらどういうことになるのか。そんな状況は、誰でも想像できることなのに、「訓練するから大丈夫」という議論で終わっている。戦場のリアルを考えない人たちが法律を作っているということですね。

もう一つ言えば、これは、国家の意志による戦闘ではなく、自衛官個人の意思による武器使用なのです。海外で、国家の意思で武器を使えば、憲法9条が禁止する武力行使になってしまいます。だから、個人に権限を与える建前にせざるを得ない。権限があるということは責任もあるということです。国の命令で派遣されて、国が作った法律に従って武器を使う、その結果は、個人の刑事責任として追及される。今の憲法のもとで、日本有事以外で自衛官が武器を使えば、そういう法的リスクが避けられません。つまり、憲法が想定していない、憲法上やってはいけないことをやろうとするからこういうことになるんですね。

三つ目の法律事項は、米軍への後方支援内容の拡大です。自衛隊が、自分の持っている物品や役務を外国に無償で提供するのは、会計法の原則に反する行為ですから、法律によって認めなければなりません。従来以上に広がったのは、武器・弾薬を提供できるようにしたこと、発進準備中の航空機に対する給油ができるようになったことです。これらは、従来、米軍のニーズがないと言われてきた部分ですが、急にニーズが出てきたというのも立法事実としておかしい。米軍が自衛隊の弾をあてにしなければならないほど落ちぶれたということですからね。

海外の現場ではたまにそういう可能性もある、ということかもしれませんが、それは逆に、米軍と自衛隊が、日本有事でもないのにそれほど緊密な共同作戦を想定しているということになりますね。発進準備中の航空機への支援も、爆弾を積んで飛び立とうとする米軍機に給油することを意味します。国会の参考人に呼ばれてそのことを言ったら、公明党から、そんなことをするわけはない、というヤジが来ました。そんなことをしないのであれば、そんな法律を作る必要はない。さらに言えば、従来の内閣法制局の見解では、そういうことをすれば米軍の武力行使と一体化してしまうおそれがあるということでした。そうは言いたくないので、ニーズがない、と説明してきたわけです。だからこれは、憲法解釈上も問題がある法律です。

四つ目の法律事項は、ほとんど国会で議論されませんが、自衛隊員に対する罰則の拡大です。例えば、防衛出動命令を受けた自衛隊員が正当な理由なしに職務を離脱した場合には七年以下の懲役という罰則が、今でもあります。安保法制では、その罰則を海外でも適用する、と書いてある。これはいったい何だろうかと思いました。つまりは、海外で防衛出動をするということですね。海外派兵ということです。なぜこんな条文が必要になるのか、それは憲法違反ではないのか、まったく説明されていません。

このうち、三月に法律が施行されたとき、真っ先に使われそうなのが南シナ海における米艦防護、それに、すでに自衛隊が派遣されている南スーダンＰＫＯにおける駆け付け警護です。南シナ海では、米軍が「航行の自由作戦」と称して、中国などが主権を主張する島の周囲に軍艦を出しています。当初は、日本も同じようにやるべきだという意見がありましたが、政府は慎重です。おそらくアメリカは、米中のイッシューとして圧力と対話を進める方針だと思いますので、日本が出てきて問題を複雑化したくないという本音があるのだと思います。そうすると、今日の南シナ海情勢に関して、安保法制は使い道がない。逆に、使うとすれば、米中が一戦を覚悟した時ですから、日本が参戦して日本自身にミサイルが飛んでくることも覚悟しなければならない。その意味では、安保法制は、日本の安全にとって有害になるということですね。

南スーダンについては、政権側からの圧力で、参議院選挙前には駆け付け警護をやらない方針になったと言われています。自衛隊側の武器使用基準の作成や訓練も遅れているようです。そんな状況なら、昨年九月に法律を強行採決する必要はなかったということになります。

もっとも、南シナ海では、文字通りアメリカからのニーズがない。スーダンでは、アメリカ自身関心がない、ということですから矛盾は表面化しないかもしれません。しかし、これまで憲法の制約があることを日米暗黙の前提として政策調整が行われてきた日米関係の中で、まあ、憲法を盾に断るというのも感心したことではないのですが、アメリカの要請を断る切り札がなくなったという事実は大きいと思います。従来は、イラク戦争への支持は政治的宣言という性格でしたが、今度アメリカの軍事行動を支持すると言うことは、自衛隊の派遣を迫られることとセットになってくるわけですから、容易なことではない。

そこは、日本も政治が主導することになって結構だという声もありますが、私は、今の政治をそこまで信用していません。戦争とは人が死ぬことだというリアルを語らないから。国民の多くもそうだと思いますし、そこに、安保法制への理解が進まない最大の要因があると思っています。

非軍事・人道的活動が日本の持ち場

山口　戦後史を見ても、吉田茂以来、日本の憲法9条はアメリカの覇権主義に対して、「これ以上付き合えません」と言う最良の武器だった。

柳澤　そうですね。

山口　それをわざわざ自分で捨てるというのは、リアリズムと正反対の態度だということですよね。その「できない口実」としての憲法、それは政治的にとても意味があるし、大事なことですが、同時に、柳澤さんがおっしゃっているように、これに基づいてこういうことをするというポジティブなメッセージ、国家像をどうやって描くかというところが、集団的自衛権の議論の時にも、私たちにも問われていた課題でしたよね。

柳澤　そうです。だから私も、正直、憲法解釈を変えなくたって、政府の言っている一五事例（「離島等における不法行為への対処」「公海上で訓練などを実施中の自衛隊が遭遇した不法行為への対処」「弾道ミサイル発射警戒時の米艦防護」「侵略行為に対抗するための国際協力としての支援」など）については何とかできるだろうとか、あるいはそれは現実性がないだろうという批判はしてきました。でも、変えないことによってよりよく日本を守れるんだというポジティブな形の案は、まだ私自身も完全には出せていないんですね。もちろん今までのやり方を変えることのリスクやコストやデメリットはいくらでも言えるんです。そしてそれがちゃんと議論されていないだろうというのは、やり続けなければいけない批判だとも思うんです。しかし、その先にどういうビジョンを持ってくるべきかというのは課題だと思いますね。

山口　そうですね。やはり非軍事・人道的な面での活動が日本の持ち場なので。さっきも少しおっしゃったように、これだけ難民が大量にヨーロッパに向けてどんどん出ていって、それがいろんな問題を引き起こしているという今の状況の中で、中東の地域で、何とかしてもう一回、統治能力のあるステイトビルディング（国家構築）をするということだと思うんですけどね。そう簡単な話ではないですけど。

柳澤　簡単じゃない。今のＩＳＩＬなんか、ネイションステイトそのものを否定するところから始まっているようなものですからね。それは難しいけれど、だけど一番確かなことは、あそこに住んでいる人たちが、そんなふうに生活を破壊されて故郷を追われて、もういつ殺されるか分からないなんてことを望んでいないのはハッキリしている。今まではアメリカが介入し、そして逆に宗教戦争を誘発してしまった。それまで虐げられていたシーア派に権力を与えて、シーア派がスンニ派に報復をする形で、宗教対立が激化していく。逆に、今度は差別されるようになったスンニ派からISILが出てくる。この悪循環をどこかで止めるというのは……日本だって、太平洋戦争に負けてガラッと発想が変わったわけです。そういう転機は必ず来ると、私は思っているんですけどね。そう簡単ではないでしょうが。

山口　だから、武力を使うことがむしろ問題を悪化させるという現実を直視していくということ。

柳澤　はい。それと、じゃあ今、目の前で殺されようとしている人を助けないでいいのか、この問題にどう答えていくかなんですね。すでに、これはアメリカやフランスだけではなくて、隣のサウジアラビアがやっている。イランなども政治的に動こうとしている。この問題をサウジとかイランといった中東の大国が絡んでやろうとして、その外側からアメリカとかEUとかトルコとかロシアとかが、自分たちの思惑を絡めて、この問題を素直に解決したいというのではなく、自分たちに有利に解決しようとしている。そこが実は問題を難しくしている要因なんですね。だから今、日本はそこのところにもっと切り込んでいってもいい。難民に二億ドル支援しているというのは、すごいことですからね。むしろ私は、難民を少し受け入れてもいいくらいだと思っている。その方が、将来のあの地域に対する人的な先行投資として、非常に役に立つという気もしないでもない。ただ、いまや日本社会がそれほど寛容ではないですね。だから、それがにわかにいいかどうかは分かりません。

それから、私は最近、若い人にどういうメッセージを出すかということをすごく考える。もう七〇歳になる私自身がこうだと思ったことを言ったって、若い人がどう受け止めるかはよく分からない。そして、戦争を経験した人たちがいなくなって、私の世代は戦争を経験していないから、戦争とは何ぞやということを伝えようがない。その中で何とか、そこを考えてもらうことを伝えようとしているんですけど。結局、戦争というのは何なのかということ。国家の論理としての抑止力論とかいう世界の話もあるんですが、実際に戦争になった時、誰が行くんだと言ったら、それは年寄りではなくて若い人が——武器を持てる若い人が行くしかないんです。そうすると、本当にそれがどういうことを意味しているのかというのを、ちゃんと考えないといけない。

国が若者を戦争に駆り立てる論理は、「家族を守るためには国を守らなきゃいかん、だから国を守ることはお前のお母さんを守ることと一緒だ」と言う。誰だって目の前でお母さんがやられていれば助けますよね。だけど、そのために遠い中東まで行って武装勢力と戦うかというと、そこはもう全く論理的な繋がりが断ち切れてしまっている。そこでこっちが相手をやっつけてしまったら、実は相手にとっては、そこに守るべきお母さんがいるのかもしれない、そういう状況になる。その場合、どっちが正義なんだろうというようなことを、今のうちに考えておかないといけない。自分でもそう思うんですね。

私自身の話ですけど、私はずっと自衛隊を見てきた立場で、事故で殉職した人もいたし、イラクでは一人も死ななかったからよかったけど、やっぱり仮に誰か隊員が亡くなって、そのお母さんから「なんでうちの子が亡くなったの？」と聞かれた時に、自分は一体どう答えられるだろうかと考えてみると、これはもうとてもじゃないけど、並大抵のことではない。自分自身がもっともっと納得して自衛隊を出さなきゃならなかったなという思いになっちゃうんですね。幸い誰も亡くなっていないからいいけど、そういう思いを、日本もこれからしなければいけなくなってい く。そのことを、今のうちにこれに携わる人たちに伝えたい。

話が拡散してしまうけど、僕は今までずっと自衛隊がやられることばっかり心配していたんで す。だけど安保法制の武器使用の拡大によってこっちがやっつけてしまった時に、どういうこと になるんだろう、そのトラウマの方が結構大きいのではないかという気がしている。アフガン・イラクから帰還した（アメリカの）兵隊の中で、二、三割は精神的なダメージを受けているんで すね。その人たちも、それから3・11で家族を亡くした人の話を去年NHKでやっていましたが、共通しているのは何かというと、「自分が生きていることが申し訳ない」と言うんです。そうい う思いに人間をさせてしまうのが、戦場のリアルなんですね。だから、それに対して本当にどう いう答えを自分で持てるんだろう、そのへんのところをもう一度考え直していかないといけない なと。そういうところまで掘り下げてみないと、若い人たちと共通する言葉が探せないのではな いか。これは私の思いですけどね。何か、我々年寄りも、そういうものをしっかり見つけて次の 世代に繋いでいくという作業が大事なんだという気持ちになっているんです。

民進党は対抗軸を出すこと

柳澤　山口さんもイライラされていると思うんですが、民進党が問題ですね。結局、経済と安全保障など含めて、集団的自衛権だってTPPだって消費税だって、野田政権が言いだしているんですよね。民主党が言いだして、それを完成させるのが安倍さんということですね。日本をどうするか――経済で言えばＴＰＰに代表される競争万能の価値観というのはつまり、儲かるところが儲かればあとは利益がしたたり落ちてくる、競争に負けて落ちていった人は悪いけど助けないよという、そういう国の姿が透けて見えてくるわけでしょう？　安全保障で言うと、今までのような、ものすごく慎重に、アメリカと上手く付き合いながらも戦争に巻き込まれずにきたやり方を変えようとしている。そんな国のあり方の選択の問題においては、実は根っこは自民党と一緒じゃないかというところが、民進党の一番の課題だと思うんですね。そこでもう、今までの自分たちの政権でやってきたことがどうだったのか、それとの整合性をとりたいなんてことを考えずに、自民党・安倍政権がやろうとしていることへの対抗軸を――経済をどうする、社会をどうする、そして防衛をどうするというのを打ち出していかないと、回復不可能ではないかと私は思うんです。

山口　民進党は、何が何でも安倍政権と対決する政策軸を立てなければなりません。その点は同感です。国内政策に関して言えば、やはり格差の問題、貧困の問題が深刻になっていて、アベノミクス反対というのはかなりはっきり見えるようになってきました。外交・安全保障に関しては党内にいろんな人がいて――この間も前原さんと久しぶりに話をする機会があったけど、外交と安全保障については政府と違いがないんだなんてことを力説していて、私はそれでは困るよなあ……という話をしたんです。

柳澤　そうそう。単なる学者的な安全保障理論などという話ではないんですよね。積み上げてきた国の姿がどうなるか、ということで対抗軸になるはずだったと思うんですけどね。

山口　ですから、９条というのは安全保障の枠組みであると同時に、まさに日本の国家像というか、軍事的なものを封じ込めて、文民主導の国を作るという原理、あるいは立憲主義の具体的な中身だったわけですよね。そこを変えるというのはやっぱりまずい。これは去年の安保法制の議論の中でだいぶ議論され確認できたことで、岡田さんなんかはわりとそこのところを分かっているんだろうと思うんですけど。

対抗軸を出すということで、一つは、人間の安全保障という理念で人道的な活動を中心にやっていくということ、これはわりと、国民的な大きな合意があるんじゃないかと思います。近いところの脅威――中国・朝鮮半島、これをじゃあどうするのかという、庶民感情のレベルの問題に対して、我々の方が分かりやすいというか、腑に落ちる言葉を出さなければいけないと思います。近隣の安全保障環境が悪化したということは、けっして集団的自衛権の行使を正当化する理屈にはならないわけだけど、普通の人から見れば、もっと自衛隊の活動を広げて、アメリカと緊密に協力して、というような単純な議論に染まっていくわけですね。

柳澤　国民の多くはバカじゃないと思うし、率直に言うと、「中国は怖いよね、だけど戦争はしちゃだめだよね」っていう、これが国民の声だと思うんですね。そこをどう理屈付けしてやるか。いろんな事が言われますけど、勇ましい議論の方が耳に入りやすい。中国は怖い、でも戦争ではない手段で、まずはそこを改善すること、脅威をなくすことが抑止なんですということ。何もアメリカを助けることが抑止というよりは、直接の脅威を脅威でなくしちゃうことが最大の保障なんですよ、というビジョンをちゃんと示していく。さりとて小沢一郎さんがやったような、何百人も連れて北京に行けばいいという話ではない。そこはもっと、冷徹にやらなければいけないことだけど、そういう時に民主党は、領域警備について自民党より進んだ案を出すよ、なんてことを言っていて……。だからそうではないだろうと、本当に合意しなければいけないのは、戦争はダメだよねということに立脚した安全保障戦略をどう作っていくかということだと思うんですね。

ただ単に、選挙対策のための対抗軸を作るというよりは、党のアイデンティティとして、それがいかに国のアイデンティティとして国民に伝わっていくか、そこをもう一回考え直せということじゃないかと、私は思うんですよね。山口さんもけっこう一生懸命やってこられただろうけど、結局そこのところがはっきりしないまま行っちゃったのが、民主党政権の三年間の、一番の問題だと思うんです。なぜそこをちゃんと総括し、教訓にしないのかな。

山口　それなんですよね。鳩山さんがある種の理想主義を掲げて、すごく早い段階で躓いたから、それに対する怯えで、一切、理想主義的な要素を出さない、現実にべったり妥協するというスタンスで、後の菅・野田政権が動いちゃった。

柳澤　おまけに、原発事故もあったし。まあ、アンラッキーでもあったんですけど。

日本を取り巻くリスク要因を減らす努力

山口　近隣の国々との安全保障環境の話をするなら、日本の側にもっともっとやるべきこと、積み残された宿題はいっぱいあるわけです。結局、日本という国は、ドイツと違って、第二次世界大戦の戦後処理を自分の手でまったくできていないというところに、いろんな紛争の源があるわけですね。尖閣の問題もそうだし、北朝鮮との国交正常化の問題もそうだし、北方領土もそうだし、韓国との間でもやはり領土紛争はあるから、ナショナリズムをお互いに刺激し合うみたいな関係になっている。これほど戦後処理をちゃんとやっていない国は、世界でも日本だけなんですよね。

柳澤　だからそこも、アメリカにおんぶしていたんじゃないかと思うんですよね。アメリカから突き放されないとできないのかもしれないという気もする。今度の慰安婦問題に関する日韓の合意だって、政治的な妥協ですからね。心と心が通じ合ったとはとても言えない、政治的な妥協なんだけど、それとてアメリカがあれだけ両国に圧力をかけてようやくできた。これは、日本にとっても韓国にとっても、けっして良いことではないと思う。自分の問題を自分で処理する能力があるかどうかということですからね。

山口　そういう意味ではやっぱり知的な自立性が必要ですよね。外務省の役人も自民党の保守的な政治家も、さっきからおっしゃっているように、アメリカのものの見方にべったりくっつくとでものを見ているわけで、自分たちが能動的に日本を取り巻くリスク要因を減らす努力をする、という話がまったく出てこないことが問題です。

柳澤　あの人たちは、日本の超エリートですよ、間違いなく。偏差値も高いはずです。もっとも、偏差値の高い人は最近は外資系に行っちゃうのかもしれないけど。だから、けっして頭が悪いからそうなるのではなくて、やっぱり思考停止しているからだと思うんです。「バカの壁」の中にいるから、そのバカの壁を精緻にしていくことはするんだけど、その外に飛び出すという発想がない。それを受け継いでいくたびに、外の世界があるという発想や感覚を、ますます失っていっているように思うんです。

山口　安倍政権にとっては、むしろ中国の脅威や朝鮮半島のリスクは、権力を持続するための非常に都合のよい材料みたいなものですね。

柳澤 本当にそうですね。

山口 今回の、北朝鮮のロケットというかミサイルの発射問題にしても、例えば外国のメディアは、あれが宇宙空間に出て地球を回る軌道に乗った、という報道をしていて、ロケットという呼び方をしている。日本では、どこのメディアも「ミサイル」と言って、しかも、「沖縄の方で緊張が走った」みたいな話をしていますけど。

柳澤 そういうふうにメディアが報じるから、そりゃ緊張が走りますよ。ただ、南に向けて撃つということは、南極と北極を軸とする周回軌道に乗せるということですから、技術的には相当進んだということは間違いない。その狙いは何かというと、アメリカに対して、もう自分は核も持っているし、ミサイルでアメリカの街の一つや二つ火の海にできる能力があるんだよ、ということを誇示して、だから自分を認めてまともに交渉をしてくれというメッセージです。それを、単に「ミサイルが落ちてきたら、破片が落ちてきたらどうするの！」という部分だけで捉えているのは、全体像を見ていないということですね。それは大変だと言う方が分かりやすいし、その方が多分、票にも結び付くんでしょうけれども。今度は三分でアラートが出た！みたいな……。でも、どっちにしたって戦争になったらそんなものでは間に合わないうちに飛んでくるわけですからね。そういう世界の話なのに、どうも劇場型の危機管理みたいな、危機管理ごっこをやっているような感じがするんですよ。

山口 そうですね。これ見よがしに危機管理を、ポーズだけ示しているような感じで、あれで本当に防衛できるのかなと思います。

柳澤 戦争となれば、相手は別に通告なんかしないですからね。分からないうちに、しかもこちらが防ぎようのないような撃ち方をしてくるわけですから。それをやったら今度は北朝鮮が滅亡するような報復を受けるということはよく理解しているはずです。でも、そういう捉え方をするよりは、むしろあの国にどうやってソフトランディングをさせるのかという意識を持たないといけない。今はみんな怒っているから、なかなか飴を与えられないのは分かるし、飴を与えちゃいけないとは思うけど、ここで拉致問題をどう扱っていくのか。拉致問題の解決が余計難しくなる形になっていってしまう可能性が大きいですよね。

アメリカの交渉カードは、核保有に対してご褒美を与えないということなんですけど、逆にそこで、核保有をあきらめればどんなご褒美が与えられるかということが見えないから、この問題は、北朝鮮が進んで、喜んで止めるというわけにはいかないわけです。日本も、じゃあ拉致を解決したらどういう御褒美があるのかという、そこをある程度見せていかないと、本当にこの問題を解決しようとするならですね。ただ、北朝鮮ってあまりにもひどい体制で、けしからんから制裁しろというのは、気持ちとしては私も分かるんですけど。じゃあ、けしからん状態をやめれば、どうできるの?というのを、示していくということ。

結局、抑止力だって同じことで、「そういうことをしたらひどい目にあわせるぞ」という脅しが抑止ですから、しなかったらどういういいことがあるのか、そこで相手が同じ共通認識を持たないと、実は抑止というのは、かえって危ないことなんですね。

山口　交渉以外には、政治的決着以外には北の核問題の解決はないわけですよね。

柳澤　ないですね。

山口　イラクの時のように、大量破壊兵器があるからと攻め込むのは、あり得ないわけですから。

柳澤 そうです。日本にとって、中国・北朝鮮が怖いというなら、その恐怖感は、僕は否定はしませんけれど、何が一番怖いかと言ったら、ミサイルが飛んできたら防ぎようがないということです。何発かは防ぐにしたって。日本はインフラでも原発でも、何でも海岸線に集中しているわけだから。

山口 そうですね。新潟や若狭湾にあれだけ原発を作っておいて、こんな脆弱な国を作ったわけですよね。

柳澤 そう。だから、ミサイルが飛んでくるような外交をやってはいかんということなんですよ、一番正しい答えはね。抑止力に頼ってやっていくというのは、相手を滅ぼして戦争には勝つかもしれないけど、実は日本は一番先に確実に滅んでいますよね……というシナリオなんです。日本の安全のためなのか、アメリカの覇権を守るためなのか、あるいは純粋に中国・北朝鮮に報復しないと気が済まないからなのか、そこの出発点をちゃんと整理しなきゃいけないですよね。

アメリカのＩＳＩＬ掃討支援要請を断れるのか

柳澤 この間、国会で、共産党の委員長が安倍首相に、もしアメリカからＩＳＩＬ掃討の参加を要請されたらどうするんだ、断れるのか、というような質問をして、安倍首相は明確に「断ります」と言っていました。安倍さんとしてはそのつもりなんだと思いますよ。つまり、あの人の頭の中では、アメリカの船を守ってやるということで、実はアメリカと対等になったという錯覚があるんですね。それで国会審議の中でも、あの法律上はＩＳＩＬ攻撃の後方支援ができるわけだから、公明党の北側さんが質問した時に、「政策判断としてやりません」と言った。だからその政策判断って何なの？というのをはっきりさせた方がいいという話を、私も民主党や共産党の議員にはここのところ話してきたんです。その議論、岡田さんもやっていましたけど。だから、その政策の判断というのは、中身は何かということをはっきりさせるべきです。日本としては人道的な支援をやっていくんだということなら、それはそれで安保法制の使い方にタガを嵌めたことにはなる。ただ、まだアメリカが空爆しかしていないので、地上部隊を出すようになったら本当にそれで済むの？という問題はあるんですけど。

山口　いや、政策判断では断りきれないでしょう。実際の政治的力関係を考えた時にね。

柳澤　そうそう。今まではそこで「日本は憲法があるから仕方ないよね」で済んでいた。実はそこで済んでいたことに安住していたのもいけないけど、これからは本当に政策判断でアメリカを納得させながら、やらないということにしないといけないわけですね。安保法制については、それができるようにしたわけですから、もはや安倍さんの問題というよりは日本全体の宿題になったということですね。後方支援をすると言ったら大変なことになるのは分かりますよね。少なくとも、選挙の前に大変なことはしたくないというのが、安倍さんの本音だと思います。

山口　逆に言うと、選挙が終わったら南スーダンなどに行くわけですよね。

柳澤　駆け付け警護が必要なのは、つまり危険だからやるわけですね。危険な状態なのに、どうするんだろう？　もっと危険になったら、法律上は自衛隊は帰らなきゃいけない。だけど、ちょっと危険だから駆け付け警護までやる、うんと危険だったら帰ってくるって、それは一体何なんだということですね。そのへんが、政策としてもまったくバラバラな感じがするんですよ。それで行かされる部隊はたまったもんじゃない。法律ができれば、法の施行までにやれるようにして、法律を実施できるようにしなければいけない義務があるわけです。それでＲＯＥ（法律によって自衛隊に与えられる権限の範囲内で、いつ、どのようなタイミングで、どの程度の実力を行使するのかを定めるマニュアル）を作って身構えていたところに、政治の方から「しばらくやるな」と言われて、非常に迷惑しているとは思うんです。逆にもっと準備に時間がかかりますからと言えば、それなら去年の九月に強行採決しなくてよかったじゃないかという話になる。

安倍さんは、政権初期に、先に靖国参拝をしてしまうわけですね。自身のコアな支持層の方に向けて、先に落ちるところまで落ちちゃえという感じ。それから、ガイドラインを作り、安保法制作りをしていく。先にアメリカの嫌がることをやって、自分のコアな支持層に対するサービスを済ませている。今はだからアメリカに逆らっていないと思いますよ。

山口　いつもそういうパターンですね。

柳澤　そういう意味では、やっぱり上手なんですよ。後になって嫌なことをやるより、先に嫌なことやっちゃった方がいい。さらに言えば、おそらくあの方は集団的自衛権という言葉を入れただけで、多分満足しているんじゃないか。実際に、戦場のリアルなんてまったくイメージを持っていない、そんなことまで考えていないと思うんですね。そのことによって日本がアメリカと対等になったんだという錯覚の下に――つまりそれでアメリカに従属しているだけではない、アメリカの船を守ってやるんだからそれで対等だねという自己満足を得ながら、日本としての発言力を増やして、中国に負けない大国としてアピールをしていく、そんな意識ではないかと思うんです。

海外派兵をして自衛隊員が海外で死んで、日本の世論が排外主義的になり、国家主義的な政策がやりやすくなる……なんてことを狙っているんじゃないかと言う人がいますが、私は、そこまで狙っているなら逆に心配は要らないと思う。だけど、さすがに現実にそこまで考えているということはないでしょう。出発点そのものがものすごく抽象的な、情念のかたまりのようなかたちで出てきているので、現実に、自分がこうやったおかげで何人か死んだという事態は、むしろ受け容れがたいんじゃないかという気さえする。なったらなったで、それは憲法を改正しないからだと言うのかもしれないけど。私は、安倍さんというのは、自衛隊員の死は受け容れがたい方だと見ていますけどね。その意味で、実は私に言わせれば、改憲派もそんなに根性が入っているわけじゃないだろうと思う。根性入ってないけど、しかしメディアを使って、本当に戦争をしない分には、それはもう勇ましいことを言っていれば気持ちいいわけですから。その世界だけでやっているんじゃないかと思うけど。

護憲派の9条自衛隊明記は間違い

山口　一部の護憲派が、「9条を改正して自衛隊を明記せよ」みたいなことを言っていますが、それはどう思われますか?

柳澤　専守防衛の自衛隊、海外で弾を撃たない自衛隊を明記するというのは、国民の認識として、規範の内容としてはその通りだと私は思うんです。だけど、そこだけ変えればいいという問題ではない。つまり、その限りで言うと、護憲派・護憲的改憲論に対しても同じことが言える。しかし国民が変える必要がないと思っているんだから、それでいいじゃないかという話なんですね。そこだけ変えるということをことさら言うのは、やはり改憲派の強さに押されて同じ土俵に乗らないとまずいという発想があるんだろうと思うんです。

山口 政治的判断としては、私はやはり今は間違っていると思います。九〇年代の冷戦が終わってすぐ後くらいだったら、そういうことをやる意味はあったと思いますが。

柳澤 ただ、あの頃はまだまだやれなかったのは、やっぱり今までの蓄積の上で、みんながそれで納得していたからなんですね。今日の護憲的改憲論は、護憲を言っているだけでは安保戦略という点では何もないわけですから、こっちも提案しなければ、という発想でしょうけど。それは安倍さんの改憲と同じく、つまみ食いなんでね。9条を変えたいというから、それならこうしようという売り言葉に買い言葉のやり方は、順序としてどうかと思います。まずは前文に表わされるような理念、言い換えれば、どういう国として世界に発信していくかという部分をしっかり固める必要がある。そのうえで、国際情勢が変わったから、その理念をよりよく反映させるためには9条をはっきり専守防衛に書き換えた方がいいということになるのか、あるいは、国際情勢が変わったからこそ、普遍的な平和主義の理念が一層、意味を持っているのであって、それならば、9条の文言はむしろ変えないほうがいいということになるのか。つまりそれは、世界に向けたメッセージですからね。

Ⅲ

自民党は「株主党」だ

水野和夫×山口二郎

マイナス金利政策は資本主義の終焉宣言

山口　昨日、今日の株価の下落に円高ということで、もう日銀が完全に政策手段を失ったということなんでしょうね。

水野　はい。そう思います。黒田さんは日銀総裁に就任されて、三年近く経つ。就任直後、最初にパネルで二・二・二と言いましたね。二年以内に、消費者物価指数を二パーセント上昇とマネタリーベースを二倍。逐次投入はしないと言いましたが、二〇一四年秋に消費税を上げる・上げないの議論をしていた時に日銀は「二弾バズーカ」を撃って、今回は事実上の第三弾。第二弾のバズーカを放った段階で、量的緩和ではあと五年しか続けられない。毎年、日銀が八〇兆円の国債を出していて、それで三〇兆しか新発債は出していない。五〇兆は既発債から買い上げています。日銀の買いオペ（日銀が市場から債券や手形を買うこと）は、すべて民間銀行との間で、個人とはやらない――民間銀行は国債を二五〇兆円持っている。そうすると、五年でなくなってしまいます。今度の第三弾で、さらに国債の買い増しを一〇〇兆とかやれば、五年が三年で終わるとか、足下を見られますから、それで金利をマイナスにせざるを得ない。もう手詰まりの状態になってきているのです。

そもそもアベノミクス旧三本の矢ですが、一本目は金融緩和によるデフレ脱却です。貨幣数量説によれば、貨幣の流通速度が長期的には一定値をとるという想定のもと、貨幣数量を増やして、物価水準を上昇させようとすることです。この貨幣数量説は、国際資本の完全移動性が実現する一九九五年以前なら、貨幣数量を増やせば名目GDPの増大につながるメカニズムが存在していたので、一定の説得力がありました。物的生産量を表す実質GDPは短期的には供給力に制約があるので、物価が上昇して、名目GDPが増加したのです。こうしたメカニズムが働いたのは、国民国家という閉じた経済の枠内でのことです。しかし資本が国境をこえて自由に移動する今日、いくら貨幣を増やしても、物価上昇につながらないのです。貨幣の増加は、金融・資本市場で吸収され、資産バブルの生成を加速させることになります。そうした方が、資本家にとっては手っ取り早く資本を増やすことができるからです。

アベノミクス第二の矢である積極的な財政出動はどうか。今日、需要が飽和点に達しているため、内需中心の持続的成長軌道にのせることができず、これも無意味です。それは九〇年代以降の日本経済が実証しています。また、公共投資を増やす積極的財政政策は、過剰設備を維持するために固定資本減耗をふくらませ、ひいては賃金を圧迫することになりました。雇用者報酬を減少させる原因の一つは、過剰設備の維持にあったことになります。

第三の矢である規制緩和などの構造改革も、機能不全に陥っている既存のシステムを強化したところで、新しい「空間」は見つからないと思います。

麻生副総理などが、日本のファンダメンタルズは何ひとつ変わらないとよく言います。しかし、政策的に、TPPのようにグローバル化を推し進めて、海外投資を積極化したり、金融の自由化をしたりといったことを一方でしながら、日本のファンダメンタルズはしっかりしているなどと言うのは、どう考えてもおかしい。グローバリゼーションというのは、海外で起きたことが、日本のファンダメンタルズが良くても悪くても、瞬時に日本にプラスの影響もマイナスの影響も与えるということです。自分でグローバリゼーションを進めておきながら、日本のファンダメンタルズがしっかりしているから今の株価の急落は問題ないというのは、グローバリゼーションがいったい何かということを理解してない発言だと思うんです。今年初めから起きている、株価が急に六営業日連続で下がるという事態は、取引所開設以来のことです。今までは四日間しか連続で下げたことはなかったのに、年初で六日間下がった。二日で一〇〇〇円くらい下がったこともあった。株価が急落している、それは確かに日本発ではない――中国の過剰生産とか、最近ではヨーロッパのユーロ、ドイツ銀行の信用不安とか、いろんな問題が海外で起きて、それに日本が巻き込まれるのは、当然だと思うんです。海外で起きた資産価格の下落、つまり株価や原油価格の下落が、日本にこれから影響を及ぼしてくる。

今はマーケットだけですけど、今後はファンダメンタルズに、例えば資源価格の下落だと、総合商社の特別価格といった形で、特別損失（特別な要因で発生する臨時的な損失）になって出てくる。巨額の特損が発生すれば、一年間の営業黒字では吸収できず、最終赤字となります。東芝は原発の減損（固定資産が収益性の低下により回収が見込めなくなった状態）会計が最終的に終わっていないのに、二〇一六年三月の連結決算で七一〇〇億円の損失が出るということです。シャープも二〇一六年二月には一〇〇億円の営業黒字を見込んでいたのですが、わずか一か月後の三月末になって、一七〇〇億円の営業赤字になるとの見通しを公表しました。最終利益は二〇〇〇億円の赤字予想です。今まで大幅赤字を計上してきたのは重電と家電だったのですが、これからは資源関連とか、いろんな会社で特別損失、あるいは営業赤字などが発生して、ファンダメンタルズが逆回転していく。今はそのスタートだと思います。

山口　水野さんは、利子率に注目して資本主義の歴史を解明してきたわけですが、今回のマイナス金利を資本主義の歴史の中に位置づけるとどういった意味があるのか、教えてください。

水野　資本主義というのは資本を自己増殖させるシステムのことで、増えた資本をどのようにするかにはまったく関心がありません。自ら当局がマイナス金利というのはヨーロッパもやっていますが、一年間じっとしていれば資産が減りますよということ。事実上、資本の自己増殖がもうできないということであって、マイナス金利政策は資本主義の終焉宣言に他なりません。もちろん、黒田東彦日銀総裁はマイナス金利政策をとれば将来インフレになって資本が再び増えると思っているはずですが、すでにマイナス金利を採用している欧州中央銀行（ＥＣＢ）では思ったほど効果が上がっていません。預金を持っている人は一応、資本家なんですね。自分では動かないけど、その代わり銀行マンが後ろで一生懸命、儲かる先はないか、動いてやってますから。

マイナス金利とは、預金者という資本家にはもう資本は増えませんよということ。預金はマイナスじゃないけど、民間銀行が日銀に預ける時はマイナスだから、それはいずれ預金者に手数料という形で跳ね返ってくる。株主と預金者が基本的には資本家なんですけど、預金者である資本家にはもう資本主義は終わりましたということだと思います。一方、株主たちは儲かっているかというと、株価が下落しているから、株主たちも、二万円で買った人は五〇〇〇円くらい損失が出ている。

おそらく株価は今の一五〇〇〇円で止まる保証はない。株主だってこれから損失を被る。株価が下がらなくても、さっきの特損という形で、儲かると思って投資したものが結果的には全然、期待した通りの稼働率に上がらない。それで資産売却をしなきゃいけない。今、片足、資本主義が終わっている。次のもう片足が株主なんですね。株主は将来、おそらく特損という形で巨額の損失を被るのではないかと思います。

先物取引による将来利益の先取りができなくなった

山口　千数百年の長い資本主義の歴史に照らして見ても、二一世紀に入ってから、リーマンショックに始まって今回の世界的な株安、日本やヨーロッパのマイナス金利と、千年単位での変化が今、起こっているとみてよいのでしょうか。

水野　起きていると思いますね。マイナス金利がその象徴だし、それから原油の三〇ドル割れ。実はＢＲＩＣｓレポートというものをゴールドマンが二〇〇三年一〇月に出した。タイトルがおもしろいんですよ。"Dreaming with BRICs" ブリックスと一緒に夢を見ましょうということ。当時の原油価格が一バレル＝三〇・三ドルでした。そこから、一気に二〇〇八年七月には一四七ドルまで上がり、リーマンショック後の二〇〇九年二月にはいったん三三ドル台まで下がった。その後また一〇〇ドル。それまではずっと二〇ドルが平均なんです。二〇ドルで、上がって三〇、下がって一〇。そこから一気に五倍にジャンプしている。それがまた二九ドルとかですから、結局、今起こっていることは、新興国と夢を見ましょうと言っていたのが、その夢から醒めたということですね。醒めたというのは、新興国、三〇億人のＢＲＩＣｓの多くの人たちが、日本やドイツやアメリカのような先進国には結局なれませんでした、夢は実現しませんでしたということ。夢がもし実現するんだったら……そうですね、石油の値段は最低六〇と言われているんですよ。

山口　需要が増えて。

水野　ええ。日本並みにエアコンを使ったり、一家に一台、自動車を使ったりするとなると、最低でも一バレル＝六〇ドルと言われている。それで、三〇億人の人が豊かになっていくとなると、六〇ドルからじょじょに上がっていかなきゃいけない。それが六〇ドルをあっという間に切って、二十数ドルですから。結局、原油市場ではＢＲＩＣｓの夢が破れ、金融市場ではマイナス金利で先進国の預金者は資本の自己増殖ができないということが起きている。預金者の数は圧倒的に多いから、大半の人にとって時間外ＡＴＭを利用すれば、手数料をとられて実質上、預金は目減りすることになります。

当初、利息と利潤の区別がない時に、禁止されていたものを認めたのが一二一五年なのですが、その年に晴れて資本家が世の中に公認された。それまでは裏方、闇の世界ですね。非公式の世界が公に表に出てきた。そこから初めてマイナス金利になりましたので、一三〇〇年単位で歴史が終わったんだろうな、ということです。（ジャン＝フランソワ・）リオタールの言う「大きな物語」が、本当に終わってしまった。「大きな物語」というのは、何かを信ずれば――この場合は政府、国民国家を信じればみんな豊かになるということ。それを経済に引き直せば、「資本を持っていれば必ず殖える」という大きな物語が終わったんだということ。まあ、終わりの始まりだと思いますよ。

山口　市場のメカニズムは生きているわけですよね。需要が減るから値段も下がると、昔、経済学の初歩で習った需要と供給の曲線の話がありました。我々はこれまで、つい市場経済と資本主義を同一視してきていたわけですが、それは違うということに気づかされます。今それが表に出てきたわけですね。

水野　はい、違いますね。実需に基づくのが六〇だとして、それが八〇ないし一〇〇ドルになっていたわけですから、そのプラス二〇なり四〇なりが、市場経済というよりは、先物市場を活用して将来の利益を先取りするのですから、それは資本の自己増殖をはかる資本主義によるものです。

山口　要するにバーチャルな市場ですよね。

水野　そう、資本主義がバーチャルな市場を使って、将来の利益を今に持ってきちゃうということをやったわけですね。今、将来の利益を手前に持ってくるということが、もうできなくなった。一〇年国債までマイナスの利回りになったということは、そういうことだと思うんです。本当は、これからは実需に基づいた市場を活かさないと。

山口　ですよねえ。市場というのは、我々が常にものを売り買いして消費する限りは永久に続く。そういう意味での市場は常にあるはずですよね。

水野　そうですね。たぶん市場経済と資本主義を、これからは少し区別していくということが必要だと思います。

山口　それにしても、今のようなバーチャルなもの、あるいは地球上を埋め尽くすような資本の広がり、こういったハイパーアクティブな資本主義は、冷戦の終わりとともに始まったと思うのですが、そうすると約二五年。たった二五年で、こんなに急速度で破綻に至るというのは、すごく不思議な感じもする。

水野　冷戦というよりも、私のイメージでは一九七一年のニクソン・ショックがスタートだったと思います。この時点で米国の工業力の低下がはっきりと見えてきました。あの時から、先物市場を作り始めたんです。金とドルが固定された時は、裏側に現物市場がないといけなかった。でも、金とドルの交換を停止したら、まずは為替市場の価格変動がありますから、将来の——三か月後の円ドルをヘッジする。その時のヘッジはまだ、例えば車の取引が実際にないといけないなどの制約がありました。八四年には為替市場の実需原則が撤廃されました。さらに金融の自由化が促進され、金融ビッグバンで完成しました。もちろん、バーチャルな市場が前面に出てきたのは、冷戦の終わりだと思います。ライバルがいなくなったわけですから、資本家はもう誰にも気がねすることはないからです。

山口　橋本政権ですね。

水野　海外では、もっと早くから。例えば、原油で言うと八三年なんです。八三年にWTI原油先物市場ができた。ドバイとかブレントでも原油取引をやっていますが、WTIは全部先物です。ものすごく長い期間、三〇年先とかの原油を相対《あいたい》（証券取引所などの取引所を通さずに投資家同士や、投資家と証券会社、証券会社同士が直接取引したりする売買の方法）でやっているらしい。もう実需に基づいて価格が決まるなんて幻想です。三〇年後の単価なんて分かるはずがないですから、全部実需を伴わない、投機だけで価格を決めている。それはすべてが、ニクソン・ショック以来の、将来の価格変動をヘッジするというところから始まって、金融市場を自由化し、そして株式の先物を取引する。

日本の株式市場では、冷戦の終わり頃、ちょうど九〇年に先物市場を解禁したんですね。それで投資家は株式・土地バブルの崩壊で大きな痛手を被っていたときに、外国人投資家に株式先物市場で売り浴びせられ、株価が大幅に下落しました。だから、現象面では冷戦の終わりがバーチャル市場の登場でいいと思います。でも水面下で、七一年から金融の自由化、為替外為の自由化を進めていた。七一年、ちょっと射程を長くすると、それでも四五年、まあ半世紀くらいですね。将来を先取りするということなら、人間が先取りできるのは、一〇〇年先、二〇〇年先は無理で、せいぜい一〇年二〇年のことです。しかし、一〇年、二〇年先の利益を今、取ってしまおうと言っても、それはさすがにもう無理だということです。

山口　そういう時間軸で見ると、すでに今、これだけ世界的に成長できなくなったというのは、もう三〇年前に今の利益を取ってしまったからだと、そういうふうに考えるわけですね。

水野　そうですね。将来の利益を先取りするには、二〇三〇年になって一四年後の人たちが、またさらに十数年先の人の利益を取らなければならない。それはもう、いくら何でも無理です。現役世代が次を取っちゃったら、今の中学生が大人になった時に、また小学生の利益を先取りするという話ですから。さすがにそこは気がつくんじゃないかな。フランス革命のときは、同世代の身分間の搾取だったのですが、二一世紀には今、存在しない（これから生まれてくる人の）利益を横取りしていると思います。よりたちが悪いといえます。将来世代の人たちには今、発言権がありませんので。

山口　なるほど。財政赤字を議論するときに、「将来世代へのツケ回し」みたいなことを言うと、わりとみんな分かりやすくて腑に落ちるけど、先物取引による将来利益の先取りという話は、私も水野さんの話を聞くまで全然分かっていなかった。

安倍の経済政策のキーワード「いま、この瞬間」

水野　時価会計が問題だと思います。橋本ビックバンの時に、アメリカから無理矢理、時価会計・簿価会計・連結会計、この三点セットで導入しろと言われた。時価会計にすると、今の十年後の値段はいくらか、向こう一〇年間にこれだけの利益がある、その利益を全部、現在価値で割り引くと今はいくらになるか。そんな一〇年先のことは分からないから、みんな割引率を適当に変えて、利益操作なんて簡単にできる。それをこの前、東芝が利益操作して不正会計をしたのですが、退職給付債務の割引率を高く設定して、債務を少なく見せていたと言われています。あちこちで、現時点での確定した利益がだんだん少なくなっていく。

　オイルショックで日本は一〇パーセント成長から五パーセントへ、アメリカは五、六パーセントから二、三パーセントへ。どの国もみんな半減した。高度成長が終わって利益機会が少なくなり、実物世界での利益がなくなってきた。一九七〇年代半ばに、横の広がりの利益は、一〇パーセントだったのが半分になってしまった。ならばしょうがないから先物市場へ行って、将来の利益を取ろうということになる。

山口　空間の限界を、次に時間によって補うということですね。

水野　そうです。もう笑っちゃうのは、取引所の下に、道路の下を曲がっていく光ファイバーだと時間がかかるので、真っ直ぐにすれば一〇億分の一秒節約できると言って、真下に直線で引こうと、そしてなるべく取引所に近い所に自分のコンピュータを置く。そうやって利益を出している。もう理屈ではなく直感でおかしいと思わなきゃいけないのに、それを真面目にやっているんですよ。「一〇億分の一秒先に取引所に注文が届く」と言って。

山口　二〇世紀の後半は、まだどこの国も人口が増えていて、将来的に富を生むというイメージがあったわけです。今は日本、ヨーロッパ、そして中国ももう人口は増えないわけだし、将来富を作り出すという活動のイメージがないままに、割引率を操作したりして将来の富を引き戻すといった手法が横行しているわけですね。

安倍政治の経済政策を考える時に、キーワードは「いま、この瞬間」だと思うんですね。アベノミクスというのはいま、この瞬間に為替を安くして株価を上げるということに尽きると思うんですが。経済の世界で「いま、この瞬間」を考えるというのは、宿命的というのか、仕方ないのでしょうか？　昔の日本的な経営というのは、わりとロングレンジで、従業員の能力を開発するとか、取引先の信用を守るといった美談が語られた時代もあったわけですが、金融の世界はやはり「いま、この瞬間」ですかね。三〇年くらい前は、こうした日本的な経営は、ステーク・ホルダー・エコノミー（関係者みんなの経済）と呼ばれて、外国でも賞賛されていましたが。

水野　そうですね。「いま、この瞬間」を考えるというのも、工場や店舗などを作って、一〇年のトータルのリターンを考えて投資するということが、もはやできなくなっているからだと思います。「いま、この瞬間」を追求して、悪い方の弊害ばかり出てきている。三か月決算になりましたが、三か月で決算を出していくなんて、企業経営者からすると負担でしかないと思うんですね、経理は大変だし。逆に言うと投資家はもちろん、三か月で企業業績がどう変化するかということを察知して売買したいでしょう。本来、企業活動は、山口先生が言ったように、従業員であり、取引先であり、地域社会であり、そういうものに対して存在意義があると思うんですが、今のようにグローバル化すると、三か月決算になって、株主だけしか目に入っていない。株主は、将来の利益を今、欲しいと要求しますから、将来生じるであろう利益を今期に付け替えてしまうようなことをする。今期に付け替えたならば、来期の売り上げを減らせばいいのですが、それをまた来期に、というふうに永久に付け替える。

そもそもグローバル化自体が、自分たちの庭ではもう利益が上がらなくなったから隣の庭に行こうということですよね。本来、隣の芝は隣の人たちに帰属しなきゃいけない。だけど、「アジアとともに成長」ということは、隣の利益をちょっと自分たちにも欲しいということであり、隣に住んでいる人の分け前が減るということですから、グローバル化は、限られた利益の取り合いなんですね。ＢＲＩＣｓで中間層が出てくるからと言うけど、その中間層の人たちがもたらしてきた利益はその国の人たちに還元しなければいけない。日本は多分、高度成長の時にはまだグローバル化していなかったから、国内に全部、利益が還元されました。だから、グローバル化というのは随分勝手な論理だなという気がします。

山口　日本の場合、オリンピックまでは騙し騙し景気維持を図っていくのでしょうけど、その後がどうなるか。一九六四年の東京オリンピックは高度成長のさなかでしたが、その時でさえオリンピックの後は不況で、翌六五年には山一証券の破綻とか赤字国債発行などの小ショックが襲ってきた。二〇二〇年の日本はそれではすまないだろうと思うんですけど。

水野　そうですね。オリンピックは東京でやるわけですから、東京に一極集中ですね。投資も東京に一極集中する。増田寛也さんのレポートだと東京が一番速いスピードで高齢化が進んでいく。

山口　そもそも高齢者の数が違いますからね。

水野　地方に追い出せなんて言い始めてますけど。地方に追い出すと言ったって、全部、東京にインフラを集中させておいて、もう六五歳以上で働けなくなったから帰れ、なんて無茶苦茶な話ですよね。本当に、オリンピックまでは何とか「行きはよいよい」でやっていきますけど、帰りは悲惨なことになる。オリンピックをやるんだったら東京ではないところでやらなきゃダメですよね。

量的緩和の無効が経済学主流には見えない

山口　経済政策を見ていて、さっきの「いま、この瞬間」の利益を追求する合理性でみんなが動くという、いわゆる合成の誤謬（通貨安競争のように、ミクロでは正しくてもマクロでは違う結果をもたらすもの）ですね。一番大きな弊害は、私は雇用だと思うんですけど、とりあえず賃金は固定費じゃなくて変動費になる。それで非正規労働を増やして、労働コストを下げていく。繁忙期と不況期に応じて労働力を柔軟に減らしたり増やしたりという、この理屈は、個々の企業にとってはとりあえず利益を増やすとか、株価を上げる方法ではあるんでしょうけど、社会はそれではもたないですよね。個々の企業経営者が非常に狭い視野で、「いま、この瞬間」を追求するのも仕方ない、それをしないと経営者がクビになることもあるのかもしれないけど、経済の議論の中で、社会の持続可能性とか、あるいは合成の誤謬を乗りこえた社会全体の再構築みたいな議論は出てこないのでしょうか？

水野　それは残念ながら主流派経済学からは出てこないですね。

山口　それは政治の役割としか言いようがないのかな。

水野　はい、政治の力がないと、歪んだ市場のメカニズムは修正できないと思います。市場のメカニズムではまったくそれは解決できなくて、むしろより「今の利益」ですね。「今日、この日」ということを考えてしまう。結局は、先ほどのグローバル経済で、中国も何かおかしい、原油価格が下がるしロシアもブラジルもおかしい、ということですから、今まで日本の経営者がやってきた、コストカットで利益を出すというやり方がますます強まっていくことになります。

年収二〇〇万円以下の人たちが二〇一四年で、一一三九万人、割合にして二四パーセントになっています。四人に一人が年収二〇〇万円以下で働いているのは、異常だと思います。年収二〇〇万円だと、そもそも購買力がつかない。企業経営者としては、将来のお客さんを失っているんですよね。将来のお客さんをなくして、今、今日の売り上げと言ってやっている。タコが自分の足を食べているのと同じですね。将来の利益、将来の資産価値を割引率で操作して現在高くしている、つまり将来の人たちはもっと利益を上げなきゃいけないということになるわけです。将来の人たちのがんばる分を、今、自分たちで先取りする。しかも将来のお客さんも、自らがより減らしてしまっている。購買力のある人たちを減らしているということですね。

山口　安倍首相のキャッチフレーズで、「日本を世界で一番ビジネスのしやすい国にする」という例の話も、あれは一見ビジネスに対して友好的であるように見えますが、実はビジネスをどんどんダメにする。つまり、やたらと甘いものを食べさせるとかお酒を飲ますとかして、糖尿病体質にしていく、それがビジネスフレンドリーな政策の本質だと、私などは思うんですけど。

水野　そう思いますね。その裏返しで、日本一過酷な労働社会を作るということですよね。

山口　今の経済界、それから経済学者は何を考えているのか、私にはわかりません。本当に日本の経済の将来を考えたら、今この瞬間だけ良ければよいという発想にはならないはずで、そこが疑問なんですよね。

水野　本当にその通りです。私の勤務先は、国際関係学部とか法学部からは声がかかるのですけど、経済学部からは一つもないんです。きっと、排除されているからだと思います。「あいつはあんな変なことばかり言ってる」と言って、主流派経済学からは煙たがられている。経済学は、やはり新古典派経済学が主流で、市場メカニズムでほとんどのことが解決できると思っているようです。その上にバーチャルな世界までも認めるのがアメリカ流で、日本でも主流になっていますから。今のマイナス金利とか、それから株価の下落、原油の三〇ドル割れということに対して、何も出てこないですよね。こんなに急変しているのに、これはどういう意味を持つのか、主流派からは出てこない。以前から、量的緩和をすればすぐに二パーセントになると言っていた。今、なっていないじゃないですか。白川総裁の時は、量的緩和のやり方が手ぬるいとか批判があった。今はもう手ぬるいどころか第一弾・第二弾・第三弾のバズーカを撃っている。しかし、全然効かないわけですから、経済学部の中からもうダメだという声が出てこないといけないですよね。

山口　インフレターゲットっていったい何なんだろうと思いますね。ここまでやってダメだったのですから、結局これは「日本がアメリカと戦って勝とう」みたいなとんでもない、不可能な目標設定なのかなと思いますけど。

水野　そういう意味では、黒田総裁のような「何でもやるぞ」という人がダメだったら――まだダメと決まったわけではなく、これから分かるんですが――それでようやく納得できるんじゃないですかね。

山口　それは、払う代償があまりにも大きいじゃないですか！　ダメだったことを知るためになんでこんなに犠牲を払わなきゃいけないのか。

水野　大きいですけど、今、主流派がそうなっちゃってますから。白川総裁が、量的緩和だけやってもダメだと一生懸命言っても、外部から白川総裁はやる気がないじゃないかと批判する。それで、黒田さんや、（元学習院大学教授で日銀副総裁の）岩田規久男さんとかが乗り込んできた。あの人たちが言いたい放題言って、権力を握った。民主主義とはこういう代償を払うものじゃないですか？

山口　まあ、それを言われると政治学者としてなかなか反論できないですけど。

水野　確かに、ちょっと代償は大きすぎますね。非正規社員が四割にまで増えていたり、金融資産を保有していない世帯が三割を超えたりしているのですから、すでに大きな代償を払っていますね。量的緩和で株など資産バブルが生じれば、次に資産価格が下がり、リストラもこれから起きるでしょうから。犠牲が多すぎると思います。

山口　さっきの部分的最適化というか合成の誤謬がまたあるわけで。アベノミクスで潤った企業、一部の富裕層は、とりあえず富を貯めこんでいる。会社だってあまり賃上げもしないでひたすら内部留保。あまり前向きに設備投資をする気になれないというのは現実的な話だろうとは思いますけど、そうやって各企業が合理的に振る舞うことによって、ますますデフレは解決しないという問題がある。

内部留保は損失準備金

水野　今、日本の全法人企業で三五四兆円の内部保留（利益準備金）がある。最終利益から配当など社外流出した額を除いた額を累積したものが内部留保として積み上がっている。こんなにいっぱいあるのにどうして使わないんだと政府がよく言うじゃないですか。共産党はそれに税金をかけろ、内部留保に課税しろと言っていて、自民党までそう言い始めている。でも、あの三四〇〜三五〇兆円は、将来の特損の引当金だと私は思うんですよ。あれは利益準備金と呼んではいけないんです。

山口　ああ、そうなんですか！　損失準備金ですか。

水野　事実上の損失準備金です。例えば、パナソニックが二年間で一兆五〇〇〇億円の最終赤字を出した。それで倒産しなかったのは、巨額の利益準備金を積み上げた結果、その一部を取り崩すことができたからです。だから、あれは損失準備金だったわけですね。東芝も七一〇〇億円の赤字を出す、資本が急になくなるんですね。資本がなくなるということは、利益準備金は全部取り崩すということです。しかも、名だたる企業が一兆五〇〇〇とか七〇〇〇億円とか、一社で一兆円単位で出てきている。三四五兆円という額は三〇〇社が一兆円ずつ出していけばその金額になる。そして、これから資源損失が出てくると思います。シェールに投資したとか資源に投資したものが、これから損失として逆回転で出てくる。中国の工場に投資した分も、稼働率が上がらなくなって損失ということになると思います。

利益というのは本来そういったことに使うものではないじゃないですか。利益とは、国民である消費者みんながあれも欲しいこれも欲しいと言っているので、じゃあ分かりました、最新鋭の工場を建てます、そうするとお金が要るので、全部借り入れでやると銀行は貸してくれませんので、利益を計上して内部留保を一部使って工場を作る。企業が利益を上げるのが正当化されるのは、消費者があれも欲しいこれも欲しい、早くテレビが欲しい、白黒じゃ嫌だからカラーテレビが欲しい、それと車も一家に一台欲しい……と言って、企業がそれに応えようとして、それらを生産するために工場に投資する場合です。でも今は、３Ｄテレビが象徴だと思うんですけど、誰も欲しいと思っていないのに、３Ｄはどうだ、と言って作るわけですね。さらに４Ｋはどうだ、８Ｋはどうだと言って工場を作っている。でもみんな、そんなのは要らない。一〇年テレビを見て壊れた時に４Ｋのきれいなものに変わるのならいいことだけど、でも今きれいに見えるテレビをわざわざ、例えば三年で買い替えて４Ｋにしようなんて考えている人は多分、誰もいないと思う。

配当はお買い物券で

水野　今すでにある工場で、買い換えが来たら需要が出る。新規の工場なんて要らないんです。ということは、本当はそんなに利益を出す必要もないくらいにいい社会になったと思わなきゃいけないんです。だから経営者も、株主からそんなにプレッシャーを受けなくても済む時代、減価償却費と人件費だけで回っていくような社会になったと、私は言いたい。

山口　企業も定常型のような生き方ができるようになってきた。成長しなくてもいいと。

水野　いいんです。工場をちゃんとリニューアルするだけ、店舗もきれいにするだけ。壁が汚れたらきれいにする。でも今はコンビニとコンビニの間にまたコンビニを作っているそうじゃないですか。消費者からすると、そんなに作ってくれなくても、もう十分あって、便利な社会になった。必要なものが必要な場所で、しかもいつでも手に入るような社会になった。だから、本当はもう企業経営者もＲＯＥ（株主資本利益率。株主による資金が、企業の収益にどれだけつながったのかを示す）八パーセントなんていう強迫観念、株主がこれだけ利益を要求しているという強迫観念にとらわれなくてもすむ。トヨタが確か五年間は売るなという株式を出したのですが、配当は平均で一・五パーセント、もうそれは株式ではないんです。事実上、債券みたいなもの。トヨタは環境エンジンを使うという長期のものがあるのですが、それ以外の日本の企業はもう新規調達ではなくリニューアル、店舗をすごく最新鋭のものにする必要もない。都市の店舗は今でもきれいじゃないですか、煤けて幽霊屋敷みたいな店舗なんてない。

　リニューアル、減価償却費だけで、そうなれば利益はほとんど要らなくなります。例えば、利益を四分の一でいいと考えれば、賃金は今の水準から三割強上げることができます。そうすればすごいことになる。購買力がつきますね。だから、さっきのグローバル化と逆行して、日本は国内の投資家だけで資本は十分足りるようになったのです。外国人投資家はもう要らない。そのためにはどうするか。差別的なことはできないから、企業は現金配当をやめて現物給付にすればいいんです。そうすると、地球の裏側からわざわざ現物給付をもらいに来られないじゃないですか。

山口　トヨタの配当を車に……。

水野　車にすればいいんです。車を買う時の割引券。例えばイオンだったらお買い物券。地球の裏側の人はそんなお買い物券もらうために株主にはならない。全部、日本人だけで回る、個人金融資産が一七〇〇兆円回ります。十分に預金から株式に変えていけるんですよ。

山口　今の話を聞いて思い出したのですが、出資というのは、英語で「シェア」ですね。だからある意味ではデモクラティックなメカニズムにもなるんですね。みんなそうやって、企業の株を買って、現物で配当をもらって富を分かち合う。

水野　はい、もともとに戻るんですね。柄谷行人さんの交換論。その方向に向かえばいいと思うんですよ。全部が交換というわけにはいかないでしょうけど、ある相当部分を、株式のシェアという本来の意味の原点に戻さなきゃいけない。

山口　そうですね。管理通貨制度、規制緩和における先物の解禁とか、バーチャルな世界の利益追求というのは、ＩＴの影響もあって何かメチャクチャに肥大化しすぎて、それ自身の重みに耐えきれずに今また崩落するという局面。

水野　だから、バーチャルエコノミーの行き過ぎでこれからその揺り戻しが起きて、その時にはまず日本が、現物給付的な、柄谷さん的な交換様式を採用していけばいい。それはまあ振れすぎでしょうけど、振れてまたちょうど真ん中に戻る。だから金利も、おそらくマイナス金利というのは振れすぎて本当はゼロ金利がいい。貨幣が減ると資産価値が目減りし続けることになり、混乱を招くので、ゼロの所に行くために、今まであまりにも行きすぎたインフレだったのを今度はマイナス金利にして、過剰な貨幣、量的緩和で増やし過ぎた貨幣を回収し始めている。そういう行きすぎの反動じゃないですかね。株式会社だって、日本が真っ先に「現物給付にするぞ」と言えば、ずいぶんと変わる。それで、株が売られるじゃないですか。売られたら、日本人が買えるんですよ。

山口　安くなってね。買えばいいわけですよ。

水野　そう、買えばいい。いったん外国人に売らせればいいんです。売らせて、現物給付にすると言えば、さすがに外国人投資家もM&Aをやりづらいでしょう。今、投資先がないと言って地銀が困っている。だから地銀が個人預金の代理人として地域の株主になれば、それで地銀が預金者に、預金金利の代わりにお買い物券を配ればいいんじゃないかな。

山口　この間、熊本に行って阿蘇山を見ました。一〇万年ほど前には、あそこに超巨大な火山があって、ボンボン噴火して九州中に火山灰をふりまいていた。ある時、噴火しすぎて重みに耐えきれずに陥没し、外輪山だけが残っている。巨大企業とか資本主義というのはそういう運命なのかな。拡大しすぎて自分の重みに耐えきれなくなる。

水野　そうだと思います。まさにその通りです。自壊ですよね。

山口　そうすると、今、資本主義はこれ以上大きくなれないくらいまで大きくなって噴火していると、そんな状況なんですかね。

水野　そうですね。象徴的なのは、アルジェリアで日揮とBPがテロリストに襲われた事件。あれは、宇宙衛星から見た写真ですと、砂漠の中に工場と居住区だけ、周りに何もない。あんなところで誰が治安を維持するんだというような無法地帯です。無法地帯まで行かないと、石油や天然ガスが手に入らない。それはちょっと矛盾していますよね。秩序を維持するためにいろいろな経済活動をしているはずなのに、自分のやっていることは無法地帯に行くことで、テロリストに襲われる。メキシコ湾の海底四〇〇〇メートルの鉄塔がポキンと折れて海が油まみれになる。

四〇〇〇メートルのところに行かないと掘れない。そういう、命を失くすか地球環境を破壊するかというところまで投資先を求めている。それは、リスクや後からの反動の方が大きいですよ。
山口　アルジェリアの一件などは政治的に利用されて、だからテロ対策で、集団的自衛権で、といった話に使われたわけですし。
水野　行く方が悪いんですよ、あんなところに行っちゃいけない。さっさと帰ってこなきゃ。

実質賃金が下がらなかった民主党政権の三年間

山口　少し政治との関連でうかがいたいのですが、そうは言ってもアベノミクスは何となくうまくいった、株価が上がったという幻想、あるいは英語で言う「ユーフォリア」ですね、多幸感。これが安倍政権の支持率を支える非常に大きな柱だったわけですけど、景気とか成長というシンボルの呪縛を解くにはどうするかという問題。水野さんはどう思われますか？
水野　株価が二万円に行った時だって、実質賃金は下がっている。景気が回復しても賃金は下がる、不況になるともっと下がる、というのが今までのパターンです。実質賃金は橋本総理の時代の一九九七年をピークに減少に転じ、その後、二〇〇一年以降は景気が回復しても賃金は下がるようになったのです。例外が民主党政権の時代で、この時は景気が回復すると実質賃金は上がりました。
山口　そうですね、雇用の規制緩和。
水野　そうそう。新自由主義政策をとった時から、すでにそうなっている。民主党のあの三年間だけ実質賃金は横這いなんですよ。厳密に言うとちょっと上がっている。民主党の時だけ唯一、景気が回復して、賃金がちょっとだけ上がった。これをもう少し主張すればいいと思うんですけど。たまに辻元清美さんが主張していますけど、なんであれをもっと言わないのかな。「政権に対して求めることは何ですか」とアンケート調査すると、いつも景気回復が最優先になる。しかし、景気回復しても賃金が上がるなんてことはありませんよ、景気回復の成果は株主が持っていきますよ、ということを、どうしてもうちょっと言わないのかなと思います。

山口 そうですよ。だから、企業の収益と賃金の変化をずっと折れ線グラフで見ていくと、二〇〇〇年あたりで関係が逆転する。今はむしろ、賃金を下げるから会社が儲かるという時代に入っているので、ビジネスにフレンドリーな政策なんて言っても、むしろ働く人を不幸にするということ、これはもう経験的に論証できる話だと思うんです。

水野 もう二〇年近くそれが続いている。小泉総理の時もそうだし、安倍総理の時もそう。一回だけじゃないんですね。景気が回復して賃金が下がったのは一回だけじゃない、三回も続いている。偶然、三回連続なんてことはあり得ない、これは意図的に、そういう構造になっているということですね。

安倍さんがよく、アベノミクスで雇用が一〇〇万人増えたじゃないかと言いますね。国税庁の数字を見ると、年収二〇〇万円以下で働く人がちょうど一〇〇万人増えている。それを言うと向こうは次に、「でも、一人で働いていたところを、二〇〇万円以下といえども二人で働ける機会を作った」と言ってきます。そういう時に私は、「二人で働くのはなぜなんですか?」と聞いてみる。「生活が楽になりたいから、旦那も二〇〇~三〇〇万で働いている、奥さんがパートで二〇〇万以下で働く機会を与えて、それで合わせて五〇〇万になった」と相手は言います。そりゃ生活を楽にするために働くでしょう。

その生活が楽になったかどうかは、貯蓄残高の中央値で見なければいけない。一〇〇世帯（勤労者世帯、二人以上）中、五〇番目の世帯の金融資産額が増えているか減っているかが重要です。将来に不安があるから、二人で働いて少しでも将来不安に備えよう、そのためには結果として貯蓄残高が一番から五〇番まで並んだ時の五〇番目の人が増えていないといけない。上の方が増えていたって、それはどっちにしろ将来不安じゃないからどちらでもいい。下位五〇パーセントの人の貯蓄残高がちゃんと増えていれば、年収二〇〇万円以下であっても、それはセカンドベストと言えるでしょう。

しかし、二〇〇二年から二〇一四年にかけて八一七万円から七四〇万円に減っているんです。二人で働いていたって、貯蓄残高は減る。それはいいことではない。働かなければもっと減っていたでしょ、という話になるんですが、放っておいたらもっと減っていたのに、国の政策で減り方が少なくなったからいいでしょうなんてことは、国の政策責任者としては失格だと思います。二人で働いていて生活に少しでも余裕ができたかどうかは、中央値としての貯蓄残高が増えているかどうかにかかっている、ということになるわけです。

二人で働いていても、今は貧しくなっているということなので、これは労働強化ですよね。低賃金で労働を強化する。二人で四〇〇〇時間働いても豊かになれないということですから、そこらへんをちゃんと民主党が言えばいいのに、国会で安倍さんが発言すると、そこで終わっちゃうんですね。何のために二人で共稼ぎするんですかと、ちゃんと聞けばいい。生活が少しでも楽になるために二人で働くはずなので、じゃあそれは貯蓄残高に表われているでしょう、でも勤労者の中央値は減っていますよ、というところまで追い込まなければいけない。

一〇〇万人増えたと言われたら民主党はそこでクシュンとしちゃう。そういう時は待ってました、いい指摘をしてくれましたと言って追い打ちをかけないといけないのに。じゃあ貯蓄残高の中央値はどうなってますかと訊けばいい。そしたら総理が「減りました」と答えざるを得ない。一方、グロスとしての個人金融資産は増えているんですよ。下位五〇人の人が減らして、上位五〇人の人が増やしている。じゃあ自民党は上位五〇パーセントの人の政党ですねということです。下位五〇パーセントの人のことはどう思っているんですか、とか訊いてくれればいいのになあ。

民主党議員はなぜ経済政策でものが言えない？

山口　水野さんは民主党政権時代に内閣府に、内閣官房でいろんな政策作りにも関わったわけですけど、民主党の政治家って、なんでそういう、経済政策についてものを言えないんですかね？

水野　それはですね……。大臣一人と、各省から来た秘書官五、六人が取り囲んでいろいろ議論していますから、多勢に無勢なんですね。しかも三〇分ごとに会議は区切られてしまうので、三〇分官僚が粘っていると、そこで引き分けは官僚にとって勝ちなんですよ。こういうことを大臣がやりたいと一生懸命、三〇分間議論していても、みんなができない、できない理由を並べていろいろ言うんです。じゃあこうしたら、ああしたらと言うと、またそれもできないと言っているうちに次の会議になってしまう。三〇分ごとに時間管理をされている。もうそこで動かないと思うから、元国家戦略大臣の古川元久さんはよく三〇分でいったん引き分けになって、何も決まらない。そして「もう一回やるぞ」と、三つ四つの会合が終わった後に同じテーマで、もう一度やり始める。大臣の中では珍しいほうでした。それでようやく事が進んだこともありましたし、押し戻されたこともありました。だから、霞ヶ関を相手にするには、一人で乗り込んではダメだなと思いました。

山口　その意味で、仙谷さん、水野さんには厳しかった。

水野　私一人で行ってもダメですね。もちろん、私の力不足が大きいのですが。局なり何々課なりがまた三つ四つある。そこがみんなプロパーの官僚ですから。

山口　経産にしても内閣府にしても、旧経企、あるいは財務など、役人たちというのは、本心では何をしたい、どういう政策をやりたいと思っているのでしょうか？　アベノミクスと同じようなことを考えているのでしょうか？

水野　多分、昔の延長線上が一番いいわけですから、そうすると内閣が言う成長戦略が一番いいわけですね。ずっと、成長戦略をやってきたわけだから。それをとっかえひっかえ、同じような中身を順番を変えたり表現を変えたりして出してくる。まったく違う政策をゼロ成長でということになると、これまで何十年とやってきた政策を全部ひっくり返されるわけだから、それはもう抵抗勢力になる。

山口　本当に頭のいい官僚だったら、新しいテーマに取り組む方がチャレンジングでおもしろいと思うでしょうけど。下村治さんのような、池田内閣で高度成長を引っ張ってきた人が急にゼロ成長という、ああいう人が出てこないとダメですよ。今の官僚が、昔の延長線上でと言う。あれはなぜでしょうね。楽なのか……。このままやっていいと、みんなが信じているとはとても思えないんですよね。やっぱり人事権を握られているからなんですかね。特に、内閣人事局を作って以来、役人は絶対、政権に逆らえなくなったって聞きますね。

水野　やっぱりそうですか。内閣人事局が政治主導という錦の御旗で悪用されちゃっているんですね。

山口　そうですね。本来は民主党政権が言っていたはずですが。

水野　民主党政権が言っていて、内閣のやりたいことが本当にできるようになったんですけど、じゃあその内閣がちゃんと正しい方向を向いているかということが一番大事なことになってくる。変な内閣が出てきて、それが人事権を握っちゃったら、という、諸刃の剣みたいなものがありますね。

賃金は三割上げられる

山口　この本でも少し前向きなメッセージを出したいと思います。アベノミクスに対抗する経済政策の柱は何かという話を、次にぜひうかがいたいと思います。

水野　今までの柱は、先ほどの「グローバリゼーション」あるいは「成長」ですから、「より遠く、より早く」というのが旗印です。今度は「より近く、よりゆっくり」という、今までとは正反対の対抗軸を打ち出す必要があると思います。「より近く」というのは、具体的には地方分権とか地域主権になるわけですね。地域集権でもいい。極端に言って連邦制でもいいと思いますよ。より近くというのは、先ほどの会社で言えば、もうグローバル企業ではなくて、現物給付する会社を大事にする。……それはまあ個別的すぎるので、スローガンとしては「より近く、よりゆっくり」ですね。その旗印でいいんじゃないかと私は思っているんです。それは一つの標語ですが、「より遠く、より早く」というのが成長ですから、それに対して——「ゼロ成長」というのは何かイメージが悪いですから、もう少し別の、イメージの良い表現を考えないといけない。

でもチャンスだと思うのは、台湾でも「現状維持」が選挙で勝ったことですね。今のゼロ成長を現状維持と思えば、けっこうチャンスはあるんじゃないでしょうか。現状維持は、進歩主義からすると一番嫌われる。一歩前へ、前進しろと言われる。でも台湾は現状維持をスローガンに掲げていましたね。

山口　内田樹さんと話をした時、政治の世界でも、安倍とか保守が現状変革で突っ走っていて、SEALDsの若者などがむしろ現状維持を訴えている、非常にねじれた構造があるね、という指摘があったんです。今の安倍政権は、私に言わせると、どうも保守ではなくて、憲法についてもラディカルな転換というか冒険主義ですね。経済についても、成長する力はないけれど、とかく無理矢理、前へ引っ張っていかせようとしている。そういう意味で、進歩主義とは言えないけれども、多動性、ハイパーアクティブな政治であると感じますね。

水野　しかも、それを強制するようなかたちで。だから自由じゃないんですね。

山口　力ずくで押しつける。

水野　だから、安倍政権は本当は反自由主義なんですよ。後ろに行くことを許さない。一歩前へ出ろ、という。止まっている自由、現状維持の自由だってあるはずなのに、それを認めないということだから。あっちが反自由主義であって、こっちが自由主義だぞ——あっちは前に行くことしか認めない自由だけど、退却する自由もあるし、止まっている自由もあるぞ、ということですね。

山口　大学の世界もそうです。立ち止まるとか、後ろを顧みるといった学問は、もう今は迫害されるご時世です。だから人文社会系なんて要らないとか言われる。前に行くための知恵を出す学問でなければ、やっちゃダメとか。

水野　前に行くにも、人間の行動ですから、後ろを振り返りながら行かないと、危ないですよね。

山口　そう思うんですけどね。

水野　ただ前に行くのは、単に無鉄砲というか……。

山口　だから冒険主義なんですね。右翼冒険主義。

水野　そうそう。冒険ですね。

山口　もう少し具体的な話でいくと、さっき賃金を三〇パーセント上げられると言いましたね。

水野　三割ぐらい上げられるんです。産業ベースの付加価値、四二八兆円（二〇一四年）のうち、減価償却が八八兆円で約二一パーセント、営業余剰（営業利益）が九一兆円で同じくほぼ二割、雇用者報酬が二一三兆円でちょうど五割というのが構成割合なんです。減価償却は工場や店舗をきれいにしなければいけないので、これは必要です。営業余剰の二割は、将来の不良債権引当金です。ためちゃったもの三四五兆円は仕方ない、これは将来に備えるしかないわけですから。でも、来年の経済活動において新しい設備は要らない、減価償却は二割のリニューアル代だけで十分です。もっとコンビニを作れ、あるいは、ユニクロのファッションをもっと頻繁に変えろなんて誰も言っていない。五割の賃金を三割は上げることができます。利益をゼロにするのは企業経営者にとって不安でしょうから、利益は――今はＲＯＥが八パーセントなので、ＲＯＥは二パーセントでいいとする。だって預金者は今はゼロ預金ですから、現金配当だって本当はゼロでいいはずなんです。そうすると、ＲＯＥ二パーセントは内部保留として積み上げないで、現物給付の配当にまわす。

株主の人たちはよく「俺たちはリスクを取っている、預金者はリスクを取っていないだろう」と言いますが、今の現状を考えれば、預金者は一〇〇〇兆円の国家債務と心中するんですよ。銀行預金はペイオフで一〇〇〇万円まで守られていて、一〇行に分ければ一億円になるじゃないかと言われるんですが、その大元は今、半分くらいは国債と結びついているから、国債が破裂すれば一〇行もみんなダメになる。政府は、そうなったらペイオフ制度で預金を保護する能力はないですから。預金者の方が今はリスクを負っている。株主は、フォルクスワーゲンがダメならトヨタがあるさ、と瞬時にリスクヘッジができる。本当は、預金金利よりも配当利回りが低くていい。今のリスクとリターンを考えれば預金者の方がよりいっそう国家と心中する覚悟で預金しているわけですから。

株主のＲＯＥは一～二パーセントでいいんですよ。だから八分の一から四分の一でいい。四〇〇兆円の国内総生産（産業ベース）の中で営業余剰は八〇兆あるのですが、四分の三にあたる六〇兆円くらいは、賃金に回しても全然問題がないわけです。二一三兆に六〇兆を足せば、三割くらい増える。

社会保障費の自然増毎年一兆円は、「よりゆっくり」の原則を適用して、若い人が社会に出る年齢を二二歳ではなく、二八歳くらいに延ばせばいいと思います。自動的に定年が延びます。日本は健康年齢が延びているわけですから、例えば、定年六五歳を七〇歳に五年延ばして、健康で働きたいという人が一〇〇万人いれば、年金支給額を一人あたり月二〇万円として、年に二四〇万円／一人節約できます。総額にして二・四兆円です。うち五〇〇〇億円を使って年間五〇万人の学生の学費一〇〇万円は無償にできます。学生が学ぶ期間を延ばす理由は、社会がどっちの方向に向かうかわからないときに、一つの学問、例えば経済学を学んだだけでは社会の役に立てません。アダム・スミスにならえば、道徳学（いまでいえば哲学）、倫理学、法律、そして経済を学んで初めて人間とはいかなるものかを理解できるといいのです。

自民党は株主党

水野　九七年の橋本政権の時から現在までに、賃金が一四～一五パーセント下がっている。そこからまた三割増やすから、九七年の水準を上回ることができる。あとは、同一労働同一賃金を入れて、そこで賃金格差が生じないように、なるべく二〇〇万円以下の人に手厚くなるような分配をする。そういう政策を出せば、働いている人たちの九割くらいから支持を受けて、政権を取れるんじゃないかな。自民党は「株主党」だから。

山口　「株主党」と「労働者党」ですね。

水野　そういうレッテルを貼っちゃえばいいんです。

山口　だけど、アメリカでは実際それが起きていますよね。サンダース現象はまさにそれで、企業の留保ではなくて労働者に分配ということで、最低賃金一五ドルとか大学授業料無償化とか言っている。あれがニューハンプシャーでも勝っていましたけど、若者がその周りにどんどん集まって、一つの社会現象を起こしている。

水野　日本はエスタブリッシュメント党はないですから、「株主党」と言えばいいんです。私たちは働く人たちのための党ですと。あるいは消費者でも家計でもいい。小沢さんの言っていたあれでいいんですよね、生活……。

山口　「生活が第一」……懐かしいなあ。

水野　ちょっと言うのが早すぎたんですよ、あれは山口先生が作ったんでしょう？

山口　そうなんですよ……。二〇〇六年に、小沢さんが民主党の代表になって。

水野　今こそあれなんですね。働く人だけじゃちょっと狭いですから。

山口　生産と消費と、両方含めた「生活」なんですよね。

水野　もう一回あれを出せばいいじゃないですか。ちょっと早く言いすぎましたね、一〇年くらい。

山口　あの時は小泉構造改革の後始末で、「やっぱり生活第一でいきましょう」ということで、それなりにタイムリーではあったんですけどね。

水野　もう一回出してもいいと思うんですよね。それで、自民党は「株主党」とネーミングしちゃう。

山口　そう、レッテル貼りって大事ですよね、この世界では。

水野　向こうがいろいろレッテルを貼ってくるから、貼り返さなきゃ。

山口　本当に、日本のリベラルは戦う気概がないというか。アメリカやイギリスやカナダでは、今すごいですよね、リベラルが巻き返してきた。まさに株主党に対して俺たちは戦うぞ、みたいな。

水野　なんで日本はそうならないんだろう。岡田さんがそれをやればいいのに。

山口　岡田さんは、財務官僚と同じような、健全財政主義で生真面目すぎるところがあります。岡田さんのご家族が経営しているイオンがさっきの現物給付を真っ先に実践すればいいんですけど。

水野　いいですね、お買い物券にして。お客さんは集まりますよ。例えば地銀が一括していろいろな企業のお買い物券を預かる。それを窓口に置いて預金者に選んでもらえばいい。それで例えばA企業の分が山積みに余っていれば、A企業は要らないよと預金者が言っていることになる。そうすると、統一市場ではなくて地域市場、地域通貨に近いのかもしれないですね。そういう一部、地域通貨的なものを入れるということは、生活する人が企業を選ぶことになります。

山口　それこそが本来の消費者主権ですね。

水野　そうですよね。過剰投資をしている企業に対して、株主がイエス・ノーを決めるんじゃなくて、生活者が銀行の窓口で「こんな買い物券要らない」とか言って決めればいいんです。

プライマリーバランスを均衡させること

山口　そういう将来ビジョンの話と並んで、その手前に、下手をするとどういう破局が待っているかという話も少し教えてほしいんですけど。さっき「一〇〇〇兆円と心中」と言いましたけど、日銀がこれだけ国債を買いこんでいて、何かの拍子に金利が上がって債券価格ががくんと下がったら、どうなっちゃうんですかね？

水野　もう終わりですね。二八年度予算で、国債費（国債償還額と利払い費の合計）は、二三・六兆円に達しています。財務省の試算によれば、金利が平成二九年度に四・四パーセントに上昇したら、国債費は三七・五兆円になります。一六兆円も利払い費が増加し、これは消費税六パーセント強の引き上げに相当します。いったん信用不安が起きれば、金利が二パーセントとか三パーセントでは止まらないですね。七とか、ギリシャみたいに一〇パーセントとかいうふうになっていきますから、そうすると利払い費が常に一〇兆円、二〇兆円、三〇兆円と増えていく。プラス二〇兆円なんて増えたら、これをまた赤字国債で国債調達をして利払いにあてる、まさにギリシャみたいにタコの足食いになってしまう。借金のための、利払いのための国債をまた発行するわけですから、金利がさらに上がっていくんですね……六、七、八、一〇パーセントと。だから、あっという間に値段も下がる。それで銀行のリスク資産がうんと大きくなって資本不足になる。持っている国債の値段がどんどん下がっていきますから、評価損を出さないといけない。それが資本を食っていく。それが信用不安ですね。ちょっと前までは、土地投資に失敗しての銀行再編でした。あの時は後ろに一応、政府がいて公的資金を使った。今のような国債の信用不安だと、後ろがいないんです。だから手のつけようがないということになりますので、今、日本が一番やってはいけないのは、金利を上げることなんです。リスクプレミアム（株式投資などリスクのある投資に対して、投資家がそのリスク分に対して求める超過収益のこと）で金利が上がっていくことを避けないといけない。

そういう意味で、真っ先にやらないといけないのは、二〇二〇年なら二〇年に、プライマリーバランスを均衡させる、そしてその後、少し黒字を出して、一〇〇兆円の歳出だったら、その中に二〇兆円の利払い費も入っていますから、それも全部含めて一〇〇兆円の歳入がある、そうすると国債の発行はゼロになる。新発国債の発行額がゼロになれば、あとは借り換え債だけです。それだけになれば、これは基本的には日本の個人貯蓄と企業貯蓄を合わせて、外国人に頼らず、ゼロ貯蓄でも買えるんですよ。いわゆる減価償却的な考え方になるんですけど。そうすると外国人の売り浴びせがなくて、邦銀だけが買うということになり——まあ、邦銀で日本の国債市場をひっくり返そう、混乱を起こそうなんて考えるところはないと思うので——まずはゼロにする。消費税もちゃんと一〇パーセントにしなきゃいけない。

本当は、一〇パーセントにする前に相続税の問題があります。相続税は今、二兆円しかない。これは高橋伸彰さんから教えてもらったんですが、一七〇〇兆円の預金のうち六五歳以上の人が今は半分、つまり九〇〇兆円近く持っているんです。ということは、その人たちが八五歳まで生きるとすると、あと二〇年だから、九〇〇兆円が二〇年で一回転するんですね。そうすると、二〇年で割った四五兆円が、一年間でお子さんの世代に渡る。今、所得税は最高税率が限界ではなくて、平均で二八パーセントなんですよ。一億円の人が、二八パーセント。相続税は一生に一度の一時所得なので、四五兆円の場合、三〇パーセントにしても一三・五兆円なんです。本当は相続税で一〇兆円強（＝一三・五－二兆円）回収しなければいけない。今はそれができていないんです。相続税による税収は、平成二五年度でたった二兆円です。一〇兆円回収するということは、消費税四パーセント分です。まずは相続税を一時所得ですから一〇兆円国庫に納めてくださいと。

でも国債発行額は三四兆円もあるわけですから、そうすると、三四兆円のあと残りの二〇兆円強がまだ財政赤字として残ります。資産課税をやった後に消費税、それに法人所得税も上げて、それで均衡していくということですね。

山口　アメリカのクルーグマンとか、日本でも一部のリベラルなリフレ派の松尾匡さんなどが、財政ファイナンスでも何でもやっちゃえと、そしてバンバンお金を使って――その部分はケインズ主義的なんでしょうけど――緊縮財政なんてもってのほか、みたいなことを言っている。つまり、財政再建とか増税とか負担増は景気を悪くするから、とにかく日銀がどんどん国債を引き受けてお金を使えという主張もあるんですけど。

水野　どんどんお金を刷ったら、株など資産価格は上がる可能性がありますが、それはバブルですから必ず弾ける。弾けたら、企業はリストラをして賃金は益々下がり、失業率は上がります。景気を良くしても賃金が上がらないわけですから、企業利潤で将来の不良債権を一生懸命縮小するんだったら、賃金に回して消費者に選択してもらう。そうすれば、景気が悪くなっても賃金が上がっていきますから。四二八兆円の二割の九一兆円の営業余剰が賃上げの原資となります。過去の利益の蓄積である内部留保金を賃金に回すのではなく、今年の利益を減らせばいいんですよ。今年の利益を減らしたら、外国人が売り浴びせをしていますから、日本人が安く買い取ればちょうどいいんです。

山口　さっき言われたように、国債の信認は守らなければいけない。

水野　それは守らなければいけない。八〇〇兆円の預金がなくなっちゃいますから。株が下がるのは、外国人が売り浴びせて下がる。日本でも、一割くらいの人が株主だからそれでは困るんですけど、でもそれよりも預金者を守った方が、圧倒的にいいと私は思うんです。株主がリスクをとったんだから下がっても文句を言うなと。さっきの話じゃないですけど。預金者はもともとリスクをとった覚えがないのに、知らないうちにリスクを負わされているわけですから。一年間で売買している株のうちの半分は外国人投資家だから、それをもう一度買い戻す。そうすると何かリベラルが右翼っぽくなってくるんですけど。このままねじれてくるかもしれません。

政策の突破口は従来路線の正反対から

山口　いろいろうかがっていると、政策は、たぶん今までの延長線上ではないところに突破口があるんだろうということですね。

水野　正反対ですよ。正反対のことをやらなきゃいけない。だいたい、人間のやることって、正反対が一番過激になるじゃないですか。だけど、右四五度とか左四五度とかだと、まだ延長線上のベクトルが残っている。今、思い切って本当に正反対のことをやるといい。日本には国内総生産が五〇〇兆円あり、戦艦大和級だから明日からくるっと向きを変えることはできない、じょじょにじょじょにゆっくりやっていって、そういう方向性だけ出せばいい。

山口　そうですね。舵を切る決意があるかどうかということ。

水野　だから、別に明日から現物給付にしなくてもいいんです。法人税を下げるのではなくて、現物給付をする企業には税金を負けますよ、ということですね。上手いことやれば、企業が気がつかないうちに段々、より近くなる。

グローバル化を閉じるなんてことは言わなくていい。そう言うとみんな「そんなバカな」って思いますから。でも、現物給付を優遇しますと言えば、言うだけで実はグローバル化をちょっとずつ閉じていくことになる。すると外国人投資家は逃げますから、どうぞ逃げていってください、ということです。トヨタの五年間売買禁止の株、ああいうのをもっと国が支援してあげればいいんですよ。

山口　柄谷さんの言う交換論というのが、今のお話でちょっと現実味を帯びてきた。なかなか面白かったです。

水野　地銀の窓口でやればいいんですよ。メガは無理だけど。

山口　そうそう、この間も少し話が出たのですが、地方銀行の経営者にはけっこう立派な人が多いですね。

水野　多いと思いますよ。本当に地域のことを考えていて。地銀のトップは、ものすごくリベラルなんですよね。

山口　北海道の北洋銀行も立派な人がいましたよ。

水野　そうですね。地銀の経営者が集まる場所のようなものがあればいいですけど。地銀協会で集まっちゃダメです。地域が広すぎて、議論が散漫になります。

山口　やはり本来の地域の企業は、地域の市場経済というのがちゃんと見えているから。

水野　ある大手地銀の頭取が言っておられたんですが、地銀の役割の一つが葬式を出すことだと。どういうことかと聞いたら、ある商店とある商店、つまり中小企業ですが、このAという中小企業はお子さんが東京に行っちゃって、もう誰も後継ぎがいない。Bにはお子さんがいる。そうすると今のうちにM&AでBというライバルに買ってもらって、それで自分は売却益をもらうという方が、いつまでもAとBが競争して共倒れするよりはいい。そういう情報を地銀は持っている。メガバンクはグローバルに展開しているでしょうけど、逆に地方に支店が少ない。それで全部、地銀にまかせている。地銀が、Aさんはもう事業を畳みたい、Bさんはもっと大きくしたい、ということを知っているそうです。だから、後継者のいないところには、野垂れ死にする前に、不幸になる前にお葬式を出しましょうということですね。それが地銀の役割だと。「前へ」じゃなくて「もう撤退しましょう」というわけです。これからは人口減だから、そういうことがもっと必要になってくると思います。それはメガではできないですね、地銀じゃないと。

でも今、起きているのはまったく逆で、ボタン一個で数千万円が全部、息子さんのいる東京のメガに送金される。このままいけば、地銀もお金がなくなってしまう。預金者の預金の相続人が、みんな東京・大阪にいますから。そのメガが何をやっているか、アジアだと言って、そこでおそらく、中国工場が立ちゆかないとかになって、将来の不良債権になるんです。地方で一生懸命、集めたお金が東京に行って、アジアに行って、それが損失になる。その前に、送金も本当は止めないといけない。相続人が東京にいると言われたら仕方ないですけど、人が動くとお金も後からついて行っちゃいますから。

「より近く」が一つの課題

山口　さっき言った「より近く」というところ、やはり一つの課題ですよね。だから、高校を出た同世代の中で半分くらいが地元に残って、何かしら仕事をするようなモデルを作るべきですね。今は建設会社で雇用を吸収する時代ではないですから。

水野　今の企業で、全部が不必要なわけじゃない。コンビニも必要だし、地元商店街も必要です。地元には雇用がないとよく言いますが、それを活かしていけば雇用もちゃんとあるんじゃないかな……。

山口　人が生きていれば何らかの需要はあるわけですからね。

水野　地方は全部、自給自足でやっているかというとそんなことはないですね。その場合は県単位では少し小さすぎるかもしれません。もう少し広域にした方がいいのかもしれない。九州は本当に一つのかたまりで、あれで一つの行政単位にすればずいぶんと変わるんじゃないかな。それでもっと日中韓の関わりを活発にするとか、いろいろやり方があると思う。東京はアメリカともっと緊密にというなら、それはそれでいい。連邦制にして、外国との付き合いも地域の特色を出していいと思います。

山口　外国のお客が最近あちこちにいっぱい来ていて、東京とか大阪のような大都市もいいけど、日本の田舎に来て、その良さを発見する人はどんどん増えていると思うんです。

水野　冒頭に山口先生が言った市場経済と資本主義の違いで、確かブローデルが、「資本主義というのはいかに距離を長くするかだ」と言っている。その理由が、長くすれば不透明なところがいっぱい入ってくるからだと。なるほどと思いました。近くに来るとみんな監視しているから、不透明が入りようがない。遠くすると監視の目が行き届かなくなるので、あちこちに不透明さが入り込んでくる。まさに今そうなんでしょう。距離をどんどん大きくして、その中でグローバル企業と呼ばれるところが児童労働――日本では児童労働なんかさせるとすぐ分かっちゃうけど、アジアに行って、バングラデシュとかで小学生を雇ってやっているのは見えにくい。まさにそういうことが起きている。不透明さを排除するためには、より近く、だからシジョウではなくてイチバにしないと。銀行もイチバにして、現物サービスの取引をする。

山口　「マーケット」という言葉は一つしかないけど、日本語のイチバとシジョウでは全然違う意味になりますね。

水野　そう、だからもうちょっとイチバ的にね。

山口　「イチバの復権」か。これは一つのキャッチコピーになるかもしれないですね。市場《しじょう》経済ではなくて、市場《いちば》経済。

水野　取引所でやっている証券取引は、コンピューターでやっていて、もうまったく目に見えないですよね。今やっているのはＡＩの世界に行くことだから、ますます目に見えない。

山口　そうですね。何億分の一秒みたいな、人間の認識能力からはるかにかけ離れた世界ですよね。

水野　今はＩｏＴ（さまざまな物体に通信機能を持たせ、インターネットに接続したりして、自動制御、遠隔計測などを行うこと）で生産性を上げようとしています。第四次産業革命とかビッグデータ（従来のデータベース管理システムなどでは記録や保管、解析が難しいような巨大なデータ群）とか。確かに、それを活用してはいけないということはないですが、それで利益を上げようとすると、また変な方向になるんですね。ＡＩで利益を上げようとか、ビッグデータで利益を上げようということをやっていると、機械に人間が支配される。ＡＩを作って楽をしようと思っていたら、全然楽になならない。

山口　近くということで言うと、やはりTPPなんてちょっと、まずいですよね。

水野　まずいと思います。食糧だって、日本の中でちゃんとある程度、自給率をもっと高めるとかしないと。今は農産物を輸出しようとしている。日本で作ったものをサウジアラビアへ持っていって、何万円のメロンを売るとか。それだったらもう少し安くして、日本の人が美味しいメロンが食べられるようにする方がいいんじゃないかな。サウジの王様に一個一〇万円のメロンを作って儲けた、なんていうより、一〇〇〇円や二〇〇〇円で多くの人がメロンを食べられる。日本のメロンが食べたければ、じゃあ飛行機に乗って来てくださいというようにすればいい。

山口　民主党の一番の弱点である経済についても、そういう言葉遣いの転換によって、より良い日本の経済社会のイメージを喚起できればいいと思います。

Ⅳ

脱原発を妨げる国際原子力複合体

山岡淳一郎×山口二郎

原発災害に終わりがある、という発想は間違い

山口　避難民に対する政策的サポートもどんどん切られていくという現状について、現場の人たちはどう受け止めているのでしょうか。

山岡　仮設で生活している人たちがまだたくさんいます。福島県内・県外で一〇万人弱の人たちが避難しています。高齢の人、若くても一人暮らしの人たちが仮設に残っている。高齢者は、仮設でコミュニティらしきものがやっとできて、それがまた復興公営住宅に移ることで壊されるのか、と怖れている。若い人のなかにも孤立死の問題があります。

震災から五年たって、岩手・宮城・福島三県の仮設で約二〇〇人が孤立死しています。そのうち六五歳以下が約四三パーセント。外との関係が断ち切られた状態で亡くなっている。

あとは、原発被災で避難した人が、やむにやまれず避難先に定住していますが、住民票を福島県から定住地に移すと支援を受けられなくなる。それで住民票は福島に残したままにする。結果的に福島の被災自治体に実際に住んでいる人と避難している人とのバランスが見えなくて、被災自治体の復興の遅れにもつながっているようです。

山口　なぜ、帰らせようとするのか、その理由とは何なのでしょう。実際に線量が下がったのか、どこまで科学的な話なのか、除染でほんとに線量を下げることができるのか、という疑問もありますし。

山岡　国には、震災後、一貫して帰らせたい、という意図があります。復興支援を延々としつづけることに対する危機感ですね。やればやるほど時間もかかり、財政支出も増える。どこかで線

引きをしなければならない、と考えている。

山口　元に戻った、正常化した、と言いたいのでしょうね。

山岡　二〇二〇年のオリンピックの問題もあって、日本はここまで正常に戻ってきている、と安倍政権は言いたいのでしょう。

山口　先日、朝日新聞に福島の農家の人のロングインタヴューがでていました。避難地域でなく、福島県の中通地方（福島市から郡山市、白河市に至る地域）でも放射線物資が散らばっていて、耕作不能な農地をいっぱいかかえている人もいるとのことでした。避難地域ではないから、補償もされなくて、仕事を奪われたかたちになっている。そもそも原発災害に終わりがある、という発想自体がまちがっている、と思いますね。

山岡　時間をコントロールできるという発想は、原発事故を見誤らせますね。どこかで区切りたいという意識が強まると、原発の問題を矮小化させていく。

山口　圧力が働くと、心優しい人、気の弱い人は、自分たちは自分のせいではないのにいろいろな問題をかかえているんだということを言いにくくなって、さまざまな問題を自分で背負い込んでしまう。

山岡　復興ムードに同調しない人には、見えない圧力がかかる。被災が長くなると、仮設にいる人たちは、なかなか仕事が見つからないけれど、補償は出る。自立したいと本人が思っても、一人当たり、一〇万円プラスアルファの補償金が月づき入ってきます。お金という依存性の高いクスリを打たれつづけると、精神的にますます自立しにくくなる。その結果、ギャンブルやお酒に走って、家庭内がぎくしゃくして離婚というケースも見られます。

山口　新しい場所で生活を作っていくほうが、支援として、いいのではないかと思うのですが。無理やり、いろんな問題を隠して、前にいた地域に戻すというのは、新たな被災を作り出すことになるのではないでしょうか。

山岡　そうですね。手枷、足枷つけて戻すようなことになる、特に若い世代には。高齢世代には、自分の生まれ育った場所に戻りたい、という人たちがいます。ただし、高齢者ばかりが戻れば、そこには医療、介護、福祉の支援が不可欠です。原発被災に関しては、何らかの決定を急がせてはまずいのではないか。国も、被災に対しては責任があるわけです。

山口　原発の被災者の方々にたいする周囲の目とか、メディアの取り上げ方も、だいぶ無関心になっていったということはありますか。

山岡　報道量はかなり少なくなりました。一つ一つの報道には、時間の経過の意味を掘り下げたものもありますが、押しなべて、もうここまで復興したと印象づけるものが目立ちますね。

山口　先日、ある集会で、福島から来た女性の話を聞きました。高齢者の中には、元いた場所に戻りたがる人がいる、しかし、高齢者だけ戻ったのでは町は再建できないから、子どもたちを高齢者が戻ろうとする、以前にいた地域の学校に通わせようとしている。親は心配だから戻りたくないけど、少し離れたところからバスで子どもたちを通わせている、という話でした。

政府のメンツのために、被災した人を無理やりコマとして動かしている、という感じがしましたね。

山岡　つい最近、福島県立相馬高校を卒業した大学二年生の女子大生たち（震災の起きた年に高校に入学した学年）を改めて取材しました。彼女たちは、被災間もなく、放送部でラジオや映像のドキュメントを作りました。大勢が亡くなった津波と原発事故が重なって、大人たちは震災について語るのをタブー視していた。声を上げたら周りから押しつぶされそうな雰囲気の中で、ドキュメントを作ったのです。それに触発されて、演劇部の女子生徒たちが、「いま伝えたいこと(仮)」という劇を作った。なぜ大人は自分たちの声を聞いてくれないんだ、ただちに健康被害はないと言うけど、女性の私たちは、放射線による被ばくで結婚できないのではないか、子どもを産めないのではないかと怯えているんだ、と思いを叩きつけるような演劇を上演しました。東京、仙台、京都に神戸……全国各地で演じられて大勢の共感を呼びました。

その彼女たちが、今、大学二年。久しぶりに会ったのです。奈良女子大学理学部で物理を専攻している学生は、自分にとって原発被災とは何だったんだろう、と今でも考える、と。答えは出ていない。年に一回、甲状腺検査を受け、異常はなくて安心しているけど、自分たちが受けた苦しみ、怖さは、全国に散っている被災した同世代が共通してずっと抱えている。そうした状態は、政府に伝わっていない。自分は関西で暮らしているけど、原発被害への思いを発信しつづけたいと語ってくれました。東京の大学で国際関係学を専攻する学生は、世界に原発事故のことを伝えたいし、原発を理解するには国際情勢を知らねばならないから、その学科を選んだと言いました。メディアがこんな状態なので、もっと世界に伝えたいんだ、とも。彼女たちにとって、原発事故は現在進行形なんですよ。

山口　公害や慰安婦問題でも当事者に語らせない、当事者の言葉を封じ込めるというパターンが何度も繰り返されてきた。

山岡　水俣病とも重なってきますね。

山口　三月になると、テレビや新聞でいくつか、思い出したように取り上げられるけど、それが終わったら、今度は復興といった言葉で、できあがったストーリーをはめこむ報道が多い。当事者に語らせつづける、というのがいかに大事かということですね。

山岡　当事者が、当事者の言葉で語る、それが、ほんとのオーラル・ヒストリーですね。それをくみ上げていく。福島では、やれることがまだまだいっぱいあります。

原発は目先の損得勘定と核武装化の欲望

山口　福島では、地下水汚染をどうやって止めるかなど、依然として試行錯誤がつづいているし、メルトダウンした原子炉の地下の状態が今、どうなっているのか、溶け落ちたものをそのまま放っておくのがいいのか。この間、専門家が言っていましたが、五年たっても、今、どういう状態かすら、まったく分かっていないそうです。

山岡　福島原発の事故炉には遠隔ロボットがたくさん送りこまれているけど、壊れてしまう。とんでもない状態がまだつづいています。溶け落ちた燃料デブリがどんな状態で、どれだけ溜まっているか、分かってない。それを取り出さなければ、廃炉はできません。その核心的なところが、まったく見えていない。そういう状態なのに、再稼動や原発輸出の問題を含め、元の状態に戻そうとしているわけですね。

山口　ロボットが壊れるというのは、炉内の放射線量が高すぎるから？

山岡　ええ。ロボットに付けた電子回路素材などの分子結合が、途方もない放射線のエネルギーで瞬く間に壊されるそうです。関係者から聞きました。

山口　あれだけの事故が起こり、根本的なところがほとんど解決していないにもかかわらず、政策を変えられない日本というのは、いったい何なのでしょう。政治学者としては一番情けないですね。我々も、そういう無責任体制を批判はするけど、権力側は、そういうものを敢えて、いっさい見ないようにして政策を決めている。

山岡　まず、都合の悪いことはフタをしようというのがある。見て見ぬふりですね。根本的に、エネルギーの分野は、今、相を変えようとしている。単純に言うと、産業革命期に石炭、二〇世紀に石油と、固体から液体に変わった。さらに、六〇年代から七〇年代に天然ガスの開発が進み、気体の時代へと移る。さらに自然エネルギーが新しい相として出てきた。あるいは水素利用の流れがある。こうした変化を加速させているのが、ＩＴを中心にした情報通信技術です。エネルギー体系の根本が変わろうとしている。その中にあって、原発は、使用済核燃料の処理ひとつとってもツジツマの合わない古い技術なんですね。技術倫理的にも。ところが、いまだに、そこにしがみ付く。その理由は電力会社の目先の損得勘定。止まって不良資産化している原発を再稼働すれば、とりあえず、負担が軽くなる。来年、再来年の収支は上向くとか、そんなレベル。せいぜい二年、三年の予見性にすぎないですね。

　原発立地自治体でも原発を動かさないと雇用が失われ、地域が衰退する、だから再稼働を、という声もあります。それに押されて再稼働派の地方議員や首長が当選して地元の意見が出てくる。しかし、そもそもそこに原発ができたのは、国が電源開発の目的税の税収を財源にして、交付金などの「電源立地対策費」をぶち込んだからでしょう。過疎で、出稼ぎが常態化していたような地域に札束が投じられて原発はできた。原発が雇用を生んだのは間違いない。ハコモノもたくさん建った。

しかし、原発依存の地域経済は、四〇年程度で原発が廃炉となると、新規にまた一つ、また一つと原発を建てて交付金を貰わなければ回りません。エネルギーの根本が変わっている状況で、延々と原発を建て続けるなんて不可能。地方の自立も夢物語です。何よりも、国は原発を閉じる道筋を明確にして、痛みを伴う原発立地自治体には財政支援を計画的に行う。一方で、自治体側も脱原発を進めなければならないでしょう。廃炉が完了するには二〇〜三〇年の歳月がかかる。その間に自立の道を確立してほしい。代替エネルギーの研究開発や、農林水産業の再生、製造業の立地など検討テーマはたくさんあります。

答えを出すのは難しいけれど、仮に、もしもそこに札束と一緒に原発が建っていなければ、その地域は消滅していたのでしょうか。他にやりようはなかったでしょうか。原発事故を経験した福島の人びとは再稼働を求めていません。私が取材している範囲では、そうです。被災地から離れた会津市や福島市のなかには再稼働の意見もあるのかもしれませんが、とうてい多数だとは思えない。まずは国が原発から脱する方向性を明確に示す必要がある。

ところが、福島原発事故後も、政・官・財・学・報の五つが結びついた「原子力ムラ」はしぶとく原発維持を図ろうとしています。原発を維持すれば巨額の資金が投じられ、当面の雇用も守れます。そんな電力会社や労働組合の思いを政治家が代弁して「票」や政治資金を得ようとする。官僚は原子力産業界とのつながりを太くして天下り先や出向先を確保する。学者はムラの総意を学問的に補強する役割を担って研究費を得て、影響力を強める。メディアはムラの意向に沿った言説を並べて原子力産業界から広告収入を得る、と。持ちつ持たれつの五角形《ペンタゴン》体制ですよ。七〇～九〇年代にかけて原発の建設基数と発電量は、時々の経済情勢などとはかかわりなく、一直線の右肩上がりに伸びました。原発を建てることが目的化し、それをペンタゴン体制が支えた結果です。その慣性で、いまもムラは動き続けようとしています。

原発維持の、もう一つの隠れた動機は、自民党の政治家と官僚のなかにある「潜在的核抑止力」としての原発への妄信でしょう。古くは、安倍晋三首相の祖父、岸信介元総理が「現憲法下でも自衛のための核兵器保有は許される」（一九五七年五月一四日記者会見）と言った。外務省幹部も個人談話として「外交力の裏付けとして核武装の選択の可能性を捨ててしまわない方がいい。そのためにもプルトニウムの蓄積と、ミサイルに転用できるロケット技術の開発はしておかねばならない」（一九九二年一一月二九日付「朝日新聞」）と語っている。最近では、石破茂・地方創生担当相が、下野していた頃に「核の潜在的抑止力を維持するために、原発をやめるべきとは思いません」（「ＳＡＰＩＯ」二〇一一年一〇月五日号）と述べた。でも、考えてもみてほしい。日本海側の海岸線にあれだけの原発を並べ、致命的な弱点をさらしておいて、何が潜在的核抑止力ですか。そこに一発打ち込まれたら日本はアウトです。にもかかわらず、安倍政権は軍事力の増強、改憲を叫びつつ、核武装のカードとしての原発にしがみつこうとしているかのようです。

山口　目先の儲けと核武装という二つの柱があるというご指摘でしたが、経済的な面から考えて、原発はそんなに儲かるものではない、というのは、日本以外ではほぼ常識となっています。フランスの原発メーカー、アレバも負債を抱えて国の支援なしでは生きて行けなくなっている。アメリカのＧＥやウェスティングハウスは日本のメーカーに原発部門を売り渡して、「一抜けた」という印象ですね。風力発電の発電能力が、原発を上回っているという事実もある。そういう世界の流れの中で、なぜ日本が原発ビジネスに固執するのか、という問題がありますね。しかも、原発ビジネスが、東芝という日本を代表する優良企業を破綻に追い込もうとしている。経済的合理性では説明がつかない問題ですが……。

山岡　表面的に見れば、三菱重工はアレバと提携し、東芝はウェスティングハウスを傘下に入れ、日立はGE（ゼネラル・エレクトリック）と組んでいます。日本の原子炉メーカーと欧米の原発企業は対等な関係で、手を携えてやっているようですが、実情はそうではない。原発の技術的根幹のシステム部分は、GEやウェスティングハウス、アレバが握っていて開示していません。知的財産権でガッチリ守っている。たとえば原子炉の中枢の核分裂にかかわる技術は、彼らが押さえて外には出さない。

では、なぜ、東芝や三菱、日立は彼らとくっついているかというと、手足となって原発を造るためです。GEは原子炉の製造ラインを三〇年も前に閉じました。ウェスティングハウスも自らは製造しません。根幹のノウハウを握って設計を行い、製造は日本メーカーにやらせる。ついでに原発輸出のリスクも担ってもらおう。こういう戦略で生き延びているのです。GEにしろ、ウェスティングハウスにしろ、日本が中国やベトナム、トルコなどと原子力協定を結んで原発を売れば売るほど、パテント料やライセンス料が入ってくる。こんな仕組みで動いていることが、一般にはなかなか伝わりにくいですね。

山口　東芝の場合は、粉飾の問題がたまたま明るみに出て、それを探っていくとウェスティングハウスを買収した時のいろんな無理な数字の操作が見えてきました。資本主義の世界で、民間企業はつねに利益を追求して動くはずなのに、なんであんなに無理をして原発を背負い込むという経営判断をしたのか、とても不可解ですが。

山岡　それはもう謎だらけです。東芝はウェスティングハウスを二〇〇六年に買収しました。実は、ウェスティングハウスは九〇年代から経営が行きづまっていた。もとはGEと並ぶアメリカ屈指の電機メーカーでしたが、経営が傾き、部門ごとに解体されます。原発部門は一九九九年にイギリス核燃料会社（BNFL）に売られました。ここはイギリス政府所有の持ち株会社です。BNFLは、ウェスティングハウスを持て余します。公的な会社だから、私企業のウェスティングハウスを持っていても使いきれない。原発開発案件が浮上して、BNFLがウェスティングハウスを使えば利益誘導になりかねない。BNFLは赤字が膨れ上がり、存続が難しくなった。ウェスティングハウスを売りたくてしかたなくなった。そこに東芝が買いにきてくれた。東芝は、当時の相場で二〇〇〇億円から三〇〇〇億円といわれていたウェスティングハウスを、六〇〇〇億円で買っています。この常軌を逸した買収が東芝不正会計事件の根っこにあります。

東芝はウェスティングハウスを買収するためにイギリスではなく、アメリカで必死に根回しをしています。BNFLが株式を持っていても、実際の原発事業を行う拠点はアメリカにあり、アメリカ国民のほとんどがウェスティングハウスはアメリカの会社だと思っていましたからね。東芝は、元駐日大使のハワード・ベーカーをロビイストとして雇って、アメリカ政府、議会を説得させています。

このベーカーとのパイプ役を担ったのが、つい最近まで日本郵政の社長をしていた西室泰三さん。東芝の社長、会長を務めた西室さんは、アメリカ財界との強い人脈でのし上がった経済人です。

彼が自らのネットワークを使って、ウェスティングハウスを売ってくれるよう働きかけた。なぜ、そうまでしてウェスティングハウスを欲しがったのか?

当時は日米政府が「原子力ルネッサンス」と煽り立て、今後、原発は右肩上がりで増えるとさかんに宣伝していました。煽られたブームだったのですが、世界に打って出たい東芝は、そこに乗った。それまで東芝はＧＥと組み、沸騰水型の、福島で事故を起こしたタイプの原発を造っていました。しかし、世界の原発市場では加圧水型が主流。シェアの約八割が加圧水型なのです。その加圧水型の本家本元がウェスティングハウスです。これを買えば、世界に東芝の名をとどろかせ、従来の沸騰水型と合わせて売上が二倍、三倍になる、ともくろんだ。

結局は、机上の空論にすぎなかった。世界の先進諸国で原発は斜陽の一途をたどっています。そこを見誤って買収し、二〇一一年の福島原発事故で止めを刺されました。原発プロジェクトは次々と中止です。東芝の経営は、坂道を転がり落ちるように悪化したわけです。

山口　今、西室さんの名が出ましたけど、経営上、大失敗した人が、いろんな要職を転々としている、これはいったい何なのですか。

山岡　日本的なパターンだと思います。東芝の関係者に聞くと、西室さんが出世した一番の理由は、英語が上手かったから。彼は慶應の学生時代にカナダのブリティッシュ・コロンビア大学に留学し、皿洗いのアルバイトなどをしながら生きた英語を身に着けた。留学中にスラングとか覚えて、一九六一年に東芝に入ります。営業部門でキャリアを積み、あいつは英語の話せるやつと一目置かれる。八〇年代に東芝がココム違反で引っかかった時、社内は意気消沈したのですが、当時、部長職だった西室さんは、こういう時だからこそお客さんのところへ行こう、といって孤軍奮闘する。すぐアメリカへ行ってお客を訪ねると、お前、度胸あるな、とか言われて意思疎通ができた。局面、局面で東芝がトラブルを起こした時、彼は大いに貢献したようです。その調整力で力を蓄え、東芝で初めて、重電の技術畑出身ではない社長になりました。

社長時代には、ＧＥのジャック・ウェルチと『ニシムロ、いいバイアグラが手に入ったぞ』と冗談を言い合うような仲になったそうです。西室さん以後も、営業畑出身者が経営の舵取りをして西室院政がしかれた。日本の企業の陥りやすいパターンですね。

脱原発は日本だけでは決められない

山口　震災前の民主党の菅政権は、原子力ルネサンスだとぶちあげて、日本国内でも原発依存度を四〇パーセントまで上げるという話をしていたし、輸出もどんどんやろうと言っていた。ああいうのは、経産省のシナリオですか。

山岡　経産省の資源エネルギー庁の官僚たちが、二〇〇四年、五年頃から、あのシナリオをつくりました。発端はブッシュ政権の原発推進ムードでした。それをワシントンに通った官僚が真に受けて「原子力立国計画」というシナリオにまとめる。その中心人物が、現経済産業政策局長の柳瀬唯夫さん、現首相政策秘書官の今井尚哉さん、この今井—柳瀬ラインが日本の原子力ルネサンスの仕掛けをつくっていった。

山口　アイゼンハワーが一九六〇年一月に大統領を退く時、軍産複合体という言葉を使った有名な演説をしましたね。軍と産業界が結託して、国家の安全という美名のかげで、利益を増殖していく、という指摘をした。あれから五〇年以上経っていますが、狭い意味の軍だけでなく、民間経済界をふくめた大きな複合体は、国際的なネットワークで動いているということでしょうね。

山岡　アイゼンハワーの軍産複合体の話は印象的ですが、その七年前の一九五三年一二月八日、彼は「Atoms for Peace（平和のための原子力）」の演説をして、自ら軍産複合体を成長させる端緒を開いている。わざわざ「真珠湾攻撃」が行われた日に、つまり日本を強く意識したメッセージとしてAtoms for Peaceの演説を行っています。この演説で、アメリカは原爆開発の「マンハッタン計画」以降、抱え込んでいた核の軍事技術を民生の発電技術に向けて開放する、と同時に「IAEA（国際原子力機関）」を設けて核燃料の軍事転用を防ぐ構想を明らかにしました。

東西冷戦が激化する中、アメリカは日本をはじめアジア諸国が社会主義勢力に取り込まれるのを警戒していました。核技術を発電技術に転化して「売る」ことで日本を自由主義陣営につなぎとめようとした。こういう思惑もあってのAtoms for Peaceです。

実は、その直前に、後の首相の中曽根康弘さんはアメリカを訪ね、元海軍大佐・大井篤と一緒に軍港、核施設、核研究所などを視察しています。中曽根さんは、バークレーの核施設で研究していた嵯峨根遼吉（物理学者・長岡半太郎の五男、東大教授）にも会い、日本の原子力研究・開発を進めるにはどうしたらいいか、と尋ねる。嵯峨根は「長期的な国策の確立」「法律と予算を整備して国家意思を明確にし、安定的研究を保証」「第一級の学者を集めること」などを進言しました。これで保守系与党の原発推進策の根幹が定まったといえるでしょう。

帰国後、中曽根さんは岸信介と四谷の料亭で会い、吉田茂退陣後の政局について話し合っている。Atoms for Peaceの演説の直後です。そこで原子力研究・開発の話が出なかったはずはない。

アイゼンハワーが退き際に警戒感を示した軍産複合体は、彼自身が核技術を民生に拡散させたことで拡大した面もあるのです。

山口　通常兵器は、軍事にしか使えない、人々の生活に役立たないということで危険視しやすいが、原子力は平和利用という美名があって許容されてきた経緯があります。そもそも、アイゼンハワーが、Atoms for Peace と五三年に言ったのは、莫大な経費をかけて原爆を開発してきたが、その成果を金儲けに活かそうという意図があったわけですよね。

山岡　核技術を民生に転用することで、国際的な利権の元を握れますよね。ウラン濃縮や使用済み核燃料の再処理の技術にしても。日本の初期原発は、「フルターンキー」という設計や製作、組み立て、建設のすべてをGEなどが請け負う形でつくられますが、その後、日本の原発メーカーがGEやウェスティングハウスにライセンス料を払って、設計・製造技術を使い、原発を建てることになる。そして、現在は、さっき言ったように原発の中枢部分は向こうに握られたまま、せっせと輸出しようという形になっているのです。

山口　そこでは、絶対的な支配、服従関係を作れるわけですね。したがって原発を卒業していくには、日本だけでなんとかなる、という話ではない、ということですね。

山岡　国際的な原子力複合体に日本は組み込まれており、単独で意思決定しにくい状態です。世界の原子力産業は、ウラン鉱山の採掘から始まって、製錬、ウラン濃縮、再転換して核燃料をこしらえ、発電する。そして使用済み核燃料を再処理し、ふたたび発電への経路につなぐ。この大きな核燃料サイクルで動いています。

福島原発事故が起きた時点で調べてみると、ウラン採掘から濃縮、燃料加工から発電といった川上から川中の重要な部分を担っているのは、資源メジャーなどの多国籍企業です。たとえばリオ・ティントというイギリスやオーストラリアに本拠を置く企業がそうです。もとは、スペイン国営の銀や錫の鉱山を、一九世紀にロスチャイルド家が買収して会社がスタートしています。資源メジャーはウランだけでなく、鉄や銅、金の鉱山も持っている。こういう多国籍企業は、国単位ではなく、国境を越えて利益の最大化を図ろうとする。そうした超国家的な行動に各国政府がむしろ引きずられて原子力政策が決められている気がします。

そこを見定め、日本はどう進むか。その選択が問われる時代に入ったと思います。

山口　福島の問題を隠蔽するとか、再稼動するとか、そういうところだけ見ていても、大きな構図がなかなか日本にいると分からないですね。

山岡　世界のエネルギー供給は、国営企業を含む国際的なエネルギーメジャーが金融機関とともに動かしています。具体例をあげると、ここ一年ほどで原油価格は一気に一バレル＝二〇ドル台まで下落しました。中国の景気減退による需要の落ち込みや、石油・天然ガスで国力を保つロシアへの国際的な圧力、シェール革命で沸くアメリカに対する中東産油国のけん制といった要因が取り沙汰されています。しかし、石油の需給バランスでは、わずか一、二％しか供給は需要を上回っていない。なのにこれだけ価格が下がるのは、ＩＴでつながる投機筋が過敏ともいえるぐらい反応している。

その元締めは国際的な石油資本、いわゆる石油メジャーです。彼らはシェールオイル開発を傘下に取り込みたがっている。二、三年前までシェールで世界のエネルギー供給は大変革が起きるといわれていました。現実にアメリカは石油輸入国から輸出国に転じた。ただし、北米のシェール開発の担い手は一万社ともいわれる中小の企業でした。メジャーは海外油田、ガス田の開発が主体で膝元のシェールには見向きもしなかった。しかし、シェールの生産はどんどん伸びる。放っておけなくなった。そこに原油価格の下落です。中小のシェール開発会社は、この春には三分の一が潰れるといわれています。潰れた会社を手に入れるのは誰か。想像がつくでしょう。

こうしたドラスティックな変化が起きていて、原子力の分野も、そこと密接につながっています。日本が国際的な原子力複合体から抜け出すには、まず、外交、国際政治において自立する必要があります。アイゼンハワーのAtoms for Peace以来のシガラミを断つには、対米追従一辺倒の外交を改め、国際的な「共通善」を確立する方向に転換すること。原発事故を起こした日本だからこそ、事故対応や放射性物質の除去、廃炉技術や使用済み核燃料の処理技術を高めて、世界に売ればいい。原発を抱える国は、どこもそれを欲しているでしょう。

国際的な共通善をテーマにして生きる道を探るしかないと思います。

山口　そこをどうやって転換するか、気が遠くなりそうで、日本の民主主義で、どうやって政策を転換していくか、具体的にどこから飛び込むか、難しい問題ですね。

他方で、経産省や電力会社の中に、こういう形の原発依存はまずい、といった問題意識を持った人はいましたか。

山岡　いましたね。3・11直後、経産省を辞めて民間企業で働いていた伊原智人さんは、民主党政権の内閣府国家戦略室に再び課長級の企画調整官として戻り、二〇三〇年代に「原発ゼロ」を謳った政策をまとめました。霞が関にも原発を大局的に、長いスパンで考えようという集団がいたんですね。ところが、第二次安倍政権発足直後、安倍首相が民主党の原発政策をゼロベースで見直すと言ったあたりから、Uターン。官邸、経産省とも原発再稼働、原発輸出へと突き進んでいます。

山口　民主主義でエネルギー政策を作り変える、というのが民主党政権時代は多少、見えてきました。討議型世論調査を野田政権のときにやって、野田さんは、三〇年代にゼロという方向性をまがりなりにも打ち出した。あの時は、野田政権が予想したよりも原発依存度を下げたいという強い民意が浮かび上がりました。民意とかデモクラシーを梃子にして、岩盤のような政策共同体に少し風穴を開ける、ということが進みかけた。

山岡　少なくとも、原発について国民的に議論をしようという、舞台づくりはあった。完全にできたとは言いませんが、歴史的な事実ですね。しかし、その後の経産省は、そこに軸足を置こうとしていない。電力における原発の比率を、また二〇パーセント以上に上げると言いだす始末です。行政の継続性とやらはどこへ行ったんでしょうか。

核燃料リサイクルを止める難しさ

山口　もう一回、みんなが関心を持って、国民的議論をしながら、政策決定に関わっていくしかないわけですよね。安倍政権が続く中で、外側から電力会社や経産官僚、あるいは電機メーカーなどに対して、あいつらが悪いことやってけしからんと非難してもしようがないわけで。民主党政権時代、3・11のショックが大きかったとき、皆が、このまま行ったらまずい、という危機感があって、少し手をかけた、やりかけた瞬間があった。

山岡　それがもとに戻ったのは、国際的な原子力複合体の影響もあります。民主党政権の後半で、国民的議論を経て、二〇三〇年代に原発ゼロまでいった。しかし、最終局面の二〇一二年九月、原発政策は換骨奪胎されます。その焦点が、使用済み核燃料の再処理を含む核燃料サイクルの問題。脱原発なら、本来、核燃料サイクルも捨てねばならない。でも、できなかった。ここで、アメリカが出てきた。アメリカ側から野田政権にいろんな圧力がかかりました。

アメリカは、溜めているプルトニウムをどうするのか、と日本に厳しく質した。核燃料サイクルを捨て、プルサーマルでのプルトニウム利用をしないのなら、プルトニウムは溜まったままではないか、と追及した。これ以上、プルトニウムを持ち続けるなら、日米原子力協定でアメリカが認めた日本の特別なポジション――核保有しない国のなかで唯一、核燃料の再処理ができること――を奪うぞ、と圧力をかけた。そこからどんどん変わっていった。呼応したのはイギリスとフランスです。日本は両国に再処理を依頼していて、再処理後の高レベル放射性廃棄物を引き取る約束になっていた。

実際にイギリスは、再処理後の高レベル放射性廃棄物をガラス固化体に入れて船に積み、青森県六ケ所村の貯蔵施設に向けて出航させる寸前でした。野田政権の核燃料サイクル中止の姿勢に、青森県が激しく反発し、「今後、一切の放射性廃棄物を受け入れない。保管している放射性廃棄物を引き取れ」と揺さぶりをかけると、ウォレン駐日イギリス大使が首相官邸を訪れ、藤村修官房長官に「高レベル放射性廃棄物をきちんと引き取ってほしい」と強く申し入れます。イギリスとすれば、核のゴミを積んだ船を出したはいいが、青森が引き取りを拒否したら、船はどこの港にも入れず、日本近海を漂うことになりかねない。

フランスも大使館を通じて、同様の申し入れを野田政権にしました。ここでギブアップ。核燃料サイクルは維持すると政策文書に書き込まれたのです。プルトニウムという国際政治の矛盾の塊が、日本の原子力政策に重くのしかかっています。

山口　国家主権というのは、この領域にはないわけですね。国際的な枠組みが根底的な下部構造になっていて、それをまずは認識することですね。認識しなければ、従属構造から抜け出すこともできない。あしたから止めます、というわけにいかないのは分かるけれど、二〇三〇年代に、一五年後、二〇年後に止める、といった移行のプロセスを始める政治的意思が必要ですよね。

山岡　政治的な意思決定が最も重要です。しかし、経産省だけでなく、外務省もアメリカからの申し入れにノーと言えなくなっている。本来、自分たちの中で、将来像を考えなくてはいけないのに、結局はどんどん引きずられていく。二〇一八年に日米原子力協定の見直しがあります。これは、すごく大きなポイントです。日本が政策転換するターニングポイントになります。日本側が黙っていれば、そのまま継続ということもありうるし、アメリカ側が、日本は今、プルトニウムを四七トン貯めているではないか、もう特別なポジションは認めない、と言い出すかもしれない。あるいは、条件を見直そうと言うかもしれない。そこで、日本が原発からフェードアウトする意思表示をできるかどうか、ですね

山口　安倍政権が続く限り、無理でしょうね。日本の官僚には頭のいい人もいるだろうし、本当の意味の責任感を持った人も、個人としてはいると思いますね。野党はそういう官僚にツバをつけて、今から政策の仕込みをしていくことが必要ですよね。表ではなかなか言えないことを、何でも言えるインフォーマルな勉強会を作って、いろいろ議論し、政策のネタを作る作業、それは

野党の時期だからこそできる、と思います。次に政権交代を実現したら、そのようにして準備していた政策を一気に表に出して具体化するというのが、野党政治家の持つべきリアリズムです。

原発のたたみ方は見えている

山岡　自民党は野党の頃、石破さんが原発と核武装を結びつけるような発言までして、民主党とは違う「右」のエッジを効かせました。憲法改正草案もあの時期の産物です。そこに原発政策も含まれていた。ならば、野に下っている民進党は逆にエッジを効かし、原発を閉じるための法的な枠組み、予算措置、組織的体制を今、提唱しなくてはならない。

山口　日本は国際的な原子力マフィアにいいように利用されている。東芝はババ抜きのババをつかまされて、ゲーム終了という所に近づいている。それに対して、日本のエネルギーの安定供給とか日本の経済の健全な成長とかいう観点から、独自路線を作らなければいけない、という問題意識を持った人を集めることですね。

山岡　個々には、原発・エネルギー問題に関して既定路線にとらわれずに提言しているシンクタンクもあるのですが、なかなかネットワークができない。なぜだかよくわからない。政治状況の反映でしょうか。原発と安保法と沖縄と社会保障の問題は、一本の樹木の枝として方針を一緒に出しましょう、となればいいのですが、政治状況的にその辺はいかがですか。

山口　現状では、野党政治家にとって選挙でどう生き残るか、が最大の動機になりますね。僕らはそこに、立憲主義とか理念づけを出してはいるのですが、正直なところ、それだけでは勝てない。選挙となれば、どうしても経済や社会保障が重要な争点になるわけで、具体的な政策をどう展開するかですね。あっち側に進むべきゴールがあるんだ、というロードマップ、道筋を示さないことには勝てない。個別のテーマを見れば、原発再稼動はけしからんと言う人や集団的自衛権はおかしいと言う人は多数派だし、安倍政権のすすめるアメリカ従属や観念的ナショナリズムの結合に恐怖や不信を持つ人は多いわけです。

しかし、政権の支持率はなかなか下がらない。個々の政策には反対でも、別のシナリオがありうるという可能性には懐疑的というか、ほとんど絶望的なのでしょうね。他にはやりようがない、この道しかない、と。そこは野党の想像力が決め手になると思いますね。

山岡 原発のたたみ方は、ある程度、見えています。イギリスの原子力廃止措置機関（NDA）が、その一例です。NDAは、経営に行きづまったイギリス核燃料会社（BNFL）の債務を引き受け、稼働を終えた原発の解体と使用済み核燃料の処理をするために二〇〇五年に設立されました。BNFLは、その解体過程でお荷物のウェスティングハウスを東芝に売りつけた。そして日本が原子力ルネッサンスで大騒ぎをしていた頃に、イギリスはNDAを設けたのです。野党側はNDAも参考にしながら、日本版の廃止措置機関をどうデザインするか、本気で考えてほしい。電力自由化が始まりましたが、結局、従来の電力会社の電力会社による電力会社のための自由化になりかねない。自由化が進めば、本来、莫大な投資と事故リスクがつきまとう原発は市場から排除されるはずです。電力政策の根幹は大方針を示すこと。原発を閉じることと併せて、国際的な原子力複合体から離れた、自前の自然エネルギーを主要電源にする、という政治決断が必要です。エネルギーは国家が自立していくために不可欠のものですね。外に頼らないで、自前でやるとなれば、自然エネルギーが一番ふさわしい。

山口　電力自由化も、地域独占だった九つの電力会社と新規参入の供給者のコスト競争が厳しいから、原発を早く再稼動させてください、という理屈に利用されるのではないか、というのが、今から見えている。

山岡　本来、電力自由化は送配電の「系統」を全国共通の、いわば道路のように誰もが使えるようにし、発電部門はそれぞれの事業者が工夫して、融通しながら電力を供給しましょうということですね。いわゆる『発送電分離』。系統の広域一元化が重要なのですが、電力会社は系統は自分たちのものという意識が強い。系統は開放しないまま、電力の小売り部分だけを自由化した。政府は二〇二〇年に発送電分離をする方針ですが、徹底できるかどうか……。

山口　短期的な利害で動くのが、この分野は長期的な問題、非合理を作り出す。その辺は、野党も毒が回っていて、野党結集の政策を作るにしても、脱原発という言葉を使うのも難儀なことです。民主党も、連合系の議員とか目くじらをたてる人が大勢いる。そのへんで苦労します。

山岡　脱原発に対するアレルギーというのもあるんですね。

山口　人間は必ずエネルギーを必要とするから、ビジネスとしての電力がなくなることは絶対にない。新しいビジネスチャンスを既存の会社も含めて皆、追求してくれればいいのですが。

山岡　逆に今は、ビジネスチャンスだと思ってほしいんですけどね。この転換期が一番のビジネスチャンスで、自然エネルギーの開発だけでなく、原発のたたみ方にかんしても、壊れないロボットを製造するとか、技術革新のネタもいっぱいあるはずです。

山口　イギリスは原子力廃止措置機関という名前に変わって、要するに、止めるという方向性に入っているわけですね。

山岡　はい。ただ、ゼロとは言ってない。中国に造らせるとか、不可解な話もあるんですが、トレンドとしては、限られた原発を、コントロールしながら動かす方向。流れとしては、たたんでいく。アメリカもまだ一〇〇くらい原発がありますが、老朽化したものをたたむ。使用済み核燃料廃棄物については、議論しているところです。

ＴＰＰは、アメリカにもっと儲けさせろということ

山口　話題が変わりますが、ＴＰＰの今後については、どんなお考えですか。

山岡　民主党の大統領候補、ヒラリー・クリントンもＴＰＰ反対に転じましたね。日本は先走って承認したら笑いものになるんじゃないですか。アメリカ議会はＴＰＰを承認しない可能性が高い。アメリカ抜きでＴＰＰは発効しないでしょうね。今、ＴＰＰを承認するのは愚の骨頂だと思います。アメリカは関税撤廃だけでなく、「投資」と「流通」で日本市場に深く食い込もうとＴＰＰを仕掛けてきました。そのために仕組みを買える必要がある。

そのターゲットのひとつが医療です。医薬品・医療機器の市場シェアを高めようとあれこれ画策しています。医薬品については、アメリカは製薬会社の特許保護期間をできるだけ長くしようと動きました。一方、ベトナムやマレーシアなどの新興国は、安いジェネリック薬品を早く使いたいから、特許保護はできるだけ短くすべき、と激しく反発した。日本の特許保護期間は両者のほぼ中間でした。最終的に日本の特許保護期間に準じる形で大筋合意（？）となったそうですが、

保護期間を延ばされた新興国側には不満が残っており、その矛先は日本にも向きかねない。医療というのは、その国の固有の歴史や文化、生命観などで培われたもので、市場原理を押しつければいいというものではありません。

山口　ＴＰＰは農業、食糧の問題も大事だけれど、基本は経済ルールの平準化、あるいはアメリカン・スタンダードの押し付けですよね。知的財産の期間にしても、保険ビジネスの市場開放にしても。基本は、アメリカにもっと儲けさせろ、ということですね。

山岡　そうです。アメリカは、ＴＰＰ交渉の舞台裏で大事なところは二国間交渉で実利を確保している。そこも強調しておきたい。たとえば、日本がＴＰＰ対象から外した医療機器の規制について、アメリカは日米間の協定付属書でＴＰＰより厳しい規制は認めない考えを打ち出し、日本も合意しています。付属書には将来の保健制度や薬価も検討項目として盛り込まれており、「協議する用意がある」と確認されています。

つまり、アメリカはＴＰＰを批准しなくても、二国間交渉で日本の医療市場に食い込む算段をつけている。それを日本政府は「国内制度を一つも変えることはない」と説明するのですから、一体、どっちに向かって交渉しているんだ、と言いたくなる。

山口　ＴＰＰをやったら、経済効果としてＧＤＰがどれだけ上がるのか、といった議論しかないのが、日本の愚かさですね。医療の世界で、混合診療を広げて、アメリカ製の高い薬を、審査期間を短くして、保険外でも使えるようになれば、ＧＤＰにとってはプラスですよね。お金がある人はみんな命を助けるために高い薬を買うわけですから。しかし、そのことが、国民の健康につながるのかといえば、それはまた違う問題ですね。

山岡　日本の医療には経済指標では測れない制度的厚みがあります。社会的共通資本ですね。ＧＤＰの振れ幅では見えない部分です。もしも医療制度が崩れたら国民生活が破たんし、産業力も著しく低下します。

山口　社会の平安がなくなる。病気になって治療の時、あなたはどの薬を買いますか、と聞かれたって困るわけですね。お金がない人はいい薬は買えません、といったことが実際に起こりうるわけですね。

山岡　混合診療の全面解禁を唱える人たちがいます。彼らは、自由診療の未承認薬と保険診療の公的支えを組み合わせれば、患者の選択肢が増え、医療費も抑えられると言います。しかし、そうはならない。自由診療の部分が経済競争でどんどん膨張し、お金を払える人しか混合診療は利用できず、なおかつ医療費も増えます。

山口　しかも医療資源は、医者も病院のスタッフも、そっちにシフトしていく。

山岡　病院経営が厳しくなっている昨今、混合診療が全面解禁されれば、多くの病院は儲かる自由診療部分に力を入れるでしょう。保険による公的支えは限定されていく。公的部分はカゼの診察程度に限られ、それ以外の治療はすべて自由診療になる、極端に言えば、そういうことになる。国民医療費は膨れ上がり、ＧＤＰも増えるかもしれないけれど、私たちの生活はより一層厳しくなっていくでしょう。

山口　アメリカは他の国に比べて、私的医療費を三倍、四倍（対ＧＤＰ比）も使っている。それがＧＤＰを押し上げる効果はあるのでしょうが、国民の幸福とはぜんぜん関係ない話ですね。

山岡　そのアメリカを模倣する安倍政権のアベノミクスは、完全に失敗しましたね。とくに成長戦略がひどい。安倍政権は、医療も成長戦略に採り入れて国家戦略特区で、混合診療を大幅に認め、医療者以外の者（経済人など）が医療法人の理事長に就くのを許し、外国人医師の受け入れを促したりしています。こんな方法で経済を成長させられるはずがない。これだけ国民皆保険制度が確立され、公的な医療保険が普及している日本で、特区のなかは混合診療で最先端医療が受けられますよ、と宣伝しても、どれだけのひとが受診しますか。高額な医療費を負担して居丈高な医者の診療を受けるより、保険の効く範囲で適切な治療を受けたいと思うでしょう。わざわざパブリックな部分を、私的経済活動に従属させようとするのは、本末転倒しているとしか思えません。

山口　以前に監訳した『ポスト・デモクラシー』（青灯社）という本で、著者のコリン・クラウチさんは、「残余化」という概念を出しています。医療と教育の世界が分かりやすいのですが、特区的発想で、混合診療を行うとか、エリート学校を民間あるいは公立で作って自由選択制にする。その部分はすごくレベルの高いサービスを提供するけれども、医療や教育のための予算や人材などの資源がそこに集まることによって、その他のパブリックな部分が荒廃してしまう。公的保険による医療では最低限の治療しか受けられないとか、公立学校は施設も貧弱で教師の質も低いといった具合に、パブリックなサービスとして無償ないし自己負担の少ない医療、教育を受けたい人には、まことに劣悪なサービスしか提供されない、というのが残余化という概念です。

社会的共通資本を成長戦略に取り組んで、商品化する、ビジネスチャンスを提供すると、ＧＤＰは少し大きくなるのかもしれないけれど、必然的に残余化が生じて、九〇パーセントの人には、非常に不幸な社会になる。

マイケル・ムーアの記録映画、「シッコ」の中で、イギリス労働党で長年下院議員を務めた左派の重鎮、トニー・ベンがインタビューに答えてこう言いました。
「健康で知識を備えた人間は権力を恐れない。だから無償の医療と教育は民主主義に不可欠なのです。」
この言葉は今の日本でもかみしめる必要があります。

山岡　安倍政権では、DGPは減っていますよ。いくら株価が上がっても、経済政策としては大失敗でしょう。それなのに、いまだに成長戦略の目玉に医療を持ってくる。医療分野では、モノづくりのイノベーション――医療情報機器や生活支援ロボットなど――が起きるという見方をしています。それは、政府が舞台設定をして必要な支援をすれば、あとは個々の企業が競い合う世界。医療機器に挑める中小企業はそんなに多くはない。一般の、モノづくりを下支えしている町工場は、相変わらず、自動車頼みです。全製造業の約五割が自動車関連業者です。そこで培ってきた技術は、どこに転用できるのか。民間航空機分野への参入などは、ひとつの選択肢かもしれない。しかし、経産省内部の体制が整っていない。いまだに経産省の中では、航空機と武器と宇宙産業を一つの部署でやっている。本来、民間航空機と武器は切り離すべきでしょう。戦闘機と民間航空機では、製造思想も設計手法もぜんぜん違う。世界市場の成長力を取り込んでいく上で、日本はどんなスタンスをどうとるか。その根本姿勢と大局観が問われていると思います。

山口　貧すれば鈍するで、武器輸出、防衛整備移転という名で、金儲けをしようとしている。憲法の問題だけでなく、経済政策としても間違っていますよね。

山岡　そうですね。その中に、原発輸出も入っている。原発や武器の輸出に頼るのでは、日本の未来は危うい。これからエネルギーの体系も産業の形も変わろうとしている、そこを経産省も外務省も認識して、方向転換するべきですね。

山口　民間企業が金儲けで本能的に動く。この世界はもう見込みがないから見切るとか、こっち行ったらもっと儲かるという動機で動くことは、誤った国策に乗せられないという意味で健全な面もあります。戦後の電器とか自動車とか、そういう産業が経済成長を引っ張ったのは、ある意味、健全なことだと思ってきました。しかし、今の経済界は、そういう動機ではなく、政治ともたれあいながら、そこで既得権を守ろう、という風潮になっているように見えますね。

山岡　九〇年代に規制緩和が叫ばれ、オリックスの宮内義彦社長らが政府の諮問委員となり、時の政権とくっついた。そして規制緩和で民間に開かれた分野に自ら入って稼ぎました。労働分野の規制緩和ではパソナなどが台頭しました。あのあたりから、新たな「政商」が生まれたと感じています。

山口　規制緩和が新しい利権を作り、民間を自由にするという政策が、企業の政府への従属、依存を強めた。本当の意味での成長戦略は、市場のルールを都合の良いように変えることによって儲ける産業ではなく、環境を守り、人間の健康な生活を支えるための新技術による新しい産業の出現によって可能になるはずです。

V

安倍首相のメディア支配の手法

鈴木哲夫×山口二郎

憲法改正のために二回目の総理になった

山口　安倍首相個人は、私はそんなに思慮とか戦略がある人だとは思えないけど、安倍政権の政局のハンドリングはまことに巧みですよね。例えば、昨年暮れの日韓の慰安婦問題の修復とか、今回の甘利さんのスキャンダルの対処とか、解散日程をめぐるいろんな駆け引きとか。すごく思慮というか悪知恵を感じる。今の政権で実際にそういう政局の仕切りをやっているのは、官房長官の菅さんなんですか？

鈴木　安倍さんだと思います。

山口　安倍さん自身がやっている？

鈴木　はい。菅さんも、一応、危機管理という意味ではやっている。例えば、有事の時には早くスキャンダル閣僚を切るとか、人事権をぶら下げて官僚組織を黙らせるとか、党内を、これまた人事を使ってまとめていくとか。そういうのを菅さんもやっている。大枠はやっぱり安倍さんが考えてやっていると聞いています。明らかに第一次安倍内閣の失敗があって――あの時には、周りの言うことを聞きすぎちゃって、訳が分からなくなって、それでダメになったと、彼はすごく逆恨みしているようなところがあって。みんなそれぞれアドバイスをした、それを聞きすぎたんだと。だから今度は自分の好きなようにやると、第二次の時に宣言している。そういう意味では彼としては一皮むけたというか……その言い方でいいのか分かりませんけど。

山口　相当な権力者になったというわけですね。

鈴木　だと思います。ただ、総理大臣というのは手段だから……総理大臣になって何かをやりたいから目指す。彼が目指しているものは、おそらく憲法改正、もっと言うと、歴史に名前を残すってこと。彼のやりたいことに看板をあえてつければ憲法改正になる、そういう気がするんですね。だから彼の場合、今は、憲法改正をやりたい上に、さらに権力維持も目的になってきた。そうするとますます冴えるという……そんなスパイラルに入っていると思いますね。アベノミクスだって不完全だし、一億総活躍だってデタラメだし、一貫性がない。憲法改正だってそもそも手続きがおかしい話ですから。

山口　そうなんですよね。憲法の話は前回、柳澤協二さんともちょっとしたんですが、予算委員会で稲田朋美政調会長と、ある意味で示し合わせたような感じで、9条2項の問題を取り上げたというのも、すごく唐突な感じがする。今まで、憲法9条の中で自衛権はあるということで、その中に限定的な集団的自衛権が入るからOKだ、みたいなことで、9条の解釈を広げることで集団的自衛権の容認までやってきた。そうやって実態の方を広げておいて、これは憲法の条文に合っていないから変えましょうというのは、自分で壊しておいて、ルールから外れたからルールの方を変えましょうという、すごくめちゃくちゃな、憲法をまったく無意味にする議論だという感じがする。あれもやっぱり、彼のある種の決意なんですかね？

鈴木　だと思います。僕は、憲法改正のために安倍さんは二回目の総理になったと――究極の言い方をすると、もうずっとそうだと思っていました。アベノミクスだ何だと他のこともいろいろやっているのは、全部憲法改正を醸成していくための道具でしかない。だからそういう意味では、いよいよ本丸に来たと。しかも、これだけいろんなことがあっても支持率が高くて、ある種の自信も、当然彼は持っている。必ず政権には終わりがあるわけだから、延ばそうとはしているけどそう簡単には延ばせない。そういう意味ではもうお尻も見えてきたところで、憲法改正の着手はもう今しかない、ということで乗り出した。唐突というよりも、彼はここのためにずっと来た──つまり今までの三年間の方が、むしろかなりいい加減にやってきたと、私なんかはそういう逆の見方をしています。

山口　なるほどね。本当にやりたいことの手前に、いろんな目眩ましを放って。

鈴木　まさに「コミ戦」ですね。コミュニケーション戦略。今度の甘利さんの件は典型的にそうですけど、僕は騙された人が多いことにがっかりした。たまたま、僕には甘利さんのかなりディープな人間関係の知り合いがいて、『週刊文春』が一月二一日に出たんですけど、一九日に甘利さんは、「もう辞任しかない」という空気だったと。

山口　ああ、そうですか。

鈴木　うん、それで安倍さんに報告に行って、安倍さんももうこれは厳しいぞ、秘書も金を貰っているし……ということで、一発目の文春が出る前から、あの二人には辞任が既定路線になった。それで、そこから一週間かけて、最高の辞任劇を演出したわけですよね。それで、後でいろいろ分かったのは、例えば新聞社の人たちと安倍さんが会って、いつ辞めさせるかとタイミングのことを相談してみたり、それから一番目立ったのは、甘利さんが辞任会見をする前日に、わざわざ安倍さんが「邁進してほしい」、「継続してほしい」ということをあえて言った。普通、任命責任から言うと、説明責任を果たしてほしいという応援の言葉しか言えないのに──そこに非常に違和感があったけど──安倍さんとはやっぱり盟友関係だなあと、情だなあと、そういう空気を作った。そして当日の会見も、非常に綿密に計算されているけど、これは続けるんだろうなあと思ったら、最後に「美学です」と、もうドサ回りの三文芝居みたいな人情劇を演じている。

その後、僕はいろんなところに講演に行っていますが、「甘利さんは潔い、よく辞めましたね」とか、安倍さんは見事に「泣いて馬謖を斬る」みたいな反応なんですよ。安倍さんはコミュニケーション戦略で傷を最小限に抑えるにはどうすればいいか分かっていて仕掛けてきている。だから、騙される一般の人たちも気をつけなければならないけど、問題は、その間に入っているメディアなんですね。

山口　そうですね。

鈴木　僕はテレビの世界にずっと長くいて、権力側や政治側からいろんなことを言われてきました。「ここがおかしい」とか「お前は間違っている」とか。逆に「出してくれ」とか。こういうコミュニケーション戦略的なものを、政治は常にメディアに対して仕掛けていた。だけど、メディアに矜持があるから、それを撥ね退けたりしてきた。しかし、それを鵜呑みにして伝えてしまったら、もう世論・国民は、それを信じるしかなくなっちゃいますよね。今回も、ほとんどのメディアが「辞めさせない」というふうに一週間ずっと取材をし報道している。あれは、安倍さんも、安倍さんの周りも、甘利さんも、辞めない方向で、ずっとリークしていたわけです。

メディアのトップを落とす手法

山口　そこで、メディアと政治の関係を少しうかがいたい。安倍政権とそれ以前の政権とで、メディアとの付き合い方、メディアへの接し方、恫喝とか威圧みたいなものも含めた接し方は、何が一番変化したのでしょう。

鈴木　決定的な違いは一つあって、安倍さんの手法は、トップを落とすんですね。それまでのコミュニケーション戦略は、わりと現場のレベルが多かった。例えばテレビで言うと、政治部長とか、報道局長、さらに現場のクラブのキャップ、そういうところに政党の幹部クラスが行って、現場レベルでかなりプレッシャーをかけたりしていた。

ところが、安倍さんはそんなところは一足飛びというか、常にトップなんです。だから、首相動静を見たら分かりますけど、だいたいメディアのトップと飯を食っている。そうすると何が起きるか。現場はもう忖度をするわけですね。うちの親分が安倍さんと会っている、安倍さんといろいろ話をしているみたいだ、これは悪口を書いていいのかな?……とね。現場に直接ではないけれど、どんどんトップダウンで忖度をさせるこの辺は、テレビ現場とか新聞の現場の性格を見事に読んだ手法だと思います。これがもう違いますね。もし安倍さんがストレートに現場にダメだと言ってくれれば、それが世間にも知れて、わりと世間も注目してどっちが正しいかという議論になるでしょう。でも直接的に言わないからこそ、安倍さんのコミ戦はものすごく恐ろしい、強大なものになっているというのが僕の実感ですね。

山口　私などはやはり古い世代の人間で、付き合っていた新聞記者も、例えば朝日の早野透さんや若宮啓文さんの世代です。記者と政治家の関係については、基本的な人間的信頼関係があった上で、何か問題があればちょっと厳しいことも書くし、それで信頼してもらえる古き良き時代の人間関係をついつい想定する。今はもうメディアや記者は、権力者から見て単なる操作の対象ということなんですかね?

鈴木　そうだと思いますね。特に、若い二〇代～三〇代前半くらいの記者に言える。携帯電話で話ができるようになったり、パソコンで情報のやり取りができる。こういう環境の変化があって、昔のような一対一の人間関係とか、その人が帰ってくるのを真夜中まで家の外で待つみたいな血の通った政治家との取材というのも限りなく少なくなってきた。携帯に電話すれば出てくるわけだし、パソコンを通じて本社デスクから何を質問しろという指示が来る。現場でも記者がパソコンを打ち終わるのを会見する人が待っている。おかしな話で、その人の表情だとか、本来そういうものも全部、記者会見なんですけど。

山口　そうですね。ひたすら言葉を打ち込むのが記者の仕事みたいになっていますね。

鈴木　カチカチやってるでしょ。それで大臣なんか喋り終わって、まだカチャカチャいってるから、みんなが打ち終わるのを待つ、これが取材かって言えばそうじゃないですよね。そもそも政治取材の中に、いわゆる番記者とかオフレコの問題もありましたが、それでもその上に、人間政治家との一対一の関係があって、それでスクープも取るし、みたいなところはありましたよね。

山口　そうか。記者会見でも、質問しなくなった。この間の甘利さんの辞任会見の時も、元朝日新聞でいまデモクラTVをやっている山田厚司さんが一人頑張って質問していましたが。今の三〇代・四〇代の一線の記者たちは、何を取材するために現場に行っているんですか。

鈴木　多分それは、平板な言い方だけど、エリートサラリーマン化しているということ。ジャーナリストではなく、「就社」というか、いい会社に就職してサラリーマンとしてやっていく、簡単に言えばそういうことなんでしょう。そもそも政治取材そのもの、政治ジャーナリズムが相当変質してきていると思うんですね。それはいろいろな要因があって、政治家の劣化もあるし、記者たちの劣化もある。それから民度という次元の問題もあるかもしれませんね。でも民度については、民主主義においては、いろんな考えの人、こういう人とそうじゃない人とかがいても否定できない。一人一人の生き方は自由ですから。そうするとやっぱり責任を問われるのは政治家とジャーナリストの劣化だと思うんですね。

安倍首相と喧嘩しないテレビ局の保身

山口　最近、特にテレビメディアと権力の関係がきわめて問題化しています。高市総務大臣が電波の停止まで言及した。

鈴木　大問題でしょう、あれは！

山口　これはもう、テレビ業界に対する挑戦状ではないか、ケンカを売っているのかという感じもする。ああいう発言に対してテレビの記者たち、報道の人たちというのは、実際どういう反応を示しているんですか？

鈴木　まあ、ふざけるなと思っている者もいますよ、確かに。でも、個々が思うよりも――僕らの時代と言うと変ですけど――以前は上が黙っていなかった。例えば、高市大臣があああいうことを言えば、報道局長がもう怒り狂って、これをガンガン、ニュースで「おかしい」ってやれ、というふうに言ってきたり、それからキー局の報道担当者の会合で話題になって、これは絶対に許せないとか。

山口　本来は民放連が抗議声明を出すべきですよね。

鈴木　そうそう、民放連とか。そういうのがあったのに、今はそこの反応が鈍い。これはおそらく彼らが､下を見ずに上を見ている。さっき言った忖度の世界に入ってしまっているからですね。やっぱり、報道局長だって次のポストに手が届く時、トップが安倍さんと仲が良くてということになると、踏みとどまってしまう。僕はそういう構図だと思いますね。日本のジャーナリズムは企業ジャーナリズムで、一匹狼は非常に少ない。企業という一つの組織を上手く使ったメディア支配ですね。

山口　官僚はいつも人事によってコントロールするわけだけど、その人事を通したコントロールが、今メディア業界にも向かっているということですか?

鈴木　そうだと思います。一番効果的ですよね。上を捕まえれば勝手に下が忖度する流れになっているので。例えば高市発言なんか聞いていて、まあふざけるなと僕なんかは思うんだけど、何かしら抗議したり声を上げたりすることが､どこからもない……もうそうなっちゃったんですね。

山口　折しも岸井さんや国谷さんや古館さんの退場が時期的に重なっている。時期的な一致は偶然であるとしても、やはり今のテレビ業界、ＴＢＳもテレビ朝日も、比較的自由なスタンスだった印象もあるが、そこも持たなくなっちゃった……。

鈴木　そう思います。僕は三〇年テレビにいたので、ある種の自己批判も含めて言うと――僕はわりとテレビが嫌いなテレビマンだったので、ちょっと変わってはいるんですけど――日本のテレビ界は、そもそも護送船団みたいな部分があると思います。利益を自分たちの中で共有して、そのテレビの常識の中でものごとを作ってきた、そういう護送船団の歪みみたいなものがどうしても出てくるんじゃないでしょうか。だから、本当にテレビ同士がみんな競争をしていいものを作ってやっていくかというと、ときとして、逆にかばい合うというぬるま湯体質みたいなものがあった。そこを上手く政治につつかれていると僕は思うんですね。例えば、キャスターをどんどん変えるという話にしても、時期はたまたま重なったのかと先生はおっしゃったけど、僕はたまたまではないと思いますよ。今回もテレビ現場の人たちからいろいろ聞いていますから。もう明らかに忖度をし、それに認可事業ですから、「これはヤバいから変えておいた方がいいんじゃないの」という話も当然あるし。だから僕は偶然ではなくて、ここはもうあまり、安倍さんと喧嘩はしない方がいいよという。

山口　保身ということですか。

鈴木　はい。そう思いますね。

安倍さんのコミュニケーション戦略に騙されないこと

鈴木　先ほども言いましたが、もう矜持というものが薄れてきてしまっているのでしょうね。良い番組を作るよりも、いろんな事業の方に行くようなテレビのトップもいるわけで、もちろん文化事業やお金儲けも否定しないけど、番組というコンテンツが最優先だろうと思うんです。

それから、さっき少し言ったんですが、僕はいたからよく分かるけど、テレビって護送船団なんですよ。一時期、銀行が護送船団方式だと散々批判されて解体されましたが、それを報道で批判していたテレビ業界もそうだったという笑えない話です。他を寄せ付けず、ホリエモンが入ってくればバッシングするし、そういう、非常に特権的な集団なんです。だから、そこにそもそもジャーナリズムというものが存在しうるの？という、根本はそこだと思います。僕はその化けの皮が剥がれつつあるのかなと思う。テレビはもう今、若い人は見ない。

山口　学生は、もうほとんどテレビを見ないです。

鈴木　ほとんど、ですよね。どうしたらいいのか。みんなフリーになってがんばるしかないのかな。でも食っていけないとねえ。テレビにだって志を持った人は、もちろんたくさんいます。いるんだけど、やっぱり分かれ道ですよね。サラリーマンとして安定していくのか、こっちで勝負するのかというところの。私も分からなかったですよ。たまたまちょっと病気をして、人生一回だなと思って、というのがありましたから。でも多分、僕は辞めてたな。

まあ、本当にコミュニケーション戦略は恐ろしいですよ。これは有権者、つまり国民と権力の問題ではなくて、間にいるメディアの問題なんですね。ここが騙されないかという……もう今は騙される、もしくは確信犯でわざと騙される。権力に近い方が都合がいいですからね。そこが僕はすごく怖いと思いますね。それで反抗していると弾かれますからね。だから、安倍さんの仕掛けてくるそういうコミュニケーション戦略に、いかに騙されないかということ。アメリカはもう、コミ戦が文化になっているから、敵もさるもの、こっちも……と、お互いに騙しあって、そういう騙し合いをハハッと笑って見ながらアメリカ国民が選択するという形ができ上がっているからいい。日本はまだ、マスコミが報じると、それが一〇〇パーセント本当だと思ってしまうでしょう。そうではないです、絶対に。

極端な言い方ですけど、政治記事って嘘が書かれていることがある。例えば、今日、内閣改造がある、そして○○大臣が任命と新聞に辞令が出る。実際、蓋を開けてみたら違う人がなっていたとします。次の日、新聞が謝りますか？　謝りませんからね。私は長く社会部記者でしたから言えるんですが、社会面の記事だったらとんでもないですよ。容疑者の名前を出しておいて違ったら、もうクビでしょう。つまり、政治取材はオフレコ懇談などで共存しているから、権力と距離が近くなってしまう。簡単に言えば仲良くなってしまう。そうなると政治家も観測気球にメディアを使うし、メディア側は記事ももらえるし……と、お互いに利益を共有できるわけです。だから、嘘が紙面や画面に踊る場合がある。仕組みとしてそうなってしまっているんですね。僕がいつも講演などで言うのは、とにかく政治記事は嘘だから、皆さんがものを考える場合の参考のつもりで読んでください、と。こう書いてあったからこうだ、と思っては絶対にダメですよ、と言うんです。だから、政治記事というのはもともと騙されやすい、コミュニケーション戦略に使われやすい分野ではあるんです。でも取り返しがつかないですからね、安保法制だって。

山口　そうですね。戦争をやってしまったら取り返しがつかない。

鈴木　本当にそうですよ。戦争をやって初めて気付けばそれでいいのかという話ではない。それはやっぱりダメだから、「今の政権はおかしい」と言い続けるしかないんですよね。

電波停止をやれるならやってみろ、という気概

山口　私は、基本的に民主党政権をずっと応援していて、メディアとの関係で言えば被害者意識もあるわけだけど……。民主党政権の時は、ちょっとした失言でも徹底的に攻撃されて大臣が何人か辞めた。例えばあの鉢呂吉雄元経産大臣の「死の街」発言とか。これ、別に事実を言っただ

けの話じゃないですか。クビにするような話じゃないと思う。民主党政権は、特に鳩山さんが辞めた後は、徹底的にメディアから攻撃を受けたわけですね。それで安倍政権ができてからはメディアが非常に大人しくなった。これはダブルスタンダードだと私などは思うわけですけど。メディアは自民党が好きなのか、それとも、やっぱり権力がメディアに対してコントロールをしかけてきたら逆らえない、という宿命があるのかな。

鈴木　僕は後者だと思いますね。そもそも、そうなると日本の電波行政の問題になってくる。電波は、みんなが、国民全員が一人一人共有して良いもの、使っていいものであり、管理はしないといけないんでしょうけど――一応国が管理をする。そして電波を使うことは認可事業であるから、国の許可がないと使えない。放送法は、ご存じのように、基本的には緩い。わざと緩いんですよね。特にジャーナリズムは、現場の自主判断とか矜持とか、そういうものに拠るところが大きいわけだから。でも認可事業だということで、すべて国が握っていることが問題だと思う。

「放送法」第四条二には、「政治的に公平であること」とあります。この規定は、言葉をそのまま受けとればもっともなことですが、実際に番組にどう反映させていくかとなると非常に難しい。というのは、この文言以前に、番組には、憲法で保障されている「表現の自由」、報道番組としての「権力をウォッチするジャーナリズムの役割」が加わってくるからです。誰が「公平である」基準をつくるのかといえば、そのテレビ制作者だと思います。もし行き過ぎた場合は、テレビ局側が自主規制や自主判断をするＢＰＯでチェックすればいい。ＢＰＯは、ＮＨＫや民間放送連盟加盟会員各社などが出資して作った任意団体の放送倫理・番組向上機構です。ただ僕は、実はＢＰＯに引っ掛かったことがあるんですよ。

山口　ああ、そうなんですか。

鈴木　貴重ないい体験がありました。BSイレブンの報道局長のときです。民主党政権の時に、あまりにも民主党のことがニュースになって、自民党は最初の頃の一時期ほとんど相手にされなかった。ところが、自民党もやはり、特に参議院なんかでいい政策を持っていたし、それなりにいい政治家もいた。山本一太議員は古くから取材で知っていたので、じゃあ自民党の参議院の番組を作ろうということになった。週一回、三〇分。いろんな自民党の参議院議員だけが出てきて、政策を議論するという番組をやっていました。これがBPOに引っ掛かって——政治的な公平性が保たれていないと言われた。私は、実は保たれているんだと言いました。三〇分の番組は確かに自民党ですが、編成としての考え方で、BSイレブンを一週間を通して見てくださいと。次の日は民主党だけで三〇分。その次の次の日には、実は公明党だけで三〇分やる。トータルで政治的には公平性は保っています、と。そういうふうにやらないと、三〇分の番組の中で、地上波方式で敵味方に分かれてガンガンやっても、さっぱり何のことだか分からない。だったら、BSはじっくり聞きたいという視聴者が圧倒的でしたから、そういう論理でやったんです。それで、結果はやっぱり不公平だと怒られた。ただ、最後に、そういう番組作りは非常に評価できるし、編成の考え方も一石を投じているから、まあがんばれ、というような言葉をいただいたんですけど。

だけどその時に思ったのは、当時は自民党が野党だったけど、テレビ番組も、報道というのは政権ウォッチャーです。だから民主党政権になれば、民主党政権に厳しくやらなければならない。特に、民主党はマニフェストを掲げ、自民党ではない政治をやるんだということであれだけ期待をされた。じゃあ自民党じゃない政治を本当にやってくれよという、ウォッチャーとしての役目が必要だった。その時は、自民党と一緒になって政権を見てやっていたわけです。それで、今度は自民党が政権につきました。すると我々は、野党と一緒に自民党を厳しく見張らなきゃいけない。これを自民党はノーだと言うわけです。しょせん、彼らの言う政治的な公平性とか放送法の政治的な中立とかいう概念は、その程度なんですよ。自分に都合がよければ公平であると。そんな議論にメディアが耳を貸す必要はないと、僕は思うんですね。だから、結論としてこれはメディア自身の問題で、やられたらやり返せとは言わないけど、無視すればいいんじゃないかな。

山口　そうですよね。電波の停止なんて、やれるもんならやってみろっていうぐらいの気概がないと。おっしゃったように、一個一個の番組で、この番組では特にこっち側を採り上げます、みたいなことを不公平だと言っていたら、もう報道番組は作れないじゃないですか。

鈴木　成り立たないですよ。

政治的公平な報道はあり得ない

鈴木　だから僕はいつも言う——政治的公平性とか放送法の時に必ず言うのは、人が作る以上、公平なんていうのはあり得ないということ。言葉では、理屈では公平性とか言っても、絶対にあり得ない。それはなぜかと言うと——テレビニュースが始まりました、一番最初にどんなカットを持ってきますか。例えば、安倍さんが歩いているところなのか、それとも、スキャンダル閣僚の顔か、その顔も、全身で歩いているのか、目だけなのか、アップなのか。その最初にどんなカットを持ってくるか、この時点ですでに編集って主観なんですよ。それで、インパクトで「あ、安倍さんはいい人だ。笑ってるから」「甘利さんは……ああ、泣いてる。可哀想だ」——もうここからして主観が入るわけで、公平性なんてものはもう絶対にあり得ない、というのが僕の主張なんですね。

だから、建前で、これは公平だ、いや公平じゃないと議論すること自体、僕はもうまったくナンセンスというか、意味のない議論だと思います。むしろ各局・各社・各番組が責任を持って主張をする。それで逆に視聴者は、「テレビがやっているんだから、NHKがやっているんだからこれは一〇〇パーセント正しい」ではなくて、あくまでも自分が何かを考える参考として、番組の一個一個があるんだと、こういう視聴者とテレビの向き合い方も含めて、そのへんの議論そのものの次元を変えた方がいいと思います。

山口　公平の問題との関係で、一番最初に私がおかしいと思ったのは、ニュース23で、二〇一四年末の解散総選挙の時に、通行人のインタビューを撮った際、アベノミクスに対する批判的な声が多すぎると言って、安倍自身が怒ったという事件がありましたね。それは、いろんな人にインタビューしてみて、やっぱり否定派と肯定派の割合がある程度出てきたから、それを反映させるような形で声を拾ったんだろうと私は想像しますけどね。そこまで一対一にバランスを取らないといけないかと言うと、それは逆の意味での捏造というか、歪曲という問題にもなるわけですね。

鈴木　そうですよ。というか、そうなるともうジャーナリズムではないんですよ。それは広報です。広報番組で、必ずAの意見があれば反対のBの意見もというのを必ず出していって、そこに何の論評も加えないというのは、報道でもジャーナリズムでもなくて、広報番組ですね。選挙報道でよく公平ということを言いますが、あれも欺瞞ですね。本当にテレビが大嫌いだったのは、例えばある選挙区を取り上げて、そこでの注目は自民党と民主党の実力者の一騎打ちですと、その映像を散々出して、最後に「なお、この選挙区には」と言って共産党一五秒、無所属一五秒とやるでしょう。冗談ではなくて、これで平等だと彼らは言う。一五秒で扱われた人間は、「泡沫ですよ」と宣言されているようなものでね。でも、こういうことが平等なのか、僕は違うと思う。

じゃあNHKのようにみんな同じように正面からだけで全員一五秒だといったら、これは役所の広報紙を見ればいいわけで。やはり、ジャーナリズムに主観は絶対に入る、つまり主観なき報道番組は、あり得ないんですよ。さっきも言ったように、最初のカットに何を使うかというところからもう主観なんです。人がやる以上はですね。だから、主観が入るものだ、主張が入るものだという前提から進めていくべきだと思うんです。

稚拙と政局運営の巧みさが共存する

山口　今までの自民党政治にはないほど安倍政権は批判を嫌うというか、批判する奴を徹底的に叩き潰すという態度がある。これは個人的な問題なんですかね。

鈴木　すごくきつい言い方かもしれないけど、稚拙さだと思います。私自身がどこまで大人かは別としても、議論は相手を認めるところから始まるわけで、そういうことができない。逆に言うと、潰すというのは裏返しで、恐いんだと思います。自信があって議論をする人たちは、相手を認めますから。そういう意味では、臆病というか怖いというか、稚拙というか、そういうところから議論を封じようとしてしまうのかもしれませんね。

山口　その、恐れとか稚拙と評される未熟な権力者・安倍と、冒頭におっしゃっていたような、きわめて巧みに政局を切りまわす権力者・安倍という、この二つは共存しているんですか。

鈴木　共存していると思います。巧みさと言うならむしろ、大人の知恵——ずる賢い大人の知恵、一方で稚拙と言うと、子供じゃないの？みたいな。相反するように見えるけど、その稚拙さがゆえにそれが逆バネになるという感じなのかもしれません。政治家って、けっこうそういう人が多くて、「逆バネ政治家」と僕は呼んでいる。幼い時のいろんな体験が逆バネになって——例えば、苦労して本当に苦労して生きてきて、そして世の中を良くするんだと政治家になったら、その苦労が逆バネになっていいことをやるかというと、逆になることもけっこうあります。権力を握った瞬間に権力に溺れ金にまみれてしまうとかですね。

そういった逆バネのひとつで、安倍さんの場合も、第一次政権の失敗体験から「俺は悔しい、絶対に嫌だ嫌だ、仕返しをするんだ」といった感情が逆バネになって、権力を握った後、巧妙で辛らつな大人の悪知恵に変わっている。そういう感じがしますね。

山口　長年、政界、特に自民党をウォッチしてきて、この数年の変わりようにはすごく驚きます。小泉さんの頃からだいぶ変わってはきていましたけどね。小選挙区制を導入して二〇年くらい経ち、その効果が現れて党の執行部に誰も逆らえない、非常に一枚岩的な政党になってきたのかなという印象があります。イギリスでは、トニー・ブレアの労働党で、ブレアたち執行部はコントロール・フリーク（なんでもコントロールしたがる偏執狂）と呼ばれたことがあります。今の安倍自民党にもそれを感じますね。安倍さんに対して批判する人たちが本当にいなくなったのか。そうであれば自民党も近い将来困るだろうと思うんですけど、今、自民党を見ていて、安倍さんが失敗した後の危機管理はできるんですかね？

鈴木　僕は、かなりまずいと思いますね。以前の自民党にはある種の懐の深さみたいなものがあって、右から左までいた。ただ、政権交代が可能だということ、民主党政権がそれを実証した。要するに自民党の中に右から左までいたということは、自民党の一党支配の中で疑似政権交代を行ってきたということで、だからリベラルも存在価値はあったということですね。今度は本当に、政党対政党が政権交代を繰り広げることができるのであれば、自民党は同じ指向や理念を持った人の集団になるべきです。しかし、自民党自身は変わりきれていない。いろんな考えの人がまだ混在しているのが今の自民党だと思いますね。だから、安倍さんのような考えが主流なら、リベラルが自民党を出て行けばいいわけです。でもしばらく自民党は政権に安住できるだろう、という時には、じゃあ中にいてもいいんじゃないのかと。そういうのって、本当のリベラル政治家なんでしょうかね。

次に、今の自民党の中の空気はというと――例えば石破茂さんは僕はお付き合いが長いんです。彼には節目節目でとにかく総裁選に出たらいいじゃないかとか、閣僚をやれと言われたら断ればいいじゃないかとか、失礼ながらけっこう好き放題、僕は言うんです。でもなかなか彼は動かない。彼の性格もあるとみんな言うけど、そうじゃない。石破さんがポロッと本音を漏らしたのは、党全体がみんな、報復をものすごく怖がっていると。

山口　石破さんなんて、自分の選挙は絶対安泰だから、そんなに怖がる必要はないんじゃない？

鈴木　しかも、派閥を作って一九人、自分を入れて二〇人、そういう人たちもいるわけだから。だけど、とにかく安倍さんの恐ろしいまでの人事ですよね。報復・締め付け、これでもう絶対にものを言えない空気になっている。それは、外にいる僕らからは想像もできないくらいすごい雰囲気なんだよ、と彼が言っていた。確かにそうやって見ていくと、やはり安倍人事は容赦がない。今度の甘利さんも、石原伸晃を後に置いたでしょう？　伸晃と甘利って天敵なんですよ、それはご存知ですか？

山口　そうなんですか。

鈴木　山崎派つまり山拓派、ここの跡目争いをやっていて、甘利さんとか野田毅さんが、山崎派の後を継ぐと言っていた。そこを山拓さんが、「こいつらだと寝首を掻かれる」と言って、自分がそのまま権力を維持するために、第三者の、若い奴をということで、引っ張ってきたのが伸晃さん。甘利さんはそれに対して怒って派閥を飛び出した。だから、伸晃さんとは天敵です。これを後釜に据えた。安倍さんは甘利さんは盟友だし、辞めないでほしいなんて言っていても、ハッと気づいたら天敵の伸晃さんを採用している。甘利さんにしてみるとこれはショックで、だけど安倍さんの姿勢は、「いえ、私は信賞必罰で切りますからね」ということで、ピシッとやってみせている。そうすると甘利さんはもう物を言えなくなっちゃうし、それを見せられた党内は「安倍人事は恐ろしい」と、こうなるわけです。

そんなことは他にもあって、この前の内閣改造で、岸田文雄さんが外務大臣で留任したけど、岸田派がたった一人になっちゃったじゃないですか。あれも、実は野田聖子さんの推薦人に岸田派からずいぶんいろんな若い連中がなるということで、それで岸田さんは慌てて全部防いだんです。それで野田さんは総裁選に出られなくなった。だから、ある意味ではよく抑えたんだけど、安倍さんにしてみると、「困りますよ、岸田さん。分かってますよね、こんな騒ぎを起こして。

最後はあなたがちゃんと説得したかもしれないけど、これは困りますよ」ということで、岸田派からの入閣を岸田さん一人にしてあとは全部切ったんです。そうしたら岸田さんはもう、去年の一〇月から安倍さんの前ではすごく頭を低くしていると聞いています。なかなか目には見えないけど、こういうことをやっているわけです。

だから、石破さんの留任するしないの話の時もそうだけど、「これを受けてもらえないなら、あなたについてきた一九人は、僕が総理のうちは永遠に迷惑させられるからね」と暗に伝わるようにする。その一九人は覚悟してきたとはいえ、一九人全員にこの三年くらい迷惑をかけるわけにはいかない。では……というわけで、石破さんは受ける。そのように、人事を非常に巧みにというか、恐ろしいくらい使って党内を締め付けている。だからもう何も物が言えなくなるわけですね。

山口　そういう支配体制ができるというのもすごく不思議な感じで……。どうしても僕らには昔の自民党のイメージがある。いろんな人がいて、総理総裁の威令が行き届かない、それが自民党の、ある種の体質なんだと思っていたけど、もう全然、違う政党になったということですかね。

鈴木　僕はもう、変質したと思いますね。つまり、リベラルな人たちがいて――例えば幹事長は谷垣さんだったし、安保法制の論議だってもう少し幅広くなるかなと思ったら、全然そんなことないでしょう？　有権者は今の自民党を見ていますから、さっき先生が質問された話で言うと、ポスト安倍、つまり安倍さんがいなくなった時に、そこから急に変質して、少し揺り戻そうとか、リベラルな自民党だなんて言っても、もう信用されないところまで強く印象が全体についてしまった感がある。だから、今、安倍政権があって支持率が高いから持っているけど、安倍さんが変わった瞬間に、自民党は音を立てて崩れるかもしれない。

山口　小泉さんが辞めた後、ちょっとそういう時期に突入して、一年ごとに総理が代わって民主党政権に至った。確かに、安倍の後はどういう形になるのか、今は想像がつかないですね。

説明がつかない安倍政権の高い支持率

山口　もう一つ、今おっしゃった高い支持率という話で、これはもう学問的にはどうにも説明がつかない。一応、政治学は、政策とか一般の人々の受益の感覚のようなもので――景気がいいとか年金が上がったとか――そういうもので政権支持を説明しようとするけど、今の安倍政権の高い支持率は、ちょっと合理的な説明はつかないんですね。内閣はすごく支持率は高いけれども、甘利さんの一件だって、あれはあやしい、納得していないと言う人が多いし、政策的に言えば、集団的自衛権に反対だと言う人は依然として半分以上いるし、原発の再稼働も反対の声が大きい。アベノミクスの恩恵についても、そんなにみんなは感謝してないとか実感してない、そういうスキャンダルや政策についての否定的な評価が一般的な状況の中で、内閣支持率だけがこんなに高いというのも、ちょっと今までにない現象だと思う。ジャーナリズムの方からその点はどういうふうに見えますか?

鈴木　それも学問の場合と同じで、不思議です。よく分からないところがたくさんありますね。私などはいろいろものを書いたりするけど、例えばネットの「現代ビジネス」かな、去年の一〇月くらいから始めたんです。ツイートも多くて受けるのは、安倍政権に近い論客だったりジャーナリストの記事だそうです。僕は別に安倍さんは好きでも嫌いでもない。ただ さっき言ったように、政権ウォッチャーの立場としてということで、当然、安倍さんに厳しくはなります。ところが、政権に厳しい記事を書いたら、そういう人気のある右の論客よりもツイート数が多いときがあった。それで、編集サイドの講談社もびっくりして、なんでですかねという話にもなった。やはり潜在的にはそういうものを求めている人たちがいるんですね。

僕がそれで思ったのは、読者を魚に譬えちゃ失礼ですけど、魚の群れが泳いでいるところがあって、そこに上手いことポチャンと、釣り糸を投げ込めていないんだろうなということ。世論で今の政権がおかしいというところに、我々のジャーナリズムが作った何かしらの原稿とか作品が、うまくターゲットとして行っていない。分かりやすく言えば、お昼のワイドショーは一体誰が見ているのか。そこにわざわざ違うテーマを、反応しないのにもかかわらず投げているのではないか。そういうミスマッチがあるんですね。社会構造から言うと、今はネットの世界、それからスマートフォンの時代になっちゃってますから、コミュニケーションも変わってきている。若い人も変わってきている。そういう中でうまく、本当のジャーナリズムにあふれる政治記事なりコンテンツがちゃんと落としこめているのか、そこのある種のマーケティングがメディアとマスコミにできていない感じがしますね。だから、うまく落とせばちゃんと、おっしゃるように半分以上が安倍はおかしいと思っているところに、鉱脈に行き当たるような気がする。それなのにずっとズレを感じるんですね。

例えばスマホなどでヤフーのトップページに――決してヤフーが悪いと言うんじゃないですよ――今日のニュースが並んでいる。「ＳＰＥＥＤのナントカさんが参議院に出る」とかですね。

でも、僕に言わせれば、高市答弁の方が大問題なわけです。タレント候補なんかどうでもいい。だけど、スマホの中でみんなが見るのはヤフーニュースであり、そこでの一番が一番なんですね。我々が一生懸命、高市発言のニュースを持ち込もうとしても、おそらくまったく受け入れられない。だから、マーケティングでメディア側とかジャーナリズムがちゃんとそこに落としこむという、その作業が必要なんでしょう。それがあると、少しは世論も変わってくる。安保法制は、それがピッタリと合った気がするんですね。番組も、放送時間帯も、それからメディアだって、SEALDsなんかもそうだけど、彼らはやっぱりネットから来ていますから、うまく落とすべきところに落とせたんだろうなと思います。

山口　私は大学の教員で、付き合いの世界も狭いし、基本的に安倍が嫌いな人たちとばかり話しているんだけど、鈴木さんはいろんなところで講演もなさっているし、自民党の人とか、その他、安倍に近いジャーナリストとも付き合っているし、安倍でいいじゃん、と思っている人の理由、安倍を支持する理由は何なんですかね？

鈴木　ああ……そうですねえ。おそらくですけど、安倍さんは一回死んだんですよね。第一次政権で、お腹を壊して、もう再起不能だと言われた。週刊誌の編集長のみなさんがよく言っていましたが、「安倍」というタイトルを打ったら売れなかったわけです。「安倍と鳩山由紀夫は売れない」って言われた。それでもう再起はしないだろうという頃に通っていた人間は、非常に限られているんだけど、それでも通っていた人はいる。政治家で言えば、稲田朋美、萩生田光一、下村博文。こういう連中は、苦しい時でも離れなかったというので信頼関係が非常に強いんですね。それから、メディアで言うと名前は控えますが新聞など三社の三人。彼らはもう、安倍さんがお腹を壊しても、再起不能になっても、一生懸命通っていた。だから、安倍さんとは非常に関係が良い。あとの人は行っていませんでした。でも安倍さんが権力を持ってからは、安倍さんの所に行っている。私が尊敬していたジャーナリストの先輩達でも、急に安倍さんの方へ舵を切った方もおられる。それぞれですからね。でもショックも受けました。だから結局は、安倍さんというよりも、権力にすり寄って行く人が永田町には多いんだと、僕は思います。安倍さんが個人的にいいと言う人たちは、さっき言ったように、本当に苦しい時でも行っていた。そういう人たちは思想も合っている人が多いですね。

山口　そうですね。ある程度、思想を共有しているというのかな、まあ分かるんですけどね。

鈴木　ええ。政治家というよりは思想家としてのお付き合いというか。

山口　でしょうね。

鈴木　でも、政治権力を持ったから近寄っていっているという方が大半じゃないですか。僕はそういう気がします。だから安倍さんが権力を失くせば離れていくと思いますね。

民主党はひとつの虚像

山口　次に野党の話をやはりしなければいけないんですけど。もう何と言うか、民主党はやっぱり一回なくした方がいいんじゃないのかという気さえする。

鈴木　先生が言うなら本当ですよね！

山口　相当しびれを切らしている状況です。私も去年の暮れぐらいから、野党の協力で何とか参議院選挙で流れを止める運動をしなきゃと思って、ＳＥＡＬＤｓの学生とか学者仲間といろいろ議論と運動をしているけど、民主党における危機感のなさは、いったい何なんだと、私はちょっと頭を抱えているんですよ。参議院選挙にこのままいって惨敗したら、本当に民主党は終わりじゃないですか。

鈴木　本当にそうですよね。見ていて思うのは、民主党はひとつの虚像なんですね。それは何かというと、政権交代をした時に、ある種の風のようなものがかなり下支えをして、政権を取ったというのもあります。本当に民主党の政策とか民主党の議員の人間性とかに共感し、民主党のこの議員のためだったら俺は命を捨ててもいいぞみたいな、そういう熱烈な支援者がどれだけいたか、実はまだあまりいなかった。

山口　そうでしょうね。小沢さんぐらいですよね、そういうふうに思わせた政治家は。

鈴木　そういう意味では虚像であると。それから、選挙には必要悪ともいえるけど、支持団体ですね。連合、連合と言うけど、連合が票を何票持ってますか、連合の組織率ってどれくらいですか。ただ、連合は会合をやれば人を動員してくれる、ポスターは貼ってくれる、連合がついていると、ものすごく選挙で強い……これが僕は虚像だと思っていて、じゃあ実際に連合がつくことによってどれだけの票の上積みと選挙運動の広がりがあるかと言うと、実は効果のある地域もあれば、思った以上に効果がない地域もあるんですよ。だけど、「連合」と聞いただけですごく大事にする。「連合」という支持団体の虚像みたいなものを、民主党の中には依然持っている人たちがいる。特に風で当選したような人に多い。だからそういう意味では、民主党はいろんな意味で虚像のままずっときている。それがそのまま民進党になって、今いる人たちがいまだになかなか実像を見られない、もしくは見ようとしない、見るのが怖い。

こんな話も聞きました。今、共産党と選挙協力という話がありますけど、下手をして選挙区を限定したりすると、共産党の方が組織票が出るんじゃないかというところが、いくつかあるんですね。

山口　ありますね。

鈴木　野党第一党の民進党が組織票をいっぱい持っていて――例えば三万票とか四万票とか持っていて、共産党は一万五〇〇〇しか持っていないとみんな思っていたけど、実はある統一候補を決めてやったら、共産党は一万五〇〇〇出したけど、民進党の組織票は五〇〇〇票しかないかもしれないというところが、けっこうあったりする。そういうふうになってくると、民主党としてはそれを表には出したくないという心理もある。つまり、虚像というものに何となく自らも振り回されてきたというのが民主党だと、僕は思うんですね。自民党に対抗する勢力、野党がいなければ、政治に緊張感がないし、国民の選択肢もなくなる。だから絶対に野党はがんばらないといかんと思っているんですね。

民進党に欠けているなあと思うものは、今言った虚像に振り回されているということと、「裏の顔」。よく「表の顔」と言われるもの、例えば安倍さんに対抗するということであれば、野党は誰が総理候補なの？　岡田さん？　岡田さんじゃ弱いじゃないか……と、こういうことをよく言う人がいる。僕は実は表の顔は誰でもいいと思っていて、「裏の顔」が必要だと思うんですよ。裏の悪役というか、これがいないことの方が、今の民進党の弱点だと思っています。どういうことかというと、今のこの状況の中で、ある程度ゴリゴリと押しながら野党が統一候補なり共闘体制をつくっていく仕掛人、裏の悪役、「清濁併せ呑む」みたいな、そういう人がやっぱりいないのが弱点だと思います。いつも僕は自社さ政権のことを言う。あんな理念も何もない政権はないんだけど、もう政権に戻らないと自民党がダメになるぞというそのたった一念だけで、しかも当時、自民党は二二〇議席持っていて、それで社会党とさきがけでしょ。二二〇議席持っている自民党が一番後ろに下がって社会党の首相をウラで必死に支えた。ああいう芸当が自民党にはできる。それをやったのが亀井静香、野中広務、森喜朗……まあ、オールスター悪役ですよ。この三人みたいな人が、今、民主にいるかと言ったら、いない。

政治は権力闘争である以上、あの時の自社さもそうだけど、とにかく一回政権に戻ろうと、それから考えればいいじゃないかという、清濁併せ呑む割り切りが必要だと思う。民主党の弱点は、虚像に振り回されている、それから裏の顔がいないこと。表は岡田さんでも、細野（豪志）さんでも、前原（誠司）さん、長妻（昭）さんでも蓮舫さんでも、誰でもいいんですよ。肝心な裏の顔がいないとね。

民主党は危機感がない

山口　虚像というのはおっしゃる通りで、小選挙区を導入して以来、自民党じゃない政治家の行き場を作るために野党の政党再編がずっと続いてきた。小沢さんが新進党で失敗して、自民党とくっついた後で離れて、あとは民主党しか行き場がないということで、二〇〇三年以降、小沢さんも含めた民主党という体制で党勢拡大をして、最後は政権交代まで行った。非常に悔しいけど、政権交代を起こした時点で、民主党の存在理由は終わってしまったんですね。民主党はともかく政権交代を起こすためだけの政党だったという面がありました。

今、アメリカ大統領選挙の予備選挙をやっていて、ちょうど昨日はニューハンプシャーの予備選挙でサンダースという民主党の左派の候補が勝ったということで話題になっていた。選挙が盛り上がるというのは、やはり人々を鼓舞するものがあるからですよね。サンダースの場合は、若い人たちが今、周りに集まっていて、主張も、最低賃金を上げるとか、大学の授業料をタダにするとか、国民皆保険とか、非常に民主党リベラル派の政策を強烈に打ち出してきている。その周りに若い人が集まってきて一生懸命ボランティアをする。政治にまだある種の希望を持って自発的に動くエネルギーを受け止める部分がアメリカの政党にあるというのは、日本とは全然違うなと思いますね。

自民党は、まだ業界団体とか、イデオロギー的な理由で結びつく人たちが一生懸命動くけど、民主党は、連合が組織的提携の関係の中である程度世話はしてくれるけど、民主党にこれを託すとか、こういう社会を作るために一緒に頑張ろうという気持ちを持って応援する人なんてほとんどいない。そこが日本の政党、特に民主党の弱点ですね。永田町で野党の政治家をかき集めて、とりあえず大きな数のかたまりを作って自民党に対抗する戦略論は、もう一回終わったわけですね。最初の政権交代はそれでよかったけど、政権を取っている間に民主党をモデルチェンジして、自民党に対抗する別の政策の基軸をたてるという作業までいかなかった。そして消費税の問題で瓦解した。また振り出しに戻った、しかも非自民結集戦略は、もう二度目は使えないという状況の中で、今、何を軸に動くか……。

鈴木　ジレンマがおありでしょうね。

山口　私なんかは、基本的にはリベラル派と付き合っているから、去年の安保法制の問題などで、安倍さん的な改憲路線に対決していく穏健な民主主義・立憲主義の政治路線で、もう一度、民主党を建てなおすということをとりあえず追求してきています。岡田さんは分かっているけど、やはり民進党からは依然として、安倍さんの改憲路線を止めるんだという強いメッセージが見えてこない。去年の安保法からのいろいろな経緯がありますから、安倍さんの改憲路線に対抗する市民は、野党がちゃんとまとまって闘ってほしいという思いを強く持っている。今の民進党みたいに小沢さんとは一緒にやれないとか言っていたら、エネルギーが分散してしまう。そこでもう、私もほとほと苦悩しているところですよ。

鈴木　本当にそうですよね。だから、先生のような立場の方のほうが、むしろ接着剤になれるというふうに僕なんかは見ている。だけど一生懸命、接着剤になっても、政治の方が反応しない。本当にびっくりするくらい、危機感がないんですよ。

　政権交代の前くらいに民主党がガーっときた頃から、わりと民主党には若い優秀な方が多かったじゃないですか。それで、「我々は政局にはしない、政策でいく」のだと言っていた。まあ正しいんですけど、でも、政局と政策がセットで政治なんですよね。

山口　そうですよね。

鈴木　政策だけやりたいなら公務員とか官僚になればいいわけで。やっぱり政局とセットで政治、政局というのはもう何でもありの喧嘩ですから、さっきの自社さのような、考えられないことをやる。「野合だ！」と言われたら、「いや、救国内閣だ。救国で何が悪い」と、ひとことで済ませる。だけど民主党は、「共産党と組んではおかしい」と言われたら、一生懸命それに答えようとするでしょう。良くも悪くも民主党は真面目なところがあって、そんなの適当に言っとけばいいじゃないか、というようなことも、必死に真面目に考えちゃう。

　例えば、自公の選挙協力ってもう盤石じゃないですか。それでも最初の頃は、自公連立政権ができても、選挙区の調整がつかないところがけっこうあった。それで僕がずっと取材に入っていたのは、東京の一七区で、今の公明党代表の山口那津男と平沢勝栄が二回戦っているんですよ。政権で自公連立ができても、選挙になればこの二人は二回戦っている。二回とも那津男さんは負けて、それで参議院に行った。つまり、選挙協力と言っても、全部が最初からうまくいくわけないんだから、ここは仕方ない、戦おうということがあってもいい。だけど、それもゼロか一〇〇みたいな議論になってしまうと、一歩も前に進まない。良くも悪くも、真面目に世論の批判とか自民党からの批判を受けてしまう。放っておけばいいんですよ。そういうところも必要かなと思います。

民主党からも連合からも別の選択肢が出てこない

山口　確かに、政局の発想を持った汚れ役みたいな要素という話を聞いていて、やっぱり小沢さんくらいしか思いつかない。その小沢さんも、民主党を飛び出した後は失敗の連続で。ちょっと今は手勢も少ないし、動きようがないという状況で。

鈴木　本人はすごく元気で張り切っているんですけど、小沢さんが汚れ役をやれるかというと、やれる発想は持っているけど、小沢さんの名前を聞いた瞬間にもうアレルギーがあるでしょう。だからなかなか小沢さんがそれになることができない。それから、例えば民主党であれば輿石東さんとか、とんでもない人もいたけど、もう引退ですから。北澤俊美も引退でいなくなってしまう。維新の松野頼久も根回しや国会対策など、裏わざを得意としていますけどね。民進党だと、なかなかいない。じゃあいないじゃんという結論になるけれど、僕は一人いると思うんですよ。

山口　ほう。

鈴木　それはですね、岡田さんなんです。岡田さん自身が、それをやれる唯一の人間だと思っています。いつも言っているのですが、よくご存じだと思うけど、岡田さんってすごく頑固で。頑固というのは、だいたい、あまり性格的には褒められた話ではない。「頑固で全然言うこと聞かない」とか。でも、今度「新党を作るぞ、野党すべて結集だ！」と彼が決めて、そして頑固に、何と言われようと「新党」と言えば、岡田さんは多分、歴史に名を残す。彼の頑固さが初めて評価されるタイミングに来ていると思う。岡田さんみたいな原理原則主義者が、そういう政局観で決断をしたとすれば、インパクトも半端ではないですからね。裏で根回しするような――馬淵（澄夫）さんとかが一生懸命やっているけど、もうここまできたら岡田さんがバーンと決めて、それであとはみんなでやってくれ、ぐらいのつもりでやる。僕は、悪役は岡田さんが適任だと思っているんですよ。そういう話を、直接は出来ていないですが、周りの人には言ってるんですが。

山口　この間、仙谷由人さんと久しぶりに飲んだ時に、今の民主党は社会党末期に似ているという話をしました。ジリ貧だということは誰の目にも明らかだけど、何か積極的に自分たちがアクションを起こして、別のものに作り替える意欲がないのかな。覚悟がないというか。死に向かう病で緩慢に衰弱していくという状況に慣れてしまっている。

連合も、一回政権交代を起こして、次またやろうという気持ちは、今は多分、持っていないと思う。もう面倒くさいというか。政権をとってもあまりいいことはなかった。本当は社会保障や雇用政策でいいこともあったんだけど。今は安倍さんも賃金を上げろと言ってくれているし、民間の大企業に限ってみればトリクルダウンの恩恵もあるし、まあいいか、という退廃した満足感がすごく感じられますね。二、三代前の連合の会長と今とでは、全然雰囲気が違うんじゃないかな。それで、参議院選はとりあえず民主党の比例で大きい産別（産業別労働組合）の候補が一二人も出るんですが、これが非常に悲惨な椅子取り競争になっている。一二のうち、たぶん五とか六しか残らない。

鈴木　だって、トータルで一桁という話もある。

山口　でしょう？　七とか、良くて八とか、そんなもんでしょう。

鈴木　昨日、そういう話が出ていましたよ。

山口　ええ。そういうことは誰の目にも明らかなのに。縮んでいくパイの中でとりあえず分け前をもらおうかという発想で、政治家も連合も動いてしまっている。国民から見れば、本当に別の選択肢が出てこないという状況なんですね。二〇年前に選挙制度を変えた時に、小選挙区制にすれば自民党に対抗する勢力がまとまらなければいけないから、二大政党制ができるだろうという話をしていたけど、小選挙区制で求心力が働くのは自民党の側で、野党の方は全然、求心力が働かない。これも、政治学的にはすごく頭の痛い問題ですね。「お前ら、このまま行ったら死ぬぞ、まとまれ！」とか言っても、まとまろうとしない。

鈴木　そのような選挙制度の問題もあるでしょうけど、もしかしたらこれは壮大なる実験かなとも思っている。実は有権者の方が、もう実際にこの二大政党制という実験に参加して試した、つまり、民主党政権を試しに誕生させてみたということです。ところが政治側が、この壮大なる実験に対して、まだ何も答えを出していないと僕は思う。政権交代可能な二大政党制、これも一回替わったらではなくて、三回四回と右から左に替わっていくことによって、選挙制度を含めて、二大政党制が果たして良いのだろうかという結論が出てくる。政治側がそれに答えなければいけない。その責任は、民進党を含めた今の野党にはすごくあると思うんです。有権者は思い切ってそういう実験に参加したのに、まだ政治が参加していない。もう一つの大きなかたまりを作るというのは、それだけでも大義があるわけでしょう。中の細かい政策が合う合わないではなくて。

日本の二大政党制として、その選挙制度が日本になじむのか、それが正しいのか、それがもたらすダイナミックな政権交代が可能な政治とはいったい何だろうかと実験してみる。それをやることによって緊張感が生まれ、より国民を見るようになる。まだ壮大な実験は続いているんだから、そのためには、今こっちがバラバラで少ないんだから、一つになろうねと、これだけでも僕は十分、立派な大義だと思いますよ。

山口　そうですね。もう一つの選択肢を作るというのは、デモクラシーにとってはたいへんに意味のあることで。ここは長い時間軸で野党の再構築を図らなければならないという理屈も分かります。他方、安倍政治の暴走を見ていると、残り時間はあまりないという焦りもあります。

鈴木　僕は仕組み論者ではないけど、政治の仕組みという視点から見れば、野党が今一つになるのは野合でも何でもなくて、意味のあることだと思います。

安倍の上書き政策に騙されている

山口　もう一つ、さっきから言っている、国民が評価しない安倍政権の政策に対して対抗するものを用意する――安倍政権の政策に不満な人たちが支持できるパッケージを作るということは、そう難しい話ではないんですよ。世界的に見ても、貧困・格差の深刻化に対して、金持ちだけ儲けさせてはいけないという路線でリベラル派が勢いづいている国がいくつかある。民進党もそこを見て動けばいいと思うけど。そうか、岡田さんの決断ですか。

鈴木　ちょっと逆説的なんですけど、岡田さんがダメだと言われていて、ダメな人が決断すればインパクトは百倍ですから。そういうのも、権力闘争の一つの戦略であり、手段であり、ずる賢い手段なんだけど、そういうことをやはり野党はやらないといけない。これは、志位和夫（日本共産党委員長）さんがやってもダメなんです。

山口　ダメでしょうね。

鈴木　でも、少し前から共産党は、「一点共闘主義」の現実路線に変わっていましたから。だから突然やったのではなくて、あそこも自問自答しながら現実政党に変わりつつありますね。その延長線上にあったんだけど、例えば安保法制、これは最後は数で行ってしまった。本気で潰すために表では頑張るけど、共産党は――志位さんは、もう八月のお盆くらいから、最後に数で通されたらどうするかということを一生懸命考えていた。当時、その後の展開のこと、例えば今の反対の盛り上がりをどう効果的に利用するか、強行採決の日にいきなり、間髪入れずに「救国のための暫定政府」構想をぶち上げるとか。

民主党には、そういうことを考えていた人がいないんですよ。ああいう時こそ、カレンダーを見てもう少し早く……だって現実的な喧嘩としてはもうやられちゃうんだから、その日に何をやるとか、悪役とか、そういうことを考える人がいないんですね。だけど僕は、岡田さんが会っている人たちの取材などから何となく岡田さんの新党や野党結集の決断を信じているところはありますね。

山口　世論調査を見ても、内閣支持率は高いけれども、中身がすごく固まった支持ではなくて、「他にいない」とか、そういう脆い支持だから、何かのきっかけで変わると思う。例えば経済も今、相当な混乱で、アベノミクスも断末魔状態だし。私は例えば年金基金で株をたくさん買い込むとか、日銀がマイナス金利をつけるとか、一般国民に全部ツケを回すようなことをやってアベノミクスはけしからん、という状況が、選挙前には出てくると思うんですね。

鈴木　さっきのコミュニケーション戦略、つまり政治家がメディアをどういうふうに世論操作するのかということ。基本的には「上書き」という言葉があって、不祥事なりいろいろなものを打ち消すために、どんどん政策を上書きしていく。安倍政権は、もう今はその上書き状態に入っていて、それは、参議院選挙も憲法改正もあるので、今さら支持率を落とせないから。例えば年金の低所得者に今年中に三万円配るとか、子育て施設を作るとか、介護の施設も作るとか、これらは全部上書きです。

そもそも、安倍政権は二〇一三年に社会保障のプログラム法を作って、基本的に介護・医療を含めて社会保障はサイズを削っていく、そしてどんどん地方に押し付け、家庭に押し付け、地域に押し付け、それで国は支出を抑えていきますよ、とした。このプログラム法があるにもかかわらず、「一億総活躍」なんていうのは欺瞞で選挙運動で国民運動に過ぎない。子育てを応援するために施設を作る、金をばら撒く、介護のためもっと施設を作るという。もう政策的にはめちゃくちゃなんです。そういうことではあるけど、やっぱり上書きされると、「ああ、やっぱり三万円はもらえた方がいいよね」とか、「施設を作ってくれるのはいいよね」となる。そこの矛盾を、なかなか有権者には難しいから、メディアが「それならプログラム法はもう一度改正しなさい、議論しなさい」というところへ戻さないといけない。そういう上書きにずっと騙されているところがありますよね。

山口　確かに。何かがんばっているなという印象だけは与える。海外にもよく行っているし。

鈴木　そうなんですよ。

民主党議員は毎日、朝から晩まで街頭演説を

山口　私はとにかく、今度の選挙で民主党にもうちょっと頑張ってほしいと思うのですが、さっきも言ったけど、やっぱり社会運動とか——特に若者など市民の参加を引っ張り出さないと、勝てないんですよ。自民党は圧倒的に、強い組織、基盤を持っているわけですから。いろんな知恵も持っているし。何か別の武器と言いますか、別の資源を自分たちが持たないと、対抗できない。今、永田町にいる議員たちが徒手空拳で、彼らだけで戦おうとしている。そこが民主党の一番の課題だと思う。

鈴木　これは、去年の安保法制よりも前、二〇一四年の総選挙やその前くらいから僕は言ってい

るんです。要するに国会の赤絨毯の上では、もうどうしようもないんですよ、数もないし。ならば何もないかと言うと、毎日キャラバンで、朝から晩まで——右の団体が新橋で朝から晩まで喋っているけど——民主党の落選議員から何から全部、毎日街頭でやれと。三六五日、雨の日も雪の日も。そういうこともやっていれば、そこから何かが開けてくる。実は、細川政権で自民党が下野した時に、自民党の若手職員が「街宣車が余っているなら貸してください」と言って、彼らが街宣車を外に出して、一日交替で毎日演説をしていた。

それはあまり話題にはならなかったけど、民主党はそういうことはやらないんです。やっぱり赤絨毯の上、もしくは委員会でのテレビカメラの中継が入っているところで何をやるかというパフォーマンス。それが最大の効果と言えばそうなんだけど、政党交付金だって、百何十億かは知らないけど貯金を山ほど持っているんだし、車をいっぱい動員して、あとは落選議員たちも立てて、朝から晩までずーっと街頭で演説する。そうすれば一人や二人は集まってきますよ。そういうことからもう一度やった方がいいと僕は言っていたのですが。どこか最小限の努力で最大限の効果を生む方法は何かというような、そういう頭の良さがあるから……。

山口　秀才の発想なんですね。

鈴木　そうなんです。だから、悪役の顔がいないというのもそうだけど、やっぱりそのへんが決定的に足りない気がする。それをやっていたら、話題にもなるし、メディアも取り上げる。三六五日、岡田さんを含めて、毎日街頭で朝から晩までやっていれば、何かあればメディアはそこに撮りにくる。そういう、ものすごくアナログな部分が必要だと、僕は思うんですよね。

山口　そうですね。昔、一九九七年のイギリスの総選挙の時に、しばらくイギリスに留学していました。負けた保守党の方の話ですが、「保守党の議員はしばらくテレビに出るな、ゆっくりものを考えろ」といったアドバイスをする古いジャーナリストがタイムズに寄稿していて、すごく印象に残っています。今おっしゃるのも、同じような話だろうと思いますね。

鈴木　それと、民主党に対して僕がすごく思うことは、かつてウチの故郷の「爆弾男」と言われた楢崎弥之助という社民連の衆議院議員がいました。この人が委員会で質問に立つと、みんながウワッと震えあがった。何を調べてきて何を出されるかわからないと――爆弾を。政権交代前の民主党は、そのへんの調査能力と質問能力がすごかった。ミスター年金と言われた長妻昭さん、それから、耐震偽装の馬淵澄夫さん。やっぱり年金と耐震偽装は、歴史に残るテーマであり、思想だった。これを独自にやった、これが今はないですよ。全部、週刊誌が先行して、それをパネルにしている。

共産党が、安保の時に少し独自に自衛隊の情報を取ってやっていましたけど、今、民進党に、そういう僕らの世界で言う「スクープ」を狙うといったものがないんですよね。そういう調査能力を含めて、相当に落ちているなと思います。一時は与党でいたんだから、官僚だって何だって多少のネットワークはあるでしょうから、うまく使ってやればいいのに。

山口　そうですよね。霞ヶ関も一〇〇パーセント安倍カラーに染まっているわけではないですからね。

鈴木　そうですよ。

山口　この間、仙谷さんと話した時も、野党時代から彼は、いろんな人を集めて自由に利用できるサロンみたいなものを続けていて、それが与党になった時も活きたという話をしていた。今のままではおかしいと思う官僚なりジャーナリストなりが議論をして、次のチャンスが来たらこういうことをやろう、といった議論の空間と人的ネットワークを持つということが、今の民主党にはない、ということを嘆いていました。

鈴木　これは、今日やって明日答えや結果が出るようなものではないから、ずっと続けて続けて続けて……五年越し、一〇年越しで活きてくるような、そういう長期のものがないと。どうしてもバブルな政党といった感じがあって、バブルな政権交代だったということになる。そういうものは、一方で腰を据えてやらなければいけないんだけど、それも全部途切れてしまっている。

小泉進次郎は二〇二〇年の政権構想を見据えている

山口　安倍政権がこのまま選挙で大勝して、ましてや解散もやって、衆参で三分の二という話になったら、かなりまずい――Point of No Return という言葉を私は最近使っている。でも、そうは言っても日本の民主主義は終わるわけではない。安倍だっていつかは辞める日が来るでしょう。今おっしゃったように、今年の戦いは大事だけど、五年くらいのスパンで、オリンピックの後の日本とか、そういう構想も必要ですね。

鈴木　そうですね。例えば、自民党で言うと小泉進次郎がいて、将来、総理候補と言われている。彼は、今起きていることとか、今、安倍政権がやろうとしていることには、言葉は悪いけど、見向きもしていないんですよ。彼はとにかく、ポスト二〇二〇年、つまりオリンピック以後の日本をすごく意識している。オリンピックまでは、まあ何とか、いろいろ嫌なことやダメなことがあっても、みんな空気を盛り上げてやっていくだろうと。だけど、オリンピックが終わったら、一気に「祭りの後」で、負の遺産が全部バーッと出てくる。不動産はもちろん、経済も、少子高齢化も、それから認知症は一〇年後には一〇人に一人だと言われている。介護の問題も一斉に噴出し、人口減で消えて行く自治体もある。とにかく、次から次にたくさん出てきて、ポスト二〇二〇年は、ろくな日本ではないわけですよ。そこに向けて身の丈に合った政権構想を作るべきではないか、ということで、今いろいろな課題を勉強しているのが進次郎さんですね。

彼の話が出てくるといつも僕は、じゃあ進次郎に対抗する野党の政治家は誰がいるだろう、と思うけど、いない。みんなそれを考えていないんですよ。今の安倍政権に対抗するのは誰かとか、安倍政権の次だったら、次の世代だから細野さんだねとか、そういう話にはなるけど、もっと五年先、一〇年先の進次郎を想定した、彼に対抗する民進党の誰かを作らなきゃいけない。もしくは若手が集まって、そこを意識して、まったく今の世の中とは違う時空で政権構想を練るとか。僕が取材しきれていないだけかもしれないけど、あまりない。

山口　そうですね……玉木雄一郎くらいですかね。

鈴木　あと、印象に残っているのは、以前、笠浩史衆議院議員と話したんですが、若手らしくとても共感することを言っていました。彼は二〇四五年からの日本、二〇四五年に政権構想をまとめるべきだと言うんですよ。普通は五年後とか一〇年後とかだろうに、なんで二〇四五年なの？と訊いたら、「戦後一〇〇年」と言うんですね。「一〇〇年――つまり戦争が終わって一世紀経ったら、もう日本は新しく生まれ変わっていいんじゃないか、そこを目がけて僕は勉強していく」と言った時に、僕はけっこう感動した。そういうふうな時間軸で考えている政治家は、あまりいないですよね。付け焼刃で、目の前のことしかない。だから、民進党はおそらくそういうところ。自民党には小泉進次郎みたいなのがいるわけだから、ずっと先を考えて、誰かが今もう動いてなければいけない。目の前の野党統一とか、今年の戦いとは別に、重層的な政党にしていかないといけないですね。

山口　確かに。私なんかも、人生あと残り何年かなんて思うと、目の前のことばかり考える。そうですね。二〇四五年。

鈴木　去年、『週刊現代』の特集記事に衆参ダブルの場合の予測があった。僕はその予測には関わっていませんが、インターネットで世論調査をやる専門の会社があって、そこで一二月に今年の参議院選挙の投票先を調べた。「自民党に投票します」というのが四割近くある。理由を聞くと、八割が「他にないから」。……八割ですよ。先生は詳しいと思うけど、安倍さんを「積極的に支持する」がネットの世界では二割しかいなくて、八割が「他にない」だったんですね。さっきの僕のツイートの話もそうだけど、ネットにはネット右翼がいっぱいいて、安倍さんを好きな人が多いのかと思われているけど、実はそこには魚がいっぱいいて、そこに釣り糸を落とし込めばいい。他というのは野党のことですから、だから、やれるんですよね。下地はあると思います。そのへんを根拠にしているんですけどね。

私は、個人的には絶対、圧倒的に、これからの政治テーマは社会保障だと思っています。だから、そこで民進党がかなり独自の色を出せると思っている。これは、瞬間的にパッとブームになって、「社会保障の民主党、いいね！」とは盛り上がらないかもしれないけど、でも私は、対抗軸を出すとすればこれしかないと思いますね。成長戦略なんてものは、民進党はあまり気にしない方が逆にいい。多分、似てきてしまうんですよ。アメリカ大統領選挙の民主党のサンダース氏の旋風に倣えば分かる。

山口　うん、そうでしょうね。

鈴木　相違点がなくなるから、「経済？　経済が重要だという人はどうぞ安倍さんに入れてください」と民進党が言えばいい。「でも皆さんいいのですね？　一〇年経ったら、一人暮らしで明日死んだ方がいいという生活になっても、それでよろしいですね」という争点ぼかし、争点外しみたいな戦略の方が、僕はいいと思います。さっき言ったように、すごく真面目だから、対抗して「憲法改正……いや、反対じゃないけどどうだ」みたいなところにはまっていくと、余計分かりにくくなる。だから、成長戦略とか経済の部分は適当に箇条書き、しかも一〇〇個ある中の九九番目に書いてもいいくらい。そういう勝負の方がいいと思います。政治に対して意識の高い方たちや、ＮＰＯなど社会活動をしている方たちの集まりで講演することがありますが、彼らは経済最優先ではない。自分が金持ちになるにはどうするかというようなこと、成長戦略よりも、社会保障とか身の丈に合った生き方・制度、原発も含めてですが、さっき言ったような魚がいるとすれば、そのあたりだと思います。

山口　そうですね。この間、前原さんと会って、それから野田さんとも話したけど、二人とも、ともかく今は再分配だ、社会保障だと言っていました。なのにそんなに人気がないのは、個別の政策というより、何か全体の信頼性の問題なんですね。こいつらは本当に真面目にやっているのか？というような。

安倍政治に対する怒りを前面に出してもう一つの日本の姿を訴えることこそ、野党の使命です。

VI

憲法を根付かせたリベラルの伝統

外岡秀俊 × 山口二郎

政治から切り捨てられる被災者

山口　外岡さんは原発の取材もされてきて、3・11から五年というテーマでまずお聞かせ願います。五年経って原発再稼動は進むし、線量が下がったから避難民は家に帰りなさい、という政策も進んでいる。日本社会の変わらなさ、学ばないということについて、ため息をつくばかりです。この五年間を振り返って、どんな感想をお持ちですか。

外岡　水俣病の患者さんに対する対応の仕方などとまったく変わってないという既視観がありま す。阪神大震災と違うところは、社会の包摂力が弱まっていて、被災者を切り捨てる感じが強くなっている。

山口　柳広司の『象は忘れない』という小説を先日、読みました。福島を舞台にした短編集で、被災した人たちが差別されている現実がある、被災者自身がすりきれそうになっている、ということをテーマにしています。水俣との共通点では、ギリシャ神話のプルクルステスのベッドというたとえ話で学生には説明しています。プルクルステスは、追いはぎで旅人を捕まえてきて、自分の家の狭いベッドにくくりつけ、ベッドからはみだした手や足の部分は切り刻んでしまう、という残虐な趣味を持った男です。これは人間の持っている認識の限界、落とし穴を物語っている。狭いベッドに相当するのが、日本の社会では、予算の制約とか法律の枠のことです。はみ出す手足を切り刻むのは、その予算の制約や法律の枠にはまらない部分は切り捨てる、という発想で、被害の実態に合わせて、お金を使う、法律を作るということではないのです。そこからはみ出す部分は、自己責任にされてしまう。自主避難などとも言われる。こうした政府のやり方が、本質を説明していると思いますね。こういう発想をずっと繰り返してきた。水俣病の定義が狭かったのと同じことが、今回の被災者についても繰り返されてきている。「線量が下がってきたから、これ以上避難するのは自分の責任において」と言って、帰還政策を進めていく。

外岡　除染がすんだから帰ってもいいですよ、というより、一〇万円の補償は切りますよ、という政策が先行していたわけですね。だから帰還しなさい、と言って避難解除をすすめる。帰っても生活の基盤をもてない実態には、目をつぶっている。

山口　震災直後には、絆というスローガンが叫ばれ、国民の一体性でがんばれ、みたいな言葉が飛び交っていた。部分的にはレベッカ・ソルニットの言う災害ユートピアのような連帯の機運があったと思います。しかし、今や絆が形骸化してしまい、政治も実態から目をそむけ、切り捨てを行っている。冷酷な政治に対する人びとの憤りも最近はあまり感じられない。なぜなのでしょうかね。

原発事故は日本の権力構造の中枢を少し垣間見させたという感想をもっています。外岡さんの著書『震災と原発　国家の過ち』（朝日新書）でカフカの「城」にからめながら、震災後の日本を論じた章がありました。あれが非常に印象に残っています。権力の中心に誰がいるのかわからないことのもどかしさや不気味さですね。原発事故については、誰がこの国で政策決定を行ったのか、権力と責任の不在を見せつけられた感があります。厚い壁の部屋の周りをぐるぐる回っているような。政治学をやっていても権力の本質は見えてこないと、3・11の後にはもどかしさを感じますね。

民主主義というなら、責任を明らかにするとか、被害の実態に合わせて予算や法律を作る話になるはずなんだけど、どこかで誰かが先に決めている。ドアの向こうで大事なことが決まっている印象です。帰還政策もそうだし、原発再稼動もそうですね。

政権批判を躊躇している野党

外岡　震災を挟んで二度の政権交代があり、民主党が下野して自民党が政権に復帰しました。この二度の政権交代は、長い目でみると大きな意味があったと思います。それで変わったこともあり、変わらなかった日本社会の姿も見えてきました。政府の姿勢は、民主党も自民党も、沖縄に対しては変わらなかったですね。この構図は何なんだろうと、沖縄の人たちは感じている。それは差別ということでしょうね。なぜ変わらないか、変わらない構造は何か、それを問うことは、戦後民主主義が成熟していくための通過点になる。変わらないものをどう変えていくか、課題が見えてきたと思います。

山口　その課題は同感です。長い目で見れば、本当に次に変えるために、どういう政治であるべきか。民主党政権でも変えられなかったのはなぜか、何を教訓とすべきか。

国民が別の社会のかたちを求める意欲を失った、というのが現状だと思います。ここをどう突き抜けるか、私も悩んでいるところです。一方、権力側は、綻びかけた体制を強化して、国民からの批判を封じ込めるような策を打っている。メディアへのコントロールもそうですし、究極的には憲法改正ですね。

外岡　ヨーロッパの八〇年代、九〇年代のような、現実政党として政権を担える社民路線を日本でも周回遅れで実現できる時期が今だと思いますね。

山口　現状認識は私も同じです。震災から五年経って、福島の被災者が切り捨てられている、それは日本の未来の姿の先取りですね。人口減少や地方の陥没、医療の不足、貧困などの問題が、近い将来、現実化していく可能性が大きい。政治がそれにどう対処しようとしているのか。

今の民主党は政権を批判するのを躊躇している、という感じが非常にある。別の選択肢を出すことを遠慮している。メディアも同じですね。

外岡　野党が批判することをやめてしまうと、選択肢をどんどん狭めてしまう。民主主義の可能性からいっても、野党は批判し続けなければならない。そうでないと、みんなが同じ方向に突っ走ってしまう。

山口　自民党政権が長く続く中で、一度変えなければならないという目標が大きすぎたのも、二〇〇九年の民主党の政権交代がうまくいかなかった一つの理由なのかな、という気がします。もう少し普通に、一〇年に一度、政権交代は起こるという土壌であれば、政権交代にエネルギーを投入しすぎることなく、政策のプログラムを改良するなどにもっと力を注いで実行可能な政策を用意することができたはずです。そこへ行く前に政策を実行していく能力という点で、力不足が露呈した感じですねえ。

外岡　沖縄返還の時の日米の密約とか、民主党政権でなければ明るみに出せないこともいろいろあった。また、政権交代があって初めて、これは政権の問題ではなく、もっと日本社会の深いところにある問題なんだと気づいたこともあった。学ぶべきことはたくさんありました。二度の政権交代があって、野党は、何が見えてきて、何を変えなくちゃいけないのか、もっと前向きに考えるべきだと思いますね。

山口　アメリカ、イギリス、フランスを見ていて、リベラル勢力が冬の時代をむかえたこともあった――イギリスのサッチャー時代とか、レーガン、ブッシュ時代のアメリカとかそうでしたね。またいずれチャンスが来るわけだから、その間にも議論を続けていく、準備をする、そうして、外国のリベラルは立ち直っていった。この夏の参院選で安倍政権が憲法改正を打ち出してくる、さあ、大変だ、と野党は大騒ぎする。もちろん、野蛮な憲法改正を阻止することは必要ですが、同時に長いスパンでみていくことも大切でしょう。政治の別の可能性を考えることも必要でしょう。

外岡　ドイツでは、社会民主党が安全保障政策を転換して、緑の党と一緒になり、環境政策に取り組んで、八〇年代の大きな転換を迎えましたよね。イギリスでもブレアが登場して、競争力を維持しながら福祉政策に力をいれた。クリントン、ゴア政権は、左派的な民主党から国民政党に脱皮させた。日本だって、かなり遅れているけれど、左右の構図ではない結集軸を模索する時期じゃないですかね。

山口　新自由主義、アベノミクスは、中間層を衰弱させていく、二極化をもたらすのははっきりしている。トリクルダウンが起きないこともはっきりしている。中間層に向けたメッセージが今ほど必要な時はない。憲法問題で闘うことももちろん必要ですが、社会経済政策でも、アベノミクスがここまで行き詰まってくると、対立軸を立てることは簡単にできるはずですよね。

外岡　成長か分配かという構図の中で、成長も大事だけど再分配も大事だという従来の論法は訴求力をなくしてきている。成長が必要なら、どういう成長戦略を考えるのかというのがまずあって、その上で、成長した分の再分配をどのようにするか、きちんと考えることが大事だと思います。少子高齢化が進んで、社会保障費が年々一兆円ずつ増えていく。どうやって経済をまわしていくのか、その議論を避けてはいけないと思いますね。野党は成長戦略についても、きちんと対案を出すべきです。

山口　民進党の野田前首相や前原さんまでも、アベノミクスは間違っている、トリクルダウンはない、と最近はっきり言っている。民進党流の、人に対する投資を軸にして、内需を増やして、国内経済をもう一度活発にしていくというビジョンを出せると思います。憲法・平和の問題を契機に政治に発言することを躊躇しない市民が増えてきた。彼ら、彼女らは、自分たちが抱えている具体的な問題、さらに言えば苦しさを他者に対して表現することをようやく始めましたね。保育所の問題とか最低賃金を上げるとか。

外岡　トリクルダウンが破綻しているというのは、第一次安倍政権以来、となえてきた結果がこれですから、国民の大多数が気づいていることでしょう。実質可処分所得が減ってきている。成長戦略でアベノミクスの第三の矢が見えていないわけですが、どういう分野で成長させていくか、どう再分配をするか、野党もきちんと案を出していかなきゃいけないと思いますね。

例えば、高度医療や美容とセットにして長期療養型の観光でアジアの富裕層を呼び込むとか、アジアへのロジスティクスを整備して、農林漁業の六次産業化を後押しするとか、できることはまだたくさんある。北海道では、地球温暖化を見据え、北進する果樹の育成や、氷山が融けて新たに生じる北極海航路の研究を始めています。

少数意見と全体主義は表裏の関係にある

外岡　安倍首相はタカ派だとは思いますが、私は、右派だとか極右だとかは言わないようにしています。人を右派だと決めつけることは、自分を中道ないし左派だと自己規定することですから。それはあくまで相対的なもので、レッテル張りにすぎない。きちんとした内容ある批判になっていないと思いますね。安倍さんが目指しているのは、非立憲に行きつつあるんじゃないかという危惧をもっていて、そういう点で批判したい。例えば、アメリカのティーパーティーの人びとを極右だと決めつけるわけにはいかない、そういう単純なレッテル張りの問題ではないと、ニューヨークタイムズの記者が言ってました。私も、確かにそうだと思うんです。安倍政権だってグローバル化のなかで登場してきた意味はあるので、そこをきちんと捉えないと、ただ右派だ、戦前回帰だというだけでは、確かな批判にはならないと思うんですね。

山口　私もリベラルのつもりですけど、今の安倍政権のイヤな感じの源はなにかというと、他者に対するリスペクト（敬意、尊重）がまったくない、ということです。リベラルというと、他者に対するリスペクトを持つはずですよね。他者の違う意見を聞くことを楽しむ、これが本当のリベラルだと思います。加藤周一先生や鶴見俊輔先生などのリベラルな知識人は、寛容であり、多様性を尊重していた。今の権力者は批判されることを極端に嫌う。嫌うだけでなく、批判する人間を権力で抑え込もうとする。そこがいちばんイヤなところ、非リベラルなところだと思いますね。

外岡　多数であることの意味を私たちはあまりきちんと考えていなかった。数の論理で多数派が可決すれば、それは通るんだと思っている。もっと丁寧に説得しなさいとか、話し合いなさい、とか言いますが、少数意見がいかに大事か、尊重されなければならないか、突き詰めて考えてこなかった。ジョン・スチュアート・ミルが言っているすごい言葉があります。「もし一人を除いた全人類が同一意見であり、ただその一人のみが反対の意見だったとしても、全人類がその一人を沈黙せしめてしまうことの不条理なのは、もしその一人が権力を手にした時、全人類を沈黙せしめてしまうことの不条理となんの変わりがあろうか」。少数意見を尊重しなければいけない理由は、ここにあると思いますね。少数意見と専制主義、全体主義は表裏の関係にあって、少数意見を無視することは、全体主義を容認することにつながりかねない。たった一人の批判者であっても、それが正しい可能性がある。その点を尊重しないと、民主主義は機能しないということでしょう。

少数意見を尊重するということは、意見が違っても大事にしなさい、というだけでなく、もっと突き詰めた思想のもとで出てきた考え方だと思いますね。西洋では、それをデモクラシーの基本だとして、暗黙のうちにルールにしている。数を取った方が勝ちだという多数派の論理は、疑わなくてはいけない。自分が正しいと思ったら、体を張って主張しなければならない。そういう思想や理念の闘いの中に民主主義がある、ということですね。

山口　リベラリズムは少数者の意見を聞く。この聞くということがすごく大事だと思いますね。今の国会の議論をみていても、聞こうとしていない。

外岡　ヤジもすごいですね。発言を封じている。噛み合った討論をしているようには見えない。その意味では、若い世代の人たちの議論が大事ですね。年寄り世代より若い世代が自分たちのビジョンをどう考えていくのか、これからの一〇年二〇年先を左右する。彼らを注意して見ていきたいと思いますね。

山口　少数者であることを恐れる必要はないわけですね。過日、瀬戸内寂聴さんとSEALDsの若い女性たちの座談会が朝日新聞に載っていて、私は大変感心しました。瀬戸内さんは言います。闘いは負けることもあるけど、負け方が大事だ、負けることによって歴史が変わることがある。例えば、戦争に負けて、その後、婦人参政権が始まったけど、それは、戦前からのたくさんの女性たちの参政権運動の敗北の蓄積があったからだ、と。歴史の進歩とはそういうことですよね。多数派が世の中を作るということでは必ずしもなくて、ある時には、負けた人たちの言い分が、気がつくと世の中の常識になっていたとか、いくつもある。アメリカの公民権運動もそうですね。

ゲームの感覚で政治に関わって、多数をとることばかり求めていたら、負けが続くと嫌になって、離れていく。こちらは少数派である時間の方が長いだろうけど、負ける闘いの中でも、きちんと自分の主張をして、多数派に影響を与えることもあるんだ、という感覚を持てるかどうか、息長く政治に参加していく上で大変大事なことですよね。そういうかたちで政治に関わっているとチャンスがくる。アメリカやヨーロッパの政権交代もそういうふうにして、起こってきた。世界中どこでも、リベラルな勢力が多数派になり、権力を取れる時代というのは、全体の中では一時期でしかない。しかし、その一時期にいろいろな、後戻りできない遺産を築けばよいのです。基本的人権の観念にしても、人種や性の平等にしても、そのような遺産を今我々が享受しているのですから。

外岡　沖縄は戦後、一貫して負けつづけてきた。だけど、あれ以上、基地を作らせなかったのは、ものすごく長い間、持続する闘いがあったからですね。抵抗があったから、あそこで止まっているとも言える。そうやって今の沖縄の現実を作っている。

山口　少数派であり、負けることを恐れないからこそ、対案とか別の選択肢を出して闘うことができる。今の野党を見ると、そこがまったく不十分で、現実的にならなきゃいけないという強迫観念で動いていて、そうすると、構想力も広がっていかないし、現実的であろうとするがゆえに別の選択肢も出せないで埋没していくという問題がある。野党がもっと自由に構想を広げて、対案を出していくような闘い方ができればいいんですけど。

外岡　現実的になることと現状追認は全然違うということですね。現実的になることと理念を持つことは矛盾しない。現実的になるということが、つまり「現状に従わなければならない」ということだとなれば、それは敗北主義ですね。

山口　安保法制の問題では、法案は成立してしまったけれど、あれだけの運動が起こったことには大きな意味がある。

外岡　それは、憲法9条があるからですね。憲法9条に照らして、その法制はどうなんだと、審査する道も残っている。解釈改憲はできないという長谷部恭男先生をはじめとする法律家コミュニティの見解もありますね。参院選にむけて安保法制を廃案にすべきだという気運が高まっているのは、ひとつの希望だと思います。簡単には改正させないという力が働いている。

山口　運動に直接参加する人は、全体の中のほんの一部ではあるけれど、その人たちが動くことによって、他の人の気持ちも変わってくる。民主主義はそういう伝播するメカニズムですよね。今の日本では、選挙で投票するのが国民の中の約半分の人で、その中の半分弱の意思で多数派が選ばれている。世の中を動かすのは国民の過半数という意味での多数派ではない。一割、二割の市民に響く言葉を出せば、そこから世の中は変わっていくと思います。

想像もつかない若い人の組織能力

外岡　私はネットの世界は詳しくないのですが、若い人たちのコミュニケーションの基本のあり方を変えていますね。今までの世代が体験したことのない、想像もつかないコミュニケーションのあり方が始まっている。

山口　３・１１から五年経って、政治は悪くなる方向しか見えてこない。他方、外岡さんは、「ＷＥＢＲＯＮＺＡ」で、先ごろの安保法制の反対運動に新しい可能性を見出している。たしかに、ＳＥＡＬＤｓの若者と話していると、ポスト３・１１の世代がここに現れた、という印象を強く持ちます。彼らは、中学生、高校生の時、３・１１を経験している。それが、世の中を見る時の座標軸になっている。一つは、不条理に見舞われた被災者に対するシンパシーです。彼らは非常にやさしい。また、原発事故に象徴される大人の無責任、それに対する憤り。この二つが座標軸になっている、と感じます。彼らが今、政治的発言をするようになった、これはずっと続くんだろうな、という印象があります。イデオロギー先行だったかつての六〇年代、七〇年代の政治運動とはかなり違う印象です。私の大学の学生で実際に政治運動をするのは少数ですが、３・１１を座標軸にしている点は、ある程度、共通しているんじゃないでしょうか。

外岡　生活と地続きで発言しているなという印象ですね。そういう意味では、彼らに希望を感じます。悲観すべきは、大人に対してですね。大人の斜にかまえたシニシズム、ペシミズムはなくなっていかなくちゃいけないと思いますね。

山口　デモクラシーや立憲主義を戦後教育が十分に伝えてきたとは思わないけど、今の若い人たちに民主主義が継承されて、私たちの若い頃より、市民として効果的に発言し、新しい情報のツールを使いながら、新しい組織化をしていく。すごい能力をもっているんだな、と感じますね。

外岡　私が学生の頃、法学部の授業で教えられてきたのは近代憲法の成り立ちや逐条解説で、憲法はどういう価値観、理念のもとに成り立っているのか、根本のところを大学でも教えられなかった。今の若い人たちは、それを自分たちの言葉で表現しようとしている。

山口　憲法9条なんて、司法試験に出ないから教えられないですね。しかし、そういう功利主義的な動機で勉強する学生だけではない。これは元文科省の寺脇研さんと議論したことですが、シールズ世代においてゆとり教育が本来の成果を発揮しているということもできる。ゆとりが目指したのは、自分で問いを発見し、自分なりに考え抜いて答えを出し、その暫定的な答えを他者に説明し、対話する中からさらに答えを探すという知的能力です。このような能力は、今の若者から感じられますね。

さらに若い人の組織能力は、我々には想像もつかない話ですね。昔は大学の同じゼミとか所属が同じで集会に行ったりしていましたが、今は、いろんな大学のさまざまなところに所属している人たちが、パッと集まって組織を作る。動き方が昔と全然違いますね。今までは、若者が政治的であることを抑圧するということが続いてきた。一八歳選挙権でそのフタはとれる。どういう意味で政治的になるか、そこで政治教育が始まる。マニュアル的な選挙制度の知識を教えるよりも、どういう情報を集めて、自分なりの判断をするか、高校生くらいからできるようになる、そこに希望を見出したいと思うんです。

外岡　自分の一票がどういうふうにはね返るか、きちんと話し合えるようにすべきですね。投票に行かないと、自分の将来が決まってしまうという切迫した状況だと思いますね。いずれ徴兵制があるかもしれないし、本当に自らの将来を左右する問題ですね。そこを考えようよ、というのが今、必要なんだと思います。

メディアは危機感を持つこと

外岡　今、起きていることは何なのか、それを突きつけていくメディアの役割はすごく大事だったと思う。毎年、3・11になると人間ドラマを思い出して感動し、それが過ぎるとあとは忘れてしまう。今の日本社会の日常そのものを表している。お互いを支えあう力がすごく落ちている気がします。

山口　メディアの役割といえば、被災者の受難を忘れてはいけないとか、そこに光をあてる、掘り起こす作業は必要だし、また、原発事故の本質は何だったのか、分かってないことに迫っていく作業も必要でしょう。しかし、新聞やテレビは、五年も経つと、視聴者や読者の反応が弱くなるから、取り上げなくなる、ということになるんでしょうかね。

外岡　今、福島の避難民が一〇万人。もし、ヨーロッパのように、一〇万人の難民が日本に押し寄せてきたら、大変な出来事です。忘れるなんてことは考えられない。メディアが震災避難民を取り上げなくなっている、ということは、やはり、メディアの力が落ちているんでしょうね。

山口　言葉の分からない難民が一〇万人押し寄せてきたら、確かに大問題になりますね。福島の避難民一〇万人については、避難民だと思っていないんでしょうかね。

外岡　沖縄の基地で毎日抗議する人を、本土のメディアは取り上げてこなかった。問題がないことにしてきた。同じように、福島についても、メディアが問題を見えなくしている。メディアが役割を放棄しているからだと思いますね。これは問題だと、メディアが提起していくしかない。

山口　メディアが世の中に対して問題提起する積極性を失っているように思えてなりません。たとえば、原発事故のさいの吉田調書を朝日新聞がスクープした。見出しの立て方にすこし問題があったかもしれませんが、一歩間違えば東日本が壊滅するところだった、ギリギリの瀬戸際まで行っていたという大変なスクープでした。それを朝日はあとで誤報だとした。なぜあいう対応をしたのでしょう。

外岡　一面記事では、吉田調書で「退避しろ」という指示が、混乱の中で十分に伝わらなかったことを語っているだけなのに、東電社員が「命令に違反し、撤退した」と解釈していた。その限りでは記事としてまずかった。ただ、吉田調書を取り上げなければ、あれだけ現場が混乱し、危機に直面していたという重大事実を誰も知ることはなかったし、二面では全体像を伝えていて、ニュース自体の価値はきちんとしたものになっていた。

山口　現場の記者の力はまだまだあると思いますが、デスクとかもっと上のトップ・エディターの判断力が落ちている、ということでしょうか。外岡さんもゼネラル・エディターをやられていましたが。

外岡　私がＧＥになったのは、第一次安倍政権のとき。そのときも政権からの風圧は強かった。政権によってずいぶん違うようですね。第二次安倍政権になるともっと強くなった。特にテレビの報道内容について注文をつける姿勢が目立つ。メディアの幹部も感じているんじゃないでしょうか。

山口　メディアもがんばってほしいんですが、新聞は認可事業でもないのに、忖度したり自主規制したりするようになると問題ですね。外岡さんの後輩たちはいかがですか。

外岡　テレビと新聞はスクラムを組んで、お互い批判すべきところは批判し、しかし、表現の自由を守るところでは、一緒にやっていくべきです。新聞はテレビ報道を批判的に論じるのではなく、ただテレビ番組の紹介をする傾向に流れている。

　麻生さんが、ナチスのやり方を学んだらいい、と言いましたね。あれが引っかかっています。その危惧をすごく感じますね。ナチスはワイマール憲法の中から出てきた。そういうことがありうるのだという危機感を持って政治を見ていなければならないと思います。あっという間に全体主義的な方向に変わる、ということを常に考えておかなければならない。その点では、９条も大事だけど、表現の自由とか思想の自由とか、基本的人権がいかに大事か、空気みたいに享受してきたけど、それは常に闘っていないとなくなってしまうんだという危機感を持っておくこと、特にメディアで働いている人たちは、危機感を持ってほしいと思いますね。

山口　さっきのミルの言葉ですね。基本的人権は、少数者の居場所と自由を確保するという意味でもある。

外岡　多数派でも間違える可能性がある。ソクラテスやキリストを迫害した人たちは、それが社会の善であると思っていたわけですね。でもそうではないんだ、ということを人間は経験してきた。

山口　安倍政権の危なさはいろいろあるけど、一つは、これまで中立的で尊重されてきた専門機関の内閣法制局を直接、政治的なコントロール下におくことに踏み出した。

外岡　ＮＨＫについても同じですね。

山口　内閣法制局長官の人事を政権の都合のよいように動かしたり、ＮＨＫ会長に権力者の友だちを任命したりしてはいけないとか、法律にはどこにも書いてないけど、慣習として、ある種のルールとしてみな守ってきた。安倍という人は、法律に書いてないことなら何をやってもいいと思っている。それと多数支配が結びついている。これは、ミルが危惧した多数の専制の表われですね。行政権の拡大は、まさにナチスの手口になる。

外岡　行政権は裁量権をできるだけ少なくして、人によってぶれないようにしている。それが法的安定性につながる。そこを恣意的に変えようとしてきたのが、ここ数年間の安倍政権のやり方ですね。安倍政権を批判すべき論点としてはすでに出尽くしている感があるのに、それが声になって反映されてない。メディアがもっときちんと議論すべきことだと思いますね。現状追認でよしとするメディアがあって、そこに収まってしまっているのが現状じゃないですか。公共放送のＮＨＫもそうなりかねない。今、政権批判を黙らせるという政権側の姿勢が強まっているので、市民の側がメディアにいる人間を応援する、励ますということも大事ですね。

保守・革新の対立構図では時代を捉えられない

外岡　私たちは、憲法の理念とか民主主義とは何か、つい最近まで深く考えてこなかったようです。右とか左とか、保守と革新とか、そういう対立構図ではもう時代を捉えられない。今は長谷部恭男先生や杉田敦先生が言うように、立憲主義かどうかが問題ですね。それを個人主体に引きつけて考えてみようということで、リベラリズムに注目しました。今の憲法に体現されている価値観、理念を内在的に理解するための考え方として、リベラリズムをもう一度考えてみようということです。

山口　立憲と非立憲という対立は、文明と野蛮という対立軸に置き換えてもいい。近代国家は、権力の使い方を、むき出しにするのではなく、権力の使い方のルールを確立する、権力者もそのルールに従うという原理の上に成り立っている。今の安倍政権は、そのルールを外すことに一生懸命になっている。立憲主義は空気みたいなもので、普段はそれほど意識しない。戦後日本の為政者には、自制心やバランス感覚があって、多数者といえども好き放題はできないという感覚がありました。何でも昔はよかったというつもりもないし、昔の自民党にはその時の問題があった。それにしても、政権の指導者たるもの、自分を支持しない人々を含めて国民の生活に責任を持つという広い視野があったと思います。安倍政権は、明示的に禁止されていないことは何をやってもいいと思っているところがあります。内閣法制局もコントロールするし、メディアもコントロールする。権力の縛りがないから、これは大変だとみな思って、改めて立憲主義の必要性を意識するようになったんでしょうね。

外岡　かつての自民党内には、派閥があって、互いに政策をチェックする機能が働いていたが、今ではそれが崩れてしまった。小選挙区制の影響が大きいですね。自民党自身がバランスを欠くようになっている。

山口　リベラリズムは日本の場合、政治的勢力としては細い流れだった。戦後、自民党は利益配分政治としてのデモクラシーでこれまで動いてきて、思想的にリベラリズムを捉えていた人は少なかった。自民党の中でも石橋湛山などはその少数の流れなのでしょうが。

外岡　戦前、共産主義や社会主義などの新思想の流れの中で、福沢諭吉を典型とするリベラリズムは大きな力とはならなかった。その上に戦前・戦時中の統制が働いて、リベラリズムは英米思想として駆逐されていった。戦後、ＧＨＱの占領時代に英米流のリベラリズムがほんの一時期開花した。その後、冷戦構造の国内版の左右対立の中で、左右両方から「遅れた思想」として排除された。イギリスは全然違いますね。全体主義、専制主義に対するリベラリズムの批判精神を持ち続けていた。社会主義政権が崩壊しても少しも影響を受けず、今も脈々と続いている。そういうものが、戦後日本の中では非常に弱かった。つまり、戦後日本の憲法の価値観を理解する努力が欠けていたと思います。

山口　リベラリズムの価値観は、知識人の南原繁、丸山真男、林達夫、加藤周一やジャーナリズムの中には受け継がれてきましたが、政治勢力では、左翼はマルクス主義の影響が強すぎたし、保守側は、戦争の総括ができないままきてしまったという問題があったと思います。

外岡　保革の対立が長く続いていて、お互い得意分野でしか競い合わなかったし、ナショナリズムの問題を革新が真剣に考えることがなかった。「成長か福祉か」とか、二項対立の中でしか選択肢を示してこなかった。革新が成長戦略を考えることは弱かったし、有権者からすると、保守も革新も、出すメニューが定食しかなかった。選択肢が限られていた。

戦時中、弾圧されたリベラリストが戦後の民主化を担った

外岡　以下は「WEBRONZA」に書いたことの一部です。日本国憲法や教育基本法はGHQの押し付けだと言う人がいますが、戦前・戦中のリベラルの伝統がなければ、あれは機能しなかったと思います。あれが根付いたのは、近代国家や立憲主義をずっと考えてきた人たちがいて、社会に浸透して歴史の土壌があったからこそですね。戦後七〇年の間に根付いたデモクラシーや憲法の価値観はそれほど軟弱なものではないと思います。

日本のリベラリズムの始祖は福沢諭吉で、大正期のジャーナリスト、長谷川如是閑が受け継ぎ、発展させた。もう一つの系譜は、札幌農学校発のリベラリズムです。その学校の初代教頭に就いたウィリアム・スミス・クラークの教育理念は、後代に大きな影響を与えました。クラークは、帰国前に、ニューイングランドのピューリタニズムにもとづく「イエスを信ずる者の契約」を書いて、一期生一六人が署名しました。クラークが去った後、二期生一八人のうち一五人がクラークの契約書に署名し、その多くが受洗したそうです。その信仰グループが一八八二年に札幌独立キリスト教会を設立し、いわゆる札幌バンドを拓く。

この信仰グループの中核にいたのが、二期生の内村鑑三と新渡戸稲造です。「札幌発のリベラ

リズム」の系譜の代表者はこの二人です。違った道を歩んだ二人ですが、英文による代表的な著作を残したことで知られていますね。また、時流に媚びず、軍事大国化する日本で、最後までリベラルな姿勢を保ち続けた点で共通しています。そのことは、内村が「不敬事件」や「非戦論」で物議をかもし、新渡戸も「松山事件」で右翼や軍部から攻撃されたことに表われています。

二人のリベラリズムは、「キリスト者」というより、クラークの教えた「ピューリタン精神」によると私は見ています。ヴェーバーが論じた「プロテスタンティズムの倫理」は、資本主義の飽くなき利潤追求を予期したものではなく、その倫理が、個人や国家の独立、近代合理主義といった要素を合わせ持っていたことに私は注目しています。

クラークは、ヴェーバーが「資本主義の精神」として筆頭にあげたフランクリンと同じマサチューセッツ州の出身で、ニューイングランドに色濃いプロテスタンティズムの影響下にありました。札幌農学校の卒業生は、キリスト教とともに、初期資本主義の起動を準備したプロテスタンティズムの倫理、さらにそれを土台にした民主主義の精神を学んだのだと思います。新渡戸の「人皆平等、随って相互に人格を認め、相互の説を尊重する習慣があったれば、今日米国のデモクラシーが淵源深く基礎が堅いと称するのである」という「平等」と「自由」こそ、新渡戸らが札幌農学校で学んだピューリタン精神だったのでしょう。

札幌発リベラリズムは、その後、卒業生の多くが、全国に生まれつつあった旧制中学や師範学校の教師として派遣され、広がっていきます。

クラークに直接教えを受けた一期生の大島正健は甲府中学校長になり、自由主義的な教育をおこなった。その薫陶を受けた石橋湛山は、大島校長からクラークの話を聞き、「一生を支配する影響を受けた」といっています。書斎にはずっとクラークの肖像を掲げていたとのことです。

神戸中学校の初代校長、二期生の鶴崎久米一は、質実剛健、自重自治の原則をかかげ、創立一〇周年を期して、全規則を撤廃し、すべてを生徒の自重、自治にゆだねたそうです。ここから、一九一〇年に卒業の矢内原忠雄が育っていったんですね。

後に東大総長になった南原繁も一高で新渡戸の教えを受け、強い影響を受けました。その新渡戸の教えを受けた法科の学生がさらに精神上の教えを請うため内村宅に集まり、柏会というグループを作っていた。南原も加わり、他にメンバーは、高木八尺、矢内原忠雄、前田多門らです。

戦時中、大学は国家主義化の荒波に翻弄され、南原繁は「大学の自治」「学問の自由」を守ろうとしましたが、時代は急旋回していきます。一九三〇年には、弾圧で壊滅した共産党の資金カンパに応じた法学部の平野義太郎助教授、経済学部の山田盛太郎助教授が右翼に攻撃されて辞任する。三三年には京都大学の滝川幸辰教授の著書が発禁される滝川事件が起き、三五年には、東大名誉教授の美濃部達吉議員が「天皇機関説事件」で貴族院を追われ、不敬罪の告発を受けた。三七年には、矢内原忠雄が論文と発言内容がもとで経済学部を追われるかたちで辞任する。

敗戦によって日本はGHQの占領化に置かれ、民主化がすすめられました。先ほども言ったように、これを米国による「押し付け」という人もいますが、民主化を担った日本の指導者をみれば、まったく違った側面がみえてくる。その多くが、戦前、戦時中に弾圧されたリベラリストであり、リベラルの復権と評してもいいと思いますね。

敗戦の年の秋には、大内兵衛らがいっせいに教授に復帰し、南原繁が東大総長に選ばれる。その二度目の任期が終わった六年後には、矢内原忠雄が選出されました。幣原内閣の文相になった前田多門、教育基本法の生みの親ともいえる教育刷新委員会の南原繁、天野貞祐、森戸辰男らは、一高時代に内村鑑三と新渡戸稲造の薫陶を受けていました。

戦後民主主義が、GHQ主導で始まったことは確かですが、多くの国家主義者が公職追放された結果、それまで抑えつけられてきたリベラル派が制度の設計や運用を任された。その蓄積と自発性がなければ、曲がりなりにも民主主義が続くことはなかったでしょうね。

蛯名賢造氏は著書『札幌農学校　日本近代精神の源流』（新評論社）で、こうした事例を挙げるとともに、内村鑑三の徹底した平和・非戦の理念が、「新憲法9条によくその適切な表現をとって現れている」とも指摘しています。もちろん、敗戦・占領という現実や、当時の国際情勢を抜きに論じることはできないでしょうが、日本人がなぜ9条を受け入れてきたのか、その理念的・歴史的経緯を問えば、内村の非戦論は確実にその源流の一つに数えられると思います。

強調しておきたいのは、復権したリベラリズムが必ずしも進歩派知識人や左派と同じではないということです。リベラリズムが相対し抵抗するのは、全体主義であり、権威主義です。保革や左右の対立軸は後景に退くんです。

加藤周一氏はこう述べています。「日本では、リベラルな保守党がなく、保守はたちまち反動になる。日本の保守は、人権についてはまったく怪しい。一方、もともと人権は社会主義とは関係ないのに、マルクス主義でないと闘えない、という構図になる。反動でない保守、批判者で非左翼というのは、日本では、例外的な個人になってしまう」と。加藤氏が例外的個人として、中野好夫、渡辺一夫、丸山真男の名を上げていましたが、加藤氏本人がその代表者でした。

日本でリベラリズムといえば、左派からは「プチブル思想」や時代遅れの「オールド・リベラル」

と呼ばれ、右派からは「左派への同調者」と煙たがられる存在でした。本来であれば、デモクラシーを支えるべき中核の精神が、あまりに細かったといえるでしょう。

次の時代のビジョンは地方から

山口　二年前、私が札幌から東京に移る時の送別会に外岡さんが来てくださり、東京大学法学部の政治学で丸山真男の系譜を引き継ぎ、北海道大学で内村、新渡戸のリベラリズムの空気を吸って、東京でそうした遺産を生かして仕事をしてほしいという趣旨のメッセージをいただいて恐縮しました。

「WEBRONZA」の中で、明治以降の歴史を、七〇年を区切りとして捉えていますね。明治維新から七〇年ちょっとで敗戦、これは体制の崩壊で終わったわけです。敗戦から七〇年は、今の日本にあたるわけですが、この二回目の七〇年のサイクルが終わって次はどんな時代のイメージになるんですか。

外岡　戦後七〇年の前半の終わりはバブル崩壊の頃ですが、その時代と違った価値観やビジョンを立てない限り、今の閉塞感はなくならないと思います。自民党は今でもその頃の価値観を追い求めているが、それはありえない。少子高齢化、グローバル化の中で、平成で培ったものを使って、どういう未来を拓いていくか考えるしかない。人口四千万、五千万できちんとした国はたくさんあるので、人口減少をあまり大変だ大変だと言わないほうがいい。ドイツは一極集中ではなく、国土均衡で発展している。日本で出来ないはずはない、と思いますね。

今の日本の一極集中が、地方の疲弊や地方都市消滅の問題を生んでいる。そこを解決しないと、先の見通しは拓けないと思いますね。東南海、南海地震など、これから起きると言われる大きな地震のことを考えても、大都市に人口が集中していることは、それだけ危険性を高めていることになる。

山口　サミットに参加している国の中で、日本は特異な国ですよね。これだけ自然災害がある。西海岸を除いた米国や西ヨーロッパはそんなに大きな災害はない。ヨーロッパで生まれた資本主義の発想には、災害というリスクファクターは入っていない。世の中は安全で平和という前提で経済活動をするイメージです。特に小さな政府は災害がないことを前提としているのです。

日本は壊れたらまた一極集中で作り直して繁栄していく。これまで、震災や敗戦など、破局を何度も経験してきましたが、リスクの多さをふまえた上で、別の社会のかたちを作るという発想はあまりないですね。一時期、一極集中じゃ危ないから、もう少し分散的な都市を作る、そのためには国のバックアップが必要だ、という議論があったけれど、いつのまにかどこかにいってしまった。災害対策は公共投資で準備して、オリンピックもあるし、人も金も東京に集中するという発想になっている。震災の前とまったく変わっていませんね。

集積、高密度は経済活動をするには好都合でしょう。しかし、人口減少、資源制約の中でかつてのような経済成長は不可能です。品位ある衰退社会を生きていくためには、「集中と選択」の発想ではなく、分散、多様性、共存といった理念で社会の形をイメージする必要がありますね。

外岡　私はいま札幌に住んでいて、道内を旅行したりもしていますが、東京とはまったく違う時間が流れているということを強く感じますね。東京にいる人たちは、地方の暮らしが見えていないのだと思います。そこをきちんと見ないと、次のビジョンは拓けないと思いますね。今、地方活性化のタネは方々に蒔かれていて、可能性はあると思います。

山口　私も東京に来て二年になるけれど、時間の流れが速い。落ち着いて本を読む時間が、東京に来て少なくなった。札幌にいたときの方が本を読んでいましたね。

外岡　東京にいると、じっくりとものを考える、長い時間軸で歴史や未来を考えることができにくい。外国にいると日本を相対化して見ることができる。地方にいるとそれができるんですね。地方にいると、東京と外国を比べながら東京を見ている。

二一世紀のリベラルの覚醒

外岡　以下も「ＷＥＢＲＯＮＺＡ」に書いたものの一部ですが、丸山真男は、一九六八年に発表した論文で、近代化にさらされた個人の態度を、個人析出のプロセスとして有名な四つのパターンにして提示しました。水平軸には「政治的権威」の中心に対する距離に応じて左に「遠心的」、右に「求心的」というベクトルを置く。垂直軸は、自発的に進める結社形成の度合いを示し、上に行くほど結社形成的、下に行くほど非結社形成的で、仲間との連帯意識は弱まる。合理化などの近代化によって、個人がどのような態度を取るのかを分類する理念型です。

右上の象限が「民主化」、左上が「自立化」、左下が「私化」、右下が「原子化」という定義をあたえました。

左上の「自立化した個人」は、自主独立で自立心に富み、合衆国を建国した植民地時代のピュー

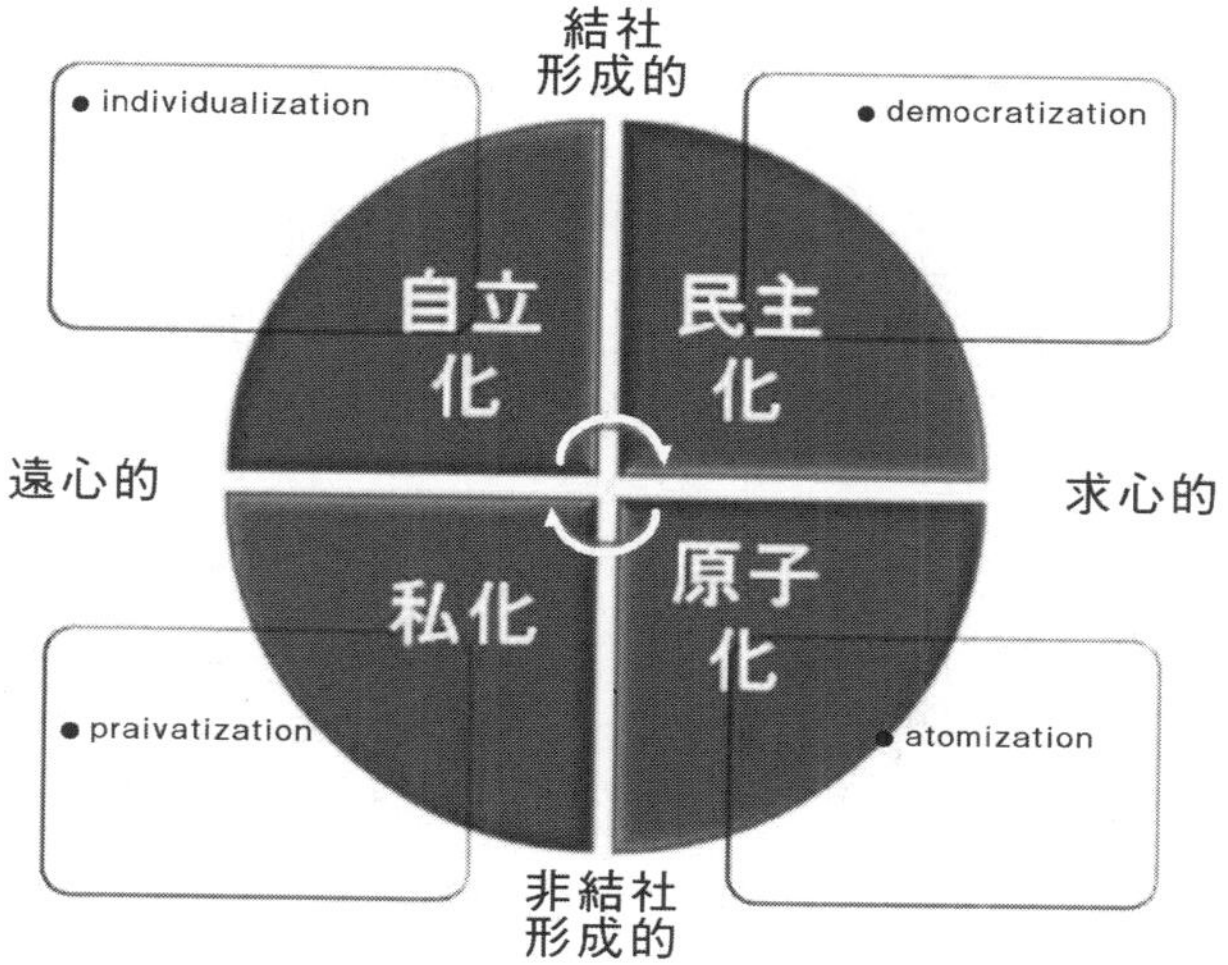

個人析出のパターン

出典：丸山真男「個人析出の様々なパターン 近代日本をケースとして」
（丸山真男集第九巻所収、松沢弘陽 訳、岩波書店）

リタンがこのタイプを代表している。

これと正反対なのが、右下の「原子化した個人」。このタイプは、社会的根無し草状態に悩まされ、行動規範を喪失し、孤独や挫折の感情が特徴です。普段は、公共の問題に無関心ですが、孤独や不安から逃れようと突如、ファナティックな政治参加に転化することがあり、権威主義的なリーダーシップに全面的に帰依し、ヒトラー直前のドイツのように、国民共同体や人種文化の永遠不滅性のような神秘的な「全体」に没入する傾向があります。

右上の「民主化した個人」は、「自立した個人」が遠心的で地方自治に熱心で、自由を何より理想とするのにたいして、中央政府を通じた改革を志向し、平等を理想としています。

左下の「私化した個人」は、「民主化

した個人」の正反対で、視野が私的なことがらに限局され、公共よりも個人の欲求充足に向かい、隣人と結ぶことを嫌う。

戦後のバブル期までは、「民主化」→「自立化」→「私化」が進む一方、「原子化」→「私化」の流れも生じたという仮説をたててみました。バブル崩壊以降は、その流れが変わり、「私化」→「原子化」→「民主化」という太いベクトルと、「自立化」→「民主化」という細いベクトルへの逆流が始まった可能性がある、と考えています。その上で、二〇一五年夏のＳＥＡＬＤｓなどの安保法制反対の盛り上がりは、どのような意味をもつのか、注目しているところです。

この民意の高まりは、一過性のものなのか、永続性のある「新たな民主主義」の先触れになるのか、という設問です。私は、このうねりが、今日すでに進行している「私化」→「原子化」のプロセスをさらに、「民主化」に向かって進める動きだと考えています。ただし、そのうねりが持続するためには、同時に、「自立化」→「民主化」というベクトルが働いていなければならないと思います。このうねりを、「二一世紀のリベラルの覚醒」と呼ぶためには、この条件を前提にしなくてはなりません。

この動きが生まれた背景は何か、考えてみました。まず、デジタル化による「相互接続権力」の台頭は、「表」の言論空間を保障されている日本において、当初、「裏」の言論が飛び交う傾向が強かった。しかし、その「表」の空間が狭まるという危機感が強まる中で、「原子化」された個人を再び結びつけるツールとして見直されつつあります。つまり、「原子化」→「民主化」のベクトルを強める道具であり、ＳＮＳ型の運動の形態そのものです。

次に、この運動が、〇九年の政権交代に代表される「自立化」→「民主化」のプロセスへの失望、ないしその後のアパシーのもとで生まれた、ということです。いわば、「立憲主義」の危機感をバネに、機能が低下しつつある代議制民主主義を補完する勢力として、自発的に生まれた動きだったといえると思います。その意味で、この動きを「カウンター・デモクラシー」と呼んでいいと思います。しかし、「カウンター・デモクラシー」は、代議制民主主義の補完となっても、代替とはなりえません。民主主義というシステムが機能不全に陥ったとき、システム全体を保全するための緊急行動であり、システムそのものを置き換えることはできないからです。

この動きが広く定着するには、（一）保革や左右の対立軸を持ち込まないこと、（二）立憲主義や民主主義を保全するという目的を意識し、（三）非暴力抵抗運動として緩やかなつながりを保ち、（四）明確な目的を定め、（五）最終的には代議制民主主義に回帰する、といった条件が必要になると思います。

その運動は、組織的に永続するものでなくても構わない。普段は行動しなくても、システムが危機に陥った時、民主主義を保全するため、ただちに参集する一種の予備役のような存在の方が長続きするでしょう。

このような行動は、「原子化」が優勢になる社会で、民主主義が左右いずれかに大きく逸脱する場合、その振れ幅を抑え、社会を安定させることに役立つと思います。それが、デジタル社会が生み出し、「原子化」した社会が、成熟した民主主義体制に要請する「二一世紀のリベラル」なのだと思います。

狂信的な国家主義者になる可能性

外岡　会社にも組合にも家庭にも入っていけない人が非常に増えている。彼らは今、しらけているので、狂信的な国家主義者にならないかというと、そうではない。何かきっかけがあれば一変すると思いますよ。

山口　柳広司さんの小説の中で、福島から避難してきたシングルマザーの話があります。彼女は居場所がなくて、年配の女性の言う「あなたは間違ってない」という声にすがりついていくんです。その人に誘われて行ったのが、思いがけず在特会のデモだった。そして、外国人を排斥するシュプレヒコールに唱和するようになるのですが、そうして初めて、自分も救われたような気分になっていく。これは小説の話ですが、原子化した個人のファナティックな動員とは、そういうことではないでしょうか。

大阪の橋下現象は、原子化からのファナティックな選挙動員だと思います。自民党の利益組織や野党の労働組合に支えられた既成政党に失望した人々を集めている。人気は一時だけかと思ったら、けっこう続いていますね。そうした既成組織を全部、敵に回して、アトム化された人間に向けて、ひたすらメッセージを出しつづけている。

大阪に行った時、笑福亭仁勇さんという落語家と知り合いになりました。彼は、図書館で子どもたちを集めて本を読むとか、町並み保存とか、いろいろボランティア活動を地域でやってきた。橋下時代に、大阪市はそういう社会的活動に対する補助金をどんどん切っていったので、地域でいろいろ運動をやっている人で、橋下氏をよく言う人はいません、と彼は言っていました。その話を聞いて、昔、読んだ中間団体のことを思い出しました。つまりアソシエーションですね、そこに入っている人は、極端な方向に走らない。つまり、リベラルでいられるんですね。

ここは、『アメリカのデモクラシー』を書いたトクヴィルの説ですが、本来、民主政治は不安定なもので、人間の感情や情動で政治が左右される危険が大きい。アメリカでそうした危険が回避されるのは、教会や地域コミュニティという中間団体の機能のおかげだというわけです。人間がバラバラの原子状態ではなく、そのようなコミュニティの中で他者と接触し、議論する機会を持つと、自分の考えの浅さや誤りに気付くこともある。他者の優れた考えを取り入れることもある。対話や相互作用によって人間は自分を相対化できるわけです。そうした中間団体の居場所を持つ人間であれば、言葉巧みな独裁的な指導者についていくということはない。あるいは一時の興奮で少数者を排斥したり、誤った政策に飛びついたりすることはない。これはマスメディアやインターネットが発達した現代において、トクヴィルの時代よりも、いっそう当てはまる話です。同調主義的な絆ではなく、対等な人間同士が議論し合う中間団体を回復することは、政党再編などよりも、民主政治にとって基本的な課題です。

外岡　大震災のあと、復興に一番役立ったのは、それまでに築いてきた人間関係だったと思います。それによって、だれが助けに来てくれるか、まったく変わってしまう。

VII

安倍さんは我々の醜い姿の鏡だ

佐藤優×山口二郎

日本人が勘違いしている日ロ領土交渉

山口　最近、日本とロシアの関係をめぐって動きが出てきて、佐藤さんもその点をお書きになっていますが、最初に教えてほしいのは、戦後処理の問題です。ロシアの本音がどこにあるかは私にはよく分からないのですが、一方ではもう国境線は第二次世界大戦によって決まったんだ、これは変更できないんだということをしばしば繰り返して、日本の領土問題についての要求を撥ねつけるという強硬な姿勢を示している。その本当の狙いは何なのでしょうか?

佐藤　少し細かく見た場合、ロシア――これは旧ソ連も含めてですが、ソ連・ロシア側の北方領土問題に対する姿勢には揺れがあるんです。まず、一九五六年の日ソ共同宣言までは、基本的には柔軟でした。形の上では「第二次大戦の結果は動かせない」と言いながら、どこかで線を引かなくてはならないという発想がありました。それだから日ソ共同宣言でソ連は、平和条約締結後は、歯舞群島と色丹島を日本に引き渡すことに合意したのです。その次は一九六〇年です。日米安保改定の結果――これは日本側から見ると難癖以外の何物でもないのですが――旧安保条約よりも双務性が高まっているにもかかわらず、米軍が自由に動けるということを理由にして、全外国軍隊の撤退を、歯舞群島と色丹島の引き渡しに追加することになった。その後、田中・ブレジネフ会談とかいろいろな動きがありますが、それからは、その動きは基本的に変わっていません。

次に変わるのが、一九九一年の三月ですね。ゴルバチョフが四島を係争地とするということを、ストレートではないですが、間接的に認める。その後、変わるのは、平和条約交渉の条件として北方四島の帰属に関する問題があることを認めた一九九三年一〇月の東京宣言。この東京宣言の流れは、基本的にプーチン政権になっても維持されていたのですが、それを否定する流れに徐々に変わっていった。それが本格化したのは去年(二〇一五年)の八月くらいからですね。ある意味、非常に固いスタンスだった一九七〇年代の終わりから八〇年代の初め、ブレジネフ政権の末期のスタンスに戻っています。すなわち、国連憲章、それからヤルタ協定などによって連合国の合意で戦後国境が決まっているのであって、日露間に領土問題は存在しないという固いスタンスを表明しています。

ただし、日本人が勘違いしているのですが、戦後国境が確定したからと言って、ロシアが領土問題を解決しないということとはまた話が別なんです。なぜならば、一九五六年の日ソ共同宣言の第九項で、これは前段と後段に分かれていて、前段は平和条約交渉を継続するというものです。これはその直前の松本・グロムイコ書簡が公表されていましたから、日本政府の立場としては四島の帰属、領土問題を含む平和条約交渉を継承するというものだった。そして、平和条約を締結した後、歯舞群島と色丹島を引き渡すというものでした。この「引き渡し」というワーディングがミソなんですね。すなわち、引き渡すというのは事実関係です。ソ連・ロシアからすると、いったん合法的にロシア領となったものを、日本が望むから、日本との関係を改善するために贈与する、という国内的な説明が可能です。日本としては、不当に取られたものを取り返すという国内説明が可能である。双方の国内説明については、お互いに問わない、そうして事実関係としての「引き渡し」までは合意するということですね。

だから、ロシアは今、そのフレームに戻ってきているわけです。一九九三年一〇月の東京宣言に日本側が固執して、「東京宣言を認めないならば交渉しない」と言うなら、交渉はストップします。だから、そこの政治判断を安倍政権はしないといけないんですね。安倍政権の強さというのは、そういう難しいことは分からないから、通常の、他の細かい国際法を重視する政権だったらその理屈では踏み込めないところを、意外と簡単に乗り越えて、実態として領土を動かす可能性がありますね。

山口 一部の報道で、オバマ大統領が安倍さんの訪露に対して難色を示したとありましたが。

佐藤 それは、意図的に流している人がいるからです。

山口 それは誰が?

佐藤 外務省の、対ロ強硬派だと思います。ただ、確かにオバマ大統領は、今行く必要があるのかとか、サミットの前じゃないといけないのか、ロシアに対して間違ったシグナルを送ることになるんじゃないのかとか、いろいろと言ってはきたんです。安倍さんは、「行く必要はあるし、対話は必要だろう」という議論をして、オバマは最後に「日本が日本の判断として行くなら、それはそれでいいだろう。じゃあな」と言って電話を切っちゃったんです。私は信頼できる筋から聞いていますが、その最終段のところをめぐって、見解が分かれているらしいんです。その中で、「ラッキーだ、一応アメリカからの了承を取れた」というのと、「これは相当に強い牽制だから、控えた方がいいんじゃないのか」というので、外務省の中の綱引きが起きている。その中で、最後のところの、「日本が日本の国益をいろいろ判断していくなら構わない、じゃあな」と言って切ったというところが、今のリークから抜けています。それは今回、日露関係が進むことを望んでいない外務省内の勢力が、リークしているからです。

安倍政権の思い込み「虐げられてきた保守派の代表」

山口　日本の外交は、基本的にはアメリカに追従するというか、日米関係の維持を至上命題とするということで動いてきましたけど、北方領土と対露関係とか、あるいは一〇年前の北朝鮮との関係改善とか、アメリカの思惑とは別に、まさに国益を追求するという発想を持った人たちもいるようにも思えますね。

佐藤　日本政府はかなりアメリカの思惑とは別で動きますよ。あれだけの核開発疑惑のあるイランに対してまともな制裁を行わなかったし、一時期はアザデガン油田にも金を注ぎ込んでいたし、イランとは常に友好関係にある。それから、アメリカとの関係が回復する以前の、軍事政権下のミャンマーときわめて良好な関係で、ＯＤＡも出した。要するに普遍的な価値観、人権とか自由といった価値観を守らない国との関係において、日本は、アメリカの意向に反してでも関係を進めることがある。

だからその意味においては、ＮＡＴＯの他の同盟国と比べても、変なところでの日本の外交の自主性があるんです。私はそれは胸を張って言えるような自主性ではないと思うんですよ。アラブ諸国でもそうです。シリアとの関係もある時期まできわめて良好で、日本の外務省の研修生はシリアでアラビア語を研修していました。これは他の西側諸国では考えられないことです。だから、かなり変な外交をする癖のある国なんですね。自主外交というのは良いことのように思われていますが、ミャンマーの軍事政権とか、核開発をしているイランとか、ハーフィズ・アサド政権化下のシリアとか、こういうところとの自主外交にどのような意味があったのか、冷静に考えてみなくてはなりません。

山口　自主性を求める一番大きな動機というか、野望というのは何なのでしょうか？

佐藤　世界で、外交で「自主」ということを強調している国は二つしかない。日本と、朝鮮民主主義人民共和国です。外交なんて国家がある以上、自主的に決まっている。どの国とどの程度の同盟関係や協調を重視するか、というところは、国益のためにやっているわけですから、本来「自主外交」というテーマが立つこと自体がきわめてイデオロギッシュです。自主外交がない国なんて、それはもはや従属国ですよね。だから、外交でことさらに自主を強調することには、私は非常に違和感を持っている。北朝鮮の仲間みたいな感じがするんですね。ある意味で日本と北朝鮮は、外交上のメンタリティが似ていると思います。要するに、安倍政権の特徴は、「虐げられてきた保守派の代表」と主観的に思っていること。外交においてもそう感じているわけです。

山口　なるほど。安倍さんという人が誰かに操られてやっているというよりは、安倍さん自身がある種の自主外交をやりたい。集団的自衛権を行使できるようにして、アメリカとの軍事的な協力関係を今までにも増して高めていくということを彼はかなり一生懸命やったけど、それと、いわばバランスをとる形で自分の自主性をどこかで発揮したいという思いがあるわけですかね？

佐藤　そう思います。だから、これはむしろ心理学者の課題だと思いますね。誰かに抑えつけられていると思って、何かに対して怒っているんですね。じゃあ何に対して怒っているかというと、よく分からない。それで一番強い者とはケンカできない。ただ、例えば今回の一連の安保法制を見ても、また憲法改正と言いだしていますよね。安保法制の時に、現行憲法下で解釈改憲を行うことによって、安倍さんにとって必要かつ十分な日本の安全保障体制を確保できたんじゃないでしょうか。矛盾していますよね。

動物行動学で見たほうが分かりやすい政権

佐藤　でも、安倍さんの心理状態はよく分かる。本当は南沙にもＰ３Ｃを出したいんです。しかし、安保法制をめぐる議論で、自衛隊の海外における活動についての国民の関心が高くなってしまったので、ＮＳＣの判断で、Ｐ３Ｃを南沙に飛ばすことは出来ない。中東のシリアにもぜひ自衛隊を派遣する、後方支援で出すという話をしたいんです。しかし、今回の一一本の法制によって、それができる環境がなくなっちゃったんですね。まず、自衛隊が海外で武力を行使する「存立危機事態」については、どのような場合をもって「存立危機事態」とするかについて、明確になっていません。新聞報道を丁寧に読めばこのことがわかります。

安倍政権は、従来の憲法解釈では禁じられていた集団的自衛権の行使を法案に盛り込んだ。日本が直接攻撃を受けていなくても、他国への攻撃で国の存立を脅かす明白な危険がある「存立危機事態」と認められれば、自衛隊が海外で武力を使えるようになる。だが、政権による想定事例の説明は二転三転した。典型的なのは、中東・ホルムズ海峡での機雷除去。原油などを運ぶ輸送ルートが機雷で遮断されれば、日本も重大な危険にさらされるとの理屈だが、野党は「経済的な理由だけで存立危機と言えるのか」などと批判。対立していたイランと米欧が核開発問題で合意に達したこともあり、説得力は次第に失われた。

この事例について、公明党の山口那津男代表は九月一四日の参院特別委員会で「今のイラン、中東情勢から想定できるか」と質問。これに対し、安倍晋三首相は「該当する場合もありうるが、今の国際情勢に照らせば、現実問題として発生することは具体的に想定していない」と認めた。「近隣諸国から米国の船で運ばれる日本国民を守れなくていいのか」。首相が、集団的自衛権を使う事例として強調した「日本人を乗せた米艦を守る」例も説明が変遷した。中谷元・防衛相は八月二六日の参院特別委で「邦人が乗っているかは（集団的自衛権行使の）判断の要素の一つではあるが、絶対的なものではない」と答弁。九月一一日の参院特別委では、首相も「米国と共同作戦する場合には当然、日本人が乗っていない船を守ることもあり得る」と説明を翻した。

想定事例が次々と崩れた今、何が「存立危機」と認める根拠になるのか。九月一四日の特別委で、首相は「内閣の判断」に委ねられると語った。「我が国に戦禍が及ぶ蓋然《がいぜん》性は、攻撃国の様態、規模、意思などについて総合的に判断する」とした。「攻撃国の様態、規模、意思などについて総合的に判断する」ということは、法的判断に馴染まないので、政治的に判断するということです。

武力行使にあたらない自衛隊の海外での後方支援についてはどうでしょうか。「朝日新聞」の報道をベースに見てみましょう。

地球のどこでも米軍などの後方支援が可能になる「重要影響事態」の認定基準も論争になった。政権は、放っておけば日本が攻撃されてしまうような状況と説明するが、その定義は最後まで定まらなかった。首相は六月一日の衆院特別委で「中東、インド洋などの地域で深刻な軍事的緊張状態が発生した場合、我が国に物資を運ぶ日本の船舶に深刻な影響が及ぶ可能性がある」と答弁。一方、中谷氏は八月一九日の参院特別委で「我が国の近くで起きた事態の方が、影響を与える程度は相対的に高い」と説明した。どんな状況なら重要影響事態と言えるのか。中谷氏は九月二日の参院特別委で、存立危機と同様に最後は政府が判断するとした。「事態の規模、態様、推移を総合的に勘案し、個別具体的に判断する」としています。「事態の規模、態様、推移を総合的に勘案し、個別具体的に判断する」ということは、すべて政治判断になるということです。「重要影響事態」についても法的に何も定まっていないのと同じです。すべては政治判断に委ねられるのです。

自衛隊の武力行使にしても後方支援にしても、別にこれまでと状況が変わったわけではありません。こういう状態になったのは、安倍首相や外務官僚がやりたいと思っていた内容と公明党の要請をつぎはぎしたために、まともに機能しない法制になったからです。今回の一一本の法律から、整合的に一つの解釈を見出すことはできません。自衛隊の海外における武力行使や後方支援を認める理屈も認めない理屈もこの一一法律の条項を適宜組み合わせることによって可能になります。安倍さんからすれば、「俺が思うように使えないとんでもない欠陥品を掴まされた」ということになります。ようやく、安倍さんもこのことに気づいたようです。

山口　今年の予算委員会での稲田さんとの質疑の中で、9条2項のことを言いだした時、私は非常にびっくりした。安保法制も、自公政権で、9条の枠の中でここまで、というそれなりの理屈で作ったわけですが。

佐藤　しかも、山口那津男さんがそこのところではっきりと、憲法改正が遠のいたと言っているわけでしょう。だから、私の解釈では、安倍さんは「安保法制で山口に騙された」と、また怒っているんじゃないかと。「なぜ俺はこんなに人が良くて騙されるんだろう」と。だからやはり王道の9条改正で行く。しかし、そうしたら公明党が許してくれないですよね。だからますます面白くなくなっている……。あまりにジグザグなんですよ。最初は憲法96条の改正でやろうとした、ところが気が弱いから、小林節さんが「裏口入学だ」と言ったら、安倍さんは「裏口だっていいじゃないか！」と開き直れなかった。

山口　そうですね。96条の時はそうでしたね。

佐藤　シュンとしちゃった。それで今度は解釈改憲で進もうとしてきて、これもまたゴチャゴチャになってわけの分からない状態になった。そんなふうに思う通りに行かないから、だから今度は憲法改正だ、とこういう話ですね。

それから、あれほど鳴り物入りで七〇年談話をやると言ったじゃないですか。あの人、最近そのことに言及してますか？　あの七〇年談話、嫌いだと思いますよ。あんな屈辱的な談話を押しつけられるとは思っていなかった。「俺は総理大臣なのに、なんで思う通りにならないのか」と。一番波長が合うと思っていた金正恩も、拉致問題調査の特別委員会を解散すると言って、最後に唯一可能性があると思った北朝鮮との国交正常化も全然、可能性がなくなりましたよね。それならば、何でもいいから今度はロシアだということになって、場当たり的な外交をやっている感じがします。

山口先生も、遠くの方から理論的にあの政権を見て、分析可能なものと思って分析しようとするから、実態よりもあの政権がしっかりしたものに見えるのだと思います。スターリン主義であるとか、あるいはナチスの外交政策も、この種のジグザグに似たような外交だったと思うんです。後から物語を作れば、一応そこには納まりますよね。当事者はあまり外交の整合性について考えていない気がします。だからむしろ、外交や政治学の知識よりも、動物行動学とかで見た方が分かりやすい政権じゃないかと思っている。……けっして私は安倍政権をバカにしているわけじゃないですよ。ただ尊敬していないだけです。

山口　なるほど。ここまでいろんなことをして権力を振るえる政権は、戦後の中でも珍しいし、それはやはり安倍という人が何かの力を持っているから……。

佐藤　ただし、力みかえっても身体がうまく動かないわけですね。この政権は新自由主義の上に乗っかっていて、そこで一君万民的なイデオロギー操作によって社会を動かそうとしている。そのイデオロギーが感染している部分、すなわち非常に小さいところでの、自分の操作できる範囲では動くんですけど、社会システムとしての構築をしていないから、それ以上は動かせない。日本社会の分断を克服するようなシステム構築をしていれば、安倍さんが何かをやろうとしたら社会全体が動員されると思うんです。その動員するようなシステムを作るという発想がない。全部イデオロギー操作でできると思っているんですね。

大方は安保法制に何も感じていない

佐藤　今回の安保法制がちょっと危ないという感じを、大方の人が持ちましたかね？　何も感じていないんじゃないですか。別に安保がどうなろうと困らないんじゃないですか。そもそも安保条約による負担って、沖縄以外にはないですよね。安倍政権が何となく気に食わないから、ひとつ文句をつけに行ってみた――それ以上でも以下でもないんじゃないでしょうか。この法案ができたから、本当に明日にでも戦争になるなどと思っているなら、それはパラノイアですね。先ほども述べましたが、あの法案の構成で戦争にはならないです。

それから、もしあの法案の条文を見て、これで安保体制がいっそう強化されると思っているなら、よほど錯綜した頭脳の構造になっている。制作者側である外務省が、「ガラス細工です、突っ込みどころは満載です」と自民党幹部に説明しているんですから。村田晃嗣さんなんて大したものだと思いますね。外務省がろくでもないと言うものを、「こんな素晴らしいものはない」と国会で言ってくれるわけですから。外務省はそういう学者を、利用はしても絶対尊敬はしませんね。

安保をめぐる議論で、日米同盟がどうなるという議論は、私は全然、説得力がないと思っています。それは簡単なことで、負担は全部、沖縄だけが背負っているわけですから。その構造には誰も手を付けようとしない。進歩派は特にそうで、今回の宜野湾市長選で志村が負けたのは、半分くらいは本土の進歩派のせいです。地元のことは何も分からない、二度と宜野湾には来ないような連中が得体の知れない演説をして、歌なんか歌って、迷惑千万な話ですよ。それに対して安倍の側は、本人も直接来ないし、小泉進次郎だって街頭には出ないで、こっそり支持者のところに頭を下げて回っているだけですから。

それから何よりも重要なのが、ディズニーリゾートの誘致に対して、進歩派の方がきわめてシニカルだったということです。これは宜野湾市の状況を考えていないということ。宜野湾市の専門学校や高校を卒業した若者たちがどこに就職しているかというと、宜野湾市にまともな就職先は、ない。そこにディズニーリゾートを誘致するということは、二百数十人の雇用を作れるということです。そういうことなら現職を支持するに決まっているじゃないですか。

ミクロのところを見れば、負けるべくして負けたのだと思います。でも、負けてこれでちょうどよかった。少しは危機感を持つでしょうから。翁長陣営についていればいつでも当選できるなんて思っていたら、大きな間違いですよ。

中央政府が言っているところの「これによってオール沖縄が破れた」とか「辺野古が認められた」なんていうのも、大間違いです。中央政府は今回、住民投票をする機会があったのに、それを自ら放棄したわけですから。要するに、佐喜眞市長は、「辺野古空欄、普天間バツ」、志村は「辺野古バツ、普天間バツ」。そうすると、普天間がバツだということは民意として確認されたけど、辺野古については何も確認されていない。そういった簡単なマトリックスの問題なんです。

私はいずれにせよ、本土における日本の基地とか安保体制の問題に関しては、左も右もまったく無責任で、沖縄人の置かれた状況とは関係のない、趣味の話で動いている人たちだと思います。安保について、実際に深刻なのは沖縄だけで、沖縄は本土に頼っていたのでは全然状況は変わらないから、自分の身は自分で守るしかないと考えている。現在起きていることは、それ以上でも以下でもないと思います。

そもそも、今回の沖縄の状況がひどくなったのは、民主党のせいですから。菅政権の時のV字の滑走路に、日米で合意したからこれが始まったので、あの時に合意しなければ今頃まだ何も決まらないで、ダラダラした状態が続いていた。だから、日本の中でやっている安保体制をめぐる論議は、非常に抽象度の高い話なんです。安保体制で一身に負担を負わされている沖縄の現状から、遊離しています。

敗戦の否認は普遍的な現象

山口　さっき言われた、安倍さんの怒りとか鬱憤みたいなものについてですが……。

佐藤　学校の成績がよくなかったからじゃないですか？　要するに、一度も受験をやっていない政治家が引き起こす問題というものがあるんですよ。一貫校で高校・大学に進学して、一度も受験を経験していないから、竹の節みたいなものが入っていないんです。何かを集中して覚えるという、そこの踊り場がない。ずっと真っ直ぐなスロープできている。踊り場がないとそんな高いスロープは登れないから、緩やかなんですよ。何となく知識がふわっとしている。万事がそうなんです。雰囲気だけ右翼です。そういうのって、官僚からすると非常に操りやすいですからね。

山口　不満・鬱憤のひとつのテーマというか向き先は、やはり歴史、特に敗戦の経験だと私は想像する。祖父が経験した敗戦を、非常に観念的に、想像の中で相続していると思うんですが。

佐藤　完全に相続していますね。それから、白井聡さんの永続敗戦論の枠組みが出てきてから、安倍政権はアメリカには従属しているが、アジアには強圧的だという論に与する人が増えていますが、安倍さんの主観としては、そこも違うでしょうね。アメリカに対しても、ものを申しているつもりでしょう。だから、ロシアのことをやるのでオバマとやりあって、ほら言ってやったぞ、と思っているでしょう。

山口　敗戦の否認というのが白井さんの一つのテーゼですが、第二次大戦の敗戦国である日本とドイツを比べてみて、いわば敗戦を含みこんだナショナリズムと、敗戦を拒絶するナショナリズムというのがあるのかなと感じますね。

佐藤　それは明らかにありますね。例えば、敗戦を拒絶するナショナリズムだとワイマール共和国がそうですね。それから現在のロシアが、東西冷戦において敗北したと考えてない。それは、どこまでやられたかということで、第二次大戦のドイツの場合は政府自体が完全に崩壊して、降伏交渉をする主体もはっきりしなかったくらいまで追い込まれたわけですね。敗戦の否認ということなら、イタリアもそうです。イタリアにいまだにファシズム的なものが残っているのは、やはり完全に敗戦したんだという意識がないから。

裏返して見ると、完全に敗戦していたら、現下の日本のような歪んだナショナリズムは生まれてこない。そこそこ負けると敗戦を否認し、講和条約を結んで、ナショナリズムから、次にやり返してというふうになる。敗戦の否認というのは、私はむしろ普遍的な現象だと思うんです。敗戦を認めざるを得ないほどのひどい敗戦をしたというのは、例えば南北戦争の南軍であるとか、ピューリタン戦争におけるピューリタンであるとか、あるいは第二次世界大戦におけるナチスドイツであるとか。実は敗戦を敗戦と認識できるくらいに負けている方が少数派でしょう。そうすると、そこからの建て直しがしやすいわけです。

山口　昨今の日本の風潮が一九三〇年代に似ているということは、しばしば私自身も言うし、大学の問題も、国体明徴とか三〇年代の動きと表面的に似たところがあると思う。でも元をたどっていけば、今の日本が第一次世界大戦後のドイツの方にむしろ似ているのかな。

佐藤　そう思います。山口先生のその指摘はきわめて重要で、今、日本で起きているのは、実は普遍的な現象なんです。要するに、『永続敗戦論』で白井さんははっきりと、自分は講座派の伝統の上に立っている、しかもマルクス・レーニン主義者だと規定すると言っている。マルクス・レーニン主義者と規定するということは、第三者的に見るならば、スターリン主義者ということですね。レーニン自身はレーニン主義を規定していないですから。それから、日本共産党の一九六一年綱領――アメリカ帝国主義とそれに従属する日本独占資本ということで、結局は日本特殊論なんですね。それは、「万邦無比の我が国体」が裏目に出ただけにすぎない。このアプローチで、安倍政権を正しく分析できると思います。日本で今、安倍政権のようなものが出てくるというのは、実はきわめて普遍的な現象であるということ。私はむしろそっちの方から見ていった方がいいと思います。

山口　だから、不吉な話をするけど、もう一回戦争をしてボロ負けしないと、こういう風潮は変わらないいんじゃないか、ということさえ最近感じている。

佐藤　そう思います。あるいは戦争にボロ負けしない形で、我々がイデオロギー的な社会構造の再編に成功するならば、別の国になるわけですね。

日本はアメリカに対していくらでも断れる

佐藤　アメリカに対して日本が自主性を喪失しているという話は、一九六一年の日本共産党綱領の流れで、基本的には戦前の講座派の枠組みです。あの当時の論争でもあったように、社会党左派や新左翼の連中が言っていた、日本帝国主義は十分に自立している、日本帝国主義が自らの利益という観点においてアメリカ帝国主義と提携しているんだという見方の方が、現実に近いと思います。だから、アメリカへの自主性を保つということなら、アメリカに従属している方が自分たちの統治体制にとってプラスだと考えている政治エリートや経済エリートが主流を占めているからだと思うんですね。その意味においては、例えば経団連だって、株式から考えるならほとんどが多国籍企業です。「日本経団連」と書いていたって、日本の利益を守ることなんて考えていない。だから、自主性を発揮しろと言ったところで、革命でも起こさない限り、自主性は発揮できない。どの国においても、中国が資本主義的世界で一番強くなったら、中国に従属する。だから従属か自立かという二項で立てること自体、私は疑似問題だと思っています。こういう考えは、三、四〇年前は比較的議論ができたはずですが、逆にやっぱり共産党が強いのか、対米従属論は、保守の側でもリベラルの側でも、年を増すごとに強まっている。でもこれは、日本の資本家や政治エリートの責任を免罪する言説以外の何ものでもないと思うんです。「アメリカという強い者が来たら我々は断れない」、それは違いますよ。いくらでも断れる。断らないのは、断らないことに利益があるから。

対米従属論が強化されて、例えば孫崎亨さんの『戦後史の正体』とか、ああいうのが論壇とか政界で一定の影響力を持つというのは、どういうふうに見たらいいんですかね。

山口　なにかすごくスッキリした構図をパッと出してくれて、みんな腑に落ちる、という感じでしょうね。単純化が過ぎれば、陰謀論になりますが。

佐藤　腑に落ちますかね？

山口　いや、そういう人が大勢いるということだと思うんですけど。

佐藤　そうすると、心理的には、悪いのが日本人だということを認めるのが嫌だということですかね。

山口　それはある意味、「敗戦の否認」と似たようなからくりですかね。自分たちの無能力さというものを、ああいう形で説明して、正当化とか受容とかいうのでもないけど……無能力であることを、とりあえず納得するような。

佐藤　ただ、白井さんの言うその敗戦の否認論でアジアに対する転嫁ということになると、台湾についてはよく説明ができなくなりませんか？　中国の大陸に関しては、アジアだからけしからんと。ただその連中は、台湾とかインドには観念的なシンパシーを持っている。沖縄独立論に反対する人たちは、台湾の独立にはみんな賛成ですからね。だから白井さんでも、テキストだけだと、最初は単なる対米従属論ではなくて、日本のエリート層がそこに利益を見出したということで講座派の枠とは少し違っていた。でも、彼の書くものとかインタビューを積み重ねると、どんどん講座派的になっていますね。本人自身も講座派だと言い始めていますから。柄谷行人さんはそういう対米従属的な発想は全然ないでしょう？　世界システム論的な考えに立つから。

論壇人だと、池上彰さんには対米従属論的な発想がないんです。そのへんは非常に、フラットですね。フレームからすると、やはりあの二人は反講座派的なんです。池上さんに聞いてみたら、慶應大学時代に北原勇の独占資本主義論のゼミだったのに、対抗してテキストで読むのが大内力の『国家独占資本主義』で、両方を並行して読んでいたら大内の方が正しいと思うようになったと。だから、ネオ講座派のゼミだったけど、池上さん自身は労農派の方が正しいと思う、と言ってましたね。池上さんの論壇での強さは、彼がフラットで、日本の特殊性をほとんど認めないから。大人の教養を重視して、普遍的な、リベラル・アーツがあるんだということが発想の中心にくるんでしょうね。

でも論壇でもそれ以外の人は、だいたい見ていると、対米従属論になっていってしまう。以前よりもその度合いが強まっている感じがします。少なくとも、私がコミットしていた時代の社会党の人たちは、対米従属論的なことはすごく嫌がったと思う。むしろ日本という国が自立しているということを強調して、一つの敵で、相手は独占資本なんだと。ところが最近の社民党の人や、社会党から来ている民主党の人も、すごく対米従属論的になった。これは実は私にとって大きな謎なんですよ。

山口　やはり日本の政治家が知的に劣化しているから、従属しているように見えてしまうんですかね。

佐藤　よくわかりません。対米従属が決定論的に間違っていることの証拠は、日本の宇宙政策にあります。私は民主党の宇宙政策を見て、これは本当にアメリカから自立しようとしているなと思ったんです。民主党の人たちは、準天頂衛星を打ち上げると言い始めたでしょう。これを自民党がやるかどうかは見ものなんですけど、準天頂衛星を打ち上げると、アメリカのGPSシステムと切り離すことができる。そうなると、独自に弾道ミサイルの誘導が可能になる。だからこれは、対米自立そのものですよ。自民党政権になると、衛星は打ち上げても気象衛星ばかりで、準天頂衛星、日本の上を回っている衛星ではない。これを打ち上げれば、カーナビも道を間違えることがなくなるし、お年寄りがベッドから落ちたり風呂で倒れただけでも、全部チェックできる。だから成長戦略で絶対に活かせるはずなのに、腰が引けている感じがする。

山口　あと一つは、原発事故を通してアメリカのサブシステムだということをみんなが感じている。これについてはまだ明らかになっていないことが多いように思えますが。

佐藤　原発事故に関しては、事故が起きた後でも六ヶ所は止めていない。六ヶ所は世界で唯一、プルトニウムの抽出とウランの濃縮が同時に行われているところです。世界中の非核保有国で、プルトニウムの抽出を認められているのは日本だけ。もっとも、問題はウラン濃縮の方なんですよ。ウラン濃縮はアメリカの技術ではない。意外と知られていないけど、日本独自の技術です。人形峠で仁科博士がやっていたあのチームが、そのまま今でもやっている。特許も一件も取っていない。技術移転や流出を警戒しているからです。

日本は、ウラン濃縮では完全に独自の技術を持っている。ということは、いつでも広島型原爆が作れるわけで、それはアメリカとは別技術です。そうすると、核に関して日本は、根っこにおいて独自技術を手放していないんですね。ウラン濃縮に関しては各国みんな独自に技術を開発しているから、そういったことを含めて、核戦略においても日本は自主性を持っている。だからIAEAがあれくらい厳しく監視をしている。

それから、弾道ミサイル技術ですね。これも世界の最先端を行っています。だから意外とこの国は怖い国なんです。それをみんな知らないだけで。私は外務官僚をやっていてよかったと思うのは、外交官の頃は常識だと思っていたんだけど、世間の感覚からすると、日本の持っているそういった怖さを、意外と日本人は知らないんですね。北朝鮮の数十倍の脅威を作り出す力を日本は持っている。脅威は能力と意志によって作られますが、能力は日本の方が圧倒的に高い。そこに変な政治家が出てきて意志を持ったら、プルトニウムを全部持っていかれてもウランを濃縮して、原爆を造ることができるんです。

安倍的な国体か戦後の変遷した国体か

山口　敗戦の否認とはいわば正反対の現象として、天皇陛下が最近、ことあるごとに戦争の経験とか戦後の歴史について言及して、我々から見れば明らかに安倍政治に対する牽制をしておられるという印象を持つのです。敗戦の経験を徹底的に内在化した形のナショナリズムというものを、今、天皇が実験をしているのかな、という感じがするんですけど。

佐藤　それは、半分そうだと思います。そうすると、少し飛躍するようですが、ＩＣＵ（国際基督教大学）の謎と関わってくる。それから、外務官僚がどうして宮中に多いかということとも。外務官僚から見た世界観は次のようになっています。陸軍が暴走した、それで企画院とか、本来は戦争をストップする義務を果たす役所が機能していない。そういう枠の中で、外務省は終戦の土壇場で日本の国体護持ということで鍵を握る役目を果たした。例えば東郷茂徳、あるいは外務省のその下についている若い連中が、ポツダム宣言の"subject to"を意図的に意訳する、そして間接占領の方向に持っていく。それを「隷属する」と訳して、「国体は否認されています」と額面通りに言った場合には、日本陸軍はポツダム宣言を受け入れず、日本は壊滅するしかなかった。その場合は共和制になった可能性もある。あるいは白洲次郎神話などを作り出すことによって、また、実際は枢軸派に近かった吉田茂のような人間を「リベラル派」と情報操作する形で日米安保体制を作った。これはいわば、日本の国体――万邦無比の我が国体というものを守るために、日米同盟を組み入れた。日本の国体は、戦前の万邦無比プラス日米同盟になった。

日本の外務官僚たちは自分たちの仕事になぜあれだけの自負を持っていて、かつ右翼的なのか。

国内法に関しては内閣法制局長官が国会でも答弁するけど、日米安保条約や国際法のことになると、外務省の国際法局長になるわけです。外務省の設置法において、国際条約に関する有権的な解釈は、行政府の中では外務省が持っている。というと、日本の国体の中に不可分に組み込まれるところの日米同盟の解釈権は外務省にあるので、外務省がしっかりしないと、結局、国体は滅びるということですよね。

あともう一つ重要なのが、戦後のアメリカ軍の教育政策です。日本があの戦争になったいくつかの要因の中で、一つはキリスト教が高等教育機関できちんと教えられていないので、世界の普遍的な価値のキリスト教を国立大学で教えないといけないと言われ、京大にキリスト教学科ができる。ところが、東大は必死になって抵抗したから、西洋古典学科になってしまった。京大の初代のキリスト教学科の教室長は、同志社の神学教授の有賀鉄太郎、この人はオーテス・ケリーの盟友です。ケリーというのはハワイの収容所長で、対日諜報の文化政策の中心人物です。結局、国立大学にキリスト教精神に基づく形でのイデオロギーを注入する機関はできなかった。それで作ったのがICUだったんです。ICUは、日本側の設立準備基金代表が高松宮、アメリカ側の募金責任者はダグラス・マッカーサーなんです。もちろん、今はICUのホームページからマッカーサーのくだりは消し去られています。それによって作られたから、あの大学は戦後の日本の国体のイデオロギーをそのまま体現していると思います。そうすると、今の秋篠宮家がなぜ自分の子どもたちを学習院ではなくてICUに送るかということも、私は比較的クリアだと思うんですね、アメリカに対して出しているメッセージとしては。要するに、安倍的なるものの戦前との連続性は、もはや日本の国体ではない、だから皇室からすると、こういう右翼的なイメージ操作はおそらくありがた迷惑だと思うんです。

でもそこのところにあるのが戦後的な形で変遷した国体と考えるのか、それとも万邦無比の我が国体を維持するためには――例えば『愚管抄』の中で慈円が、天皇が軍事力を持たなくなる理由として、三種の神器のうち剣が壇の浦で沈んでしまって浮かび上がってこないことを根拠に挙げていますす。そういうふうに、国体は変幻自在なんです。そこのところでは、国民云々とか平和主義云々とかではなくて、あの天皇家が脈々と守っていく、こういうところに天皇の意図があるのか、そこは読み方が難しいところですね。

安倍さんの戦前日本と北朝鮮の統治システムは親和性が高い

山口　むしろ、国民と結びつくことによって天皇制が守られるというのは、松下圭一先生の大衆天皇制論以来、五〇年ちょっと前から言われてきた話ではありますね。戦後憲法体制が安倍によって転覆されそうになった時、戦後体制あるいは戦後の国体の中枢にいる天皇が、国民に向かって戦後の護教論を説いているという状況です。昭和天皇の戦争責任を不問に付すことによって始まった戦後体制の本質を今の天皇は若いころから見続けてきたのではないでしょうか。だからポツダム宣言を審《つまび》らかに理解していない安倍に否定されることに対して、精いっぱい反撃しているというのが私の見立てです。

佐藤　ただ、その考え方からみるなら、もっと古いところでは、権藤成卿などの君臣共治論ですよね。「君」と「民」が一体にならないといけないんだけど、間に「臣」、すなわち国家から俸給を得ている人たちがいる。国家公務員や軍人です。君民共治ができなくなっているのは、臣が入っているから。君と民が直接結びついている形で日本が成り立っているというのは権藤の組み立てで、権藤成卿はこれからまた重要になってくると思います。あるいは、大川周明も君民共治的なことを言っていて、臣がようやく去っていったところに、今度は黄金大名が入ってきた。それで反財閥となるわけです。民衆と天皇が結びついているという考えは、そんなに新しい話ではない。

山口　戦後ではないということですね。

佐藤　むしろ戦前だと思います。例えば北朝鮮の場合にはこういう概念があります。首領福と人民福、これは金日成体制の末期の時に非常に強調したことですが、金日成が、「我々は人民福というものを持っている、素晴らしい人民を持っている。これが国家指導者にとっての幸福だ」と。それに対して人民は素晴らしい首領を持っているから首領福を持っている。そういう「福」という概念で人民と首領が結びつくのだという理論を構築している。これは戦前の君民共治論の変形ですね。だから、意外と北朝鮮のイデオロギーをみると、日本のイデオロギーがどういうふうに発展しうる可能性があったのかなと——要するに八月一五日において、日本がポツダム宣言を受け入れて、アメリカ流の民主主義を導入することなく日本のシステムを発展させていたら、北朝鮮に比較的近いものになったにちがいない。だから、あれはある意味では天皇制をそのまま金日成一族にシフトさせたようなところがあり、あの国は我々の鏡像だと思うんです。

安倍さんが郷愁を持つ戦前日本と北朝鮮の統治システムは、実は親和性が高いので、彼はけっして北朝鮮の統治システムが嫌いではないと思う。北朝鮮指導者は、小泉さんも比較的会っていて気持ちよかったでしょう。安倍さんが好きなのは金正恩とは言わないですが、ネタニヤフとプーチンでしょうね。国際的な基準においては若干変わった人です。こういう人たちと波長が合う。北朝鮮の指導者ともけっして波長が合わないわけではない。だから拉致問題さえ解決すればということです。民意がない分、ある意味、韓国よりもやりやすいかもしれない。彼が理想とする国って、意外と北朝鮮に近い――安倍さんのことをみんな心の底から尊敬していて、経済的に困窮するような状態になっても基本的には人民が従ってくる。しかも、余計な情報は外部から入ってこない。そういうのに彼は憧れているんじゃないでしょうかね。

山口　安倍政権は、今までの自民党の指導者とは異質な面が多い。

佐藤　いわゆる保守本流とはまったく違いますね。清和会が三回くらい――深海のダイオウグソクムシっているじゃないですか、ダンゴムシみたいなの、あんなふうに三回くらい脱皮してできたみたいな感じですよね。

山口　清和会と言っても、お父さんの安倍晋太郎とは全然違う。

佐藤　森さんとも全然違いますよね。

安倍支持者は何かに怒っている人たち

山口　安倍さんが希求している「美しい日本」とか戦後レジームからの脱却といったものは、従来の日本の政治家の中では、自民党の中でさえちょっと異質なものです。それがある程度の支持を得ているという現状をどう見るか、我々にとっては難問なのですが。

佐藤　安倍さん的なものに対するシンパシーの強いところを選ぶなら、ゲームセンターとかコンビニの前に座っている連中とか。あのへんは安倍支持ですよね。今までの政治エリートが掴むことができなかった人々を掴むことができているのは確かだと思います。ロシアだとジリノフスキーに似ている。何かに対して怒っている人たちの心を捉えることはできるんです。何に対して怒っているかは、自分でもよく分からない。だから、エスタブリッシュメントは安倍さんのことを、バカにはしていないでしょうけど、尊敬していないでしょうね。でもとりあえず、まあまあ役には立つし、周辺にいる経産省の連中がいろいろと出しゃばってくるから、それはうるさいんだけど、適当に撥ねのければ、害はそんなにない。基本は新自由主義的ですから、放っておいてくれる。そして新自由主義的なプレイとあまり関係ない人たちのところでは、適宜ヤンキーたちをまとめてくれているから、それはそれでいいんじゃないの、という社会の分断の上に成り立っている政権だと思いますね。

マルクスの用語はあまり使いたくないんですけど、ルンペン・プロレタリアート、要するに階級的に一致しておらず、移動をする、そういうノマド的な生き方という形での非正規、あるいは、金はある程度あっても、一定の場所にいないで移動型の仕事を好む人は、何となく安倍さんに対して共感を持つでしょうね。ちゃんと決まった時間に電車に乗って、ネクタイをして会社に通う人たちは、疲れきっている。もう政治に幻滅している、もういいと。かと言って、街頭に出て行かなければいけないほど自分たちの生活が切迫しているわけでもない。だから、もう触りたくないから放っておいてくださいという感じになっているのでは？　そこのところで、政治的にアクティブになりそうな層を、安倍さんは上手に捕まえている、ということだと思うんですよ。

山口　何かに対して怒っている、何に対してかはよく分からないというのは……。

佐藤　何が悪いのか、それは時々安倍さんが教えてくれる。北朝鮮が悪いとか、中国が悪いとか……。だから、自己愛を上手にマネージできない人は、安倍さんとのシンクロ性が非常に高いんじゃないでしょうか。

山口　安倍という人は、国会での議論を聞いていても、すごく自己愛の強い人だなあということは感じますね。

佐藤　早く質問しろよ、とか、チンピラみたいだし。でも現在の日本の政治家って、そういう人が多いんじゃないですかね。

兵庫の野々村県議。あの人の号泣で日本の政治はいっそう変わったんじゃないですか。武藤貴也さんや上西小百合さんがいまだに国会に残ることができているのも、野々村さんの号泣以降の一連の、勾引状を執行されるとか、常軌を逸することがあるので、政治の基準があそこになってしまった。あれ以上のことをしないとスキャンダルにならないんですね。だから、武藤さんとか上西さんとか、あの人たちは今はスキャンダルにはならない。彼や彼女がやっていることは何が目的か、明白でしょう。二度と当選しないことが分かっているから、歳費を貯めこんで蓄財をするということですね。宮崎謙介さんは辞めましたが、「大きくなって帰ってくる」と言っていますから、もう大きくならなくてよろしい、という話ですね。それと比べてみると、安倍さんはまともなカテゴリに入っているように見えるんですよ。野々村さんと武藤さんと宮崎さんと安倍さん、その中から誰を選ぶかという選択になった場合、やはり格段に安倍さんが優れているように思うんですね。……そういう話ばかりしていると暗くなってきますね。大変な状態なのは間違いない。

国民の集合的無意識を掴む小泉、掴めない安倍

山口　安倍政権の支持率の高さがけっこう根強い。それはなぜか。何か日本の集合的無意識のようなものを安倍首相が体現しているということはあるんですかね。

佐藤　私は、そこはあまりないように感じますね。日本の集合的無意識を体現するのがうまかったのは、むしろ小泉さんだと思います。小泉さんと安倍さんには本質的な違いがあって、安倍さんはもう少しスケールが小さい。自分の個人的な恨みであるとかに拘っている。彼は自分にとって非常に親しかった人は切ることができないと思う。それは、裏返すと、大きな政治をやることによって国民全体をまとめる神話を作れないということだし、非情なことはできない。最近、アエラに長いこといた常井健一さんが、文芸春秋から小泉純一郎のインタビューを出したんですね。あれは非常によかった。小泉さんが一番下にほしかったのは、派閥は違うけど綿貫（民輔）さんだそうです。本当によく奢ってもらったし、一番気が合ったって。

それから、進次郎には仲間がいないようですというのがあって、当たり前じゃないかと小泉さんは言っている。政治の世界ではすぐに味方が敵になって敵が味方になる、三回生くらいで仲間がいないのは当たり前だ、そんなのは総理になる時のことだと。

自分が本当に仲がいいのは実は綿貫で、しかし郵政民営化をやるとなると向こうは反対だから、切らざるを得なかった。お互いにどっちかが歩み寄ると思ったのに結局こういうことになっちゃった。綿貫さんの方から見れば、あんなに面倒を見てあんなに親しかったのに、よくもああいったことをやるなと思っているだろうね、と言っている。政治ってそういうもんだよと。あの

感覚は安倍にはない。だから、鈴木宗男さんが議運の委員長を辞める時も、小泉は電話してきて「この借りは必ず返す」と言ったけれど、借りを返すなら次は閣僚にしてくれるのかなと、鈴木さんが期待していたら、検察が来たということです。そういうことが小泉さんにはできる。それは国のためにやっている、ということです。

靖国に関して、「俺の周辺は行くなと言う、でもあれは戦争で亡くなった人のために行かないといけないから、総理だから意味がある、国会議員を辞めてからは一度も行っていないよ」と言っている。この感覚だから、実は国民の集合的無意識を捕まえることができたんです。安倍さんにはそれがないですね。多分、人間的にはいい人なんでしょう、きっと。

安倍政治の国家社会主義的な色彩

山口　さっきの、一九三〇年代のドイツとのパラレルの話ですが、最初はチンピラだと思ってみんなバカにしていたけど、ひとつはプロパガンダ、あるいはデマゴギーみたいなもの、もうひとつはゲヴァルトでナチス党がどんどん力をつけてきた事実があった。

佐藤　その時に重要なのは、当初、ドイツ共産党がケースバイケースという形でナチスと同盟関係にあったことですね。本来はマルクス主義という母体で一緒のはずなのに、社会民主党政権に対抗するためにナチスと一緒にストを打つ。ナチスは「ドイツ国家社会主義労働者党」という党名で、「社会主義」と「労働者」が入っている。このキメラ的な名前から分かるように、時に共産主義勢力を上手に使ったところが、ナチスが権力を掌握するのに重要な要素だったと思うんです。例えばドイツの国会放火事件にしても、現在の実証研究だと、あれはけっしてナチスのでっち上げではないですね。ただ、共産党がやったことでもない。何かちょっと変調をきたした、共産党の方針とは無関係な人間が放火したことは間違いない。それを最大限に活用されてしまった。ナチスが何かをでっち上げたということだったら、もっと単純な話だったと思うけど、そうじゃない。何か、突発事態としてそんなに政治性のない事件が起きて、その際にそれを共産党のせいだという巧みなプロパガンダをして、それを受け入れる土壌というのはかなりあったということです。

それから、例えばプロテスタント神学だったら、非常に優れたエマヌエル・ヒルシュとか、あるいはむしろ弁証法神学の陣営に属しているはずのフリードリヒ・ゴーガルテンとか、哲学者だったらハイデガーとか、こういう人たちはナチスに過剰な意味を読み込んで、ヒトラーのやっていることを理論化していった。その人たちは途中で離れていっても、そこで構築された理論は一人歩きするわけですね。それに、ゲッベルスも今では過小評価されていますが、現代的な考えだときわめて優秀な広告代理店のやり手みたいな感じですね。それから、外交の実務能力はリッベントロップが持っていた。だからいい人材を揃えることに成功していたんですよ。経済だって、シャハトを連れてくることができた。そして理論的にも、新しい更地から組み立てるのではなく、フリードリヒ・リストの国民経済学をナチス流にアレンジし直すという形で、過去にある知的遺産を上手に持ってくることができる人たちがいたんです。

最近、ミュンヘンの現代史研究所から出た、学術版のヒトラー『わが闘争』の二冊本は実によく出来ている。電話帳くらいの厚さの二冊なんですけど、ヒトラーのそれぞれのところにおいて、根っこになっているのはこれだとか、ここをどうねじ曲げているとか書いてある。『わが闘争』は、かなり知的な体系として、思ったよりもよくできていることが、あのコメンタリーを見ればよく分かりますね。

山口　安倍政治を見ていて、ひとつは祖父の大きな影響を受けているから、先ほど新自由主義的な基調と言われたけど、政策のアイデアの端々に国家社会主義的な色彩も出てきていますよね。

佐藤　あります。経団連に文句をつけて内部留保を批判するなどは、全然、新自由主義的ではないですね。

山口　「一億総活躍」とか、出生率を一・八に上げるとか。

佐藤　でも「一億総活躍」なんて、面白いスローガンだと思いますね。世界であの種のスローガンを揚げる時は、だいたい現状の人口よりも多い数を示します。一億二七〇〇万人だから、「一億総活躍」というのは、二七〇〇万人は活躍しなくていいってことですよ。だから、ワーディングとしてもすごく下手だと思う。加藤勝信の日曜討論の発言を聞いていても、結局、日本の人口の下げ止まりは止まることがない、下げ止まりを一億にするということだから、むしろ発想としては東條首相の絶対国防圏に似ている。だからえらく暗い、後ろ向きのスローガンを揚げるんだなと不思議に思うんですけど。

とりあえずデータ的には明らかになっている子どもの貧困の解決にエネルギーをかければいいのに、そういうことは思わない。例えば私が安倍政権の周辺にいるんだったら、フランスで賞味期限三分の一以下でスーパーから出る食材を、食材分配のＮＰＯに送ることを義務付けている、ああいうのをすぐに真似します。そうすると廃棄費用も要らなくなるし、そういったＮＰＯを政府がサポートする形だったら、貧困対策になる。貧困対策は一五年のスパンで見れば大変な成長戦略になりますからね。そういうことは、安倍さんに「いい話ありますよ」と耳打ちすれば、多分やると思うんですよ。自分からは思いつかないんでしょうね。

山口　同一労働・同一賃金とか、女性の活躍とか、従来あまり自民党が言わなかったことを、野党からパクってスローガンとして打ち出しているところは、今までとは違うけど。

佐藤　そのうち官邸に“Arbeit macht frei”（労働は自由にする）とか、そういうスローガンでも掛かるんじゃないですかね。でもそれがアウシュビッツに掲げられていたなんてこと、彼は知らないと思いますよ。恐ろしいほどに偏った知識しかない人たちなんです。ものすごくキャパシティの狭い人たちです。

社会の底が抜けている

山口　政治の世界で政治家の質がずいぶん変わってきたということは、選挙制度を変えて二〇年経って、その影響が出てきたんですかね。

佐藤　小選挙区制は明らかに影響していますね。あと、公務員試験制度も若干影響をしていると思います。

山口　そう、政治家は選挙で選ばれるだけだから政治家にテストはないんですけど、政策を考える役人たちが劣化しているとすると、それはいったい何が原因でしょうかね？　大学教育がダメになったのかな。

佐藤　大学教育も若干あると思う。大学教育の場合は、ダメになり方が違うんですよ。やはり東大の文Ⅰは優秀なんです。ところが、司法試験の予備試験、あれは大学生が受験できないようにしないといけない。東大文Ⅰに入ったってみんな予備試験を受けちゃうでしょ。みんな記憶力はいいし、あの種の試験に慣れていますから、早い人は二回生で受かる。東大ならだいたい三回生で受かる。となると、法曹を狙うなら、法科大学院に行くだけで負けということになる。三年間、予備試験と司法試験の受験勉強しかしないわけです。英語も勉強しないし、数学だって、受験で必要とされる数Ⅱ・B以上の数学なんてやらないし、論理学もやらない。それでは法曹エリートの水準や、その資格を持っているからといって国家総合職で財務省や経産省へ行く連中の教養が、壊滅的な状態になりますね。

そうすると次にどうなるか。二〇歳代くらいで、カバン持ちで局長について政治家のところへ行く。それで局長が頭ごなしに怒鳴られてペコペコして、慌てて資料を作っている。すると「自分も政治家になれば、こうやって官僚をこき使えるんだ」と思って、それで課長もやっていないような人が、選挙に出てきて通っちゃう。役所の仕組みも、人脈も、仕事のスタイルも、文書の書き方も分からないような元官僚は、何の使い物にもならないですよ。

大学に入る時点の入学歴、入学偏差値だけで世の中が成り立つんだと勘違いしている本質的なバカ者、こういうのが官僚や政治家で増えている。昔は、そんなのいなかった。東京大学の法学部で成績が良くて官僚になっても――例えば文Ⅰから、教養の後期課程の方で科学哲学をやる人がいて、「あいつはすごく頭が回った」とか、「学者になっている奴って、政治家になったこいつには敵わない」とか、そういう人間的な関係があった。それが希薄になっている。

もっと酷いのは外務省で、この前、読売新聞に出ていましたけど、来年から総合職で入る外交官にＴＯＥＦＬの点数の申告を義務付けるそうですが、その時の基準点がＩＢＴで一〇〇だというんです。昔の、我々の時代のＴＯＥＦＬだったら五九〇くらいだと思います。ですから、ＩＢＴだとギリギリですね。英検だと準一級ですよ。それ、今の外務省の一年生・二年生のキャリア職で何割クリアできていると思います？

山口　まあ、二、三割？

佐藤　三割です。私が外務省に入った頃は、ノンキャリアを含めて全員クリアできていました。その水準でなければ、外務省には入れませんでした。英語力でこんな状態だったら、外交が機能するはずがない。何か力点が違ってきちゃったんですね。

特に、東大を出てきた優秀な連中は、投資銀行に行って金を追いかけるようになった。でも大した金は稼げていないんですよ。それで一〇億稼いでいる人なんてほとんどいない。投資銀行というのは博打ですからね。その年に自分がディーラーとして一〇〇億儲ければ、そのうちの〇・五パーセントくらい、つまり五〇〇〇万は入ってくるかもしれない。ところが、仮に大穴を当てたって、クビになるわけですからね。これは非対称ですから。だから大きく博打を張った方がいいに決まっている。しかし、そこで覚えることなんて何も大事なことはない。そういうところに東大卒のエリートが魅力を感じるということが、やはり異常なんです。

他方で、ＡＯ入試が行われるようになった。そうすると小保方さんみたいな人が出てきちゃう。深刻な問題ですよ、ああいう人が——実験ノートも書かない、博士論文も中間段階の論文を間違えて出したなんていい加減な言い訳をする人が、そのまま理研で一つの研究室を持っているなんて、尋常じゃないですよね。何か底が抜けている。

山口　そうですね。この底の抜けた現象は、この一〇年、一五年くらいですかね。佐藤さんが役所にいた頃は、そうじゃなかった？

佐藤　抜けかけてはいましたけどね。考えてみると、何とかそこは守ろうと、中で教育制度を整えたり、いろいろやった。だけどあの時もやっぱり始まってはいた。官房機密費から百億単位のお金を抜いてきて、それを私的に流用するなんて、公務員の犯罪ではないですよね。犯罪者が公務員になったという話です。きわめて反社会性や犯罪者傾向の強い人間が公務員になっている。やっぱり底は抜け始めていたんですね。

山口　社会の底が抜けるという現象を比較してみると、かなり日本に特有の現象なのかな？　これは世界的な現象で、アメリカを見ていても同じようなことが起こっているということもできる。

佐藤　トランプが出てくることが普通じゃないですね。クリントンの私用メールの話、あれも底が抜けています。「秘」や「極秘」のものを、アメリカの大統領候補が、プライベートのコンピューターで保秘システムを作らずにやりとりすることは、ちょっと我々の常識では考えられない。あのやり取りは全部、中国やロシアに盗られていると思った方がいい。アメリカも、そういう人が大統領選挙に出てこられていること自体、底が抜けている。スノーデンなんか必要ないですよ、クリントンのメールを見ればいいだけの話ですから。あのメールに暗号がかかったという話は聞かないですし。クリントンのなりすましさえできれば、パスワードだってどうせ単純なものでしょうから、コンピューターを解析すれば出てくる。数回入れ間違えたらブロックされるわけじゃないと思いますから。……あちこちで底が抜けているんですよ。

安倍さんは我々の醜い姿の鏡

山口　社会の底が抜けているという問題を建て直すのは、安倍政治をどうするかということよりも、もっと深い根本的な課題ですね。

佐藤　そうです。実際のところ、山口先生の分野でもある教育だと思うんですよ。なんでこんな恐ろしいものが出てきたのか、まずは醜い我々の姿ですね。それが特に安倍さんに表われている、この安倍現象というものを徹底的に解明していって、なんて醜い姿なのだろうということを見て、それは我々の、ある意味では鏡に映っている姿でもあるんだと。我々の醜い姿の象徴の部分が安倍さんに表われていて、安倍さんと我々は異質だと思わない方がいいですね。「安倍には我々の一部もある」と。右とか左とか、ちょっと違った部分で表われてはきているけど、これを、嫌だけど認知するところからのスタートだと思います。多分、身内には優しくていい人だと思う。民主主義社会ですから、我々の標準的なところから著しく乖離して変なものが総理にはならないシステムになっている。でも現在起きていることは、客観的に見て相当変ですよ。

あるいは甘利前経済再生相とか、もう同類と思いたくないですね。あのゴリ押しをやっている菅義偉内閣官房長官にしたってそうですよ。あるいは女性の活躍と言って出てくる丸川さんとか、島尻安伊子さんとか。ああいう人たちを、みんな仲間として見るというのは大変なことだと思うけど、でも我々の周囲や自分自身の中にも、ああいう側面があるという、認知上の大変な障壁を乗り越えて、もしかしたら私も安倍さんに近いところがあるのかもしれないと。よいものがすぐに変なものに転化しちゃうんですよ。

ＳＥＡＬＤｓにしても、あの現象自体は重要ですし、面白いと思うけど、子どもに大人がおもねたらダメです。ＳＥＡＬＤｓに学ぶなんて発想を、真面目に大人が考えたらこれはダメ。もう、金日成が「人民にいつも学んでいます」と言うのと一緒になっちゃう。当たり前の話だけど、大学生の仕事は勉強することなんだから。学生としての側面と、公民としての側面、あとは経済人としての側面があるので、自分がどういう基盤に立っているのかということを、やはり客観的に認識しないといけないと思うんですね。ＳＥＡＬＤｓの学生にしても、親から全額の仕送りで活動している人間と、学費は親に出してもらって自分でアルバイトをしながら生活費を稼いでいる人間、あるいは生活費も学費も全部自分で作っている人間……これは全部、存在論的な基盤が違う。そうなると、一人一人の発言について、それぞれ違った受け止め方をしないといけない。「君たちのところで、政治の活動はどうで、みんなで飲みに行ったときはお金をどういうふうに出しているの？」とか。これを割り勘にしているなら、その団体は学生団体として少しおかしい。背景の経済力は一人一人違うわけだから。

今度、ＳＥＡＬＤｓ琉球代表の元山さんとの『週刊金曜日』の企画があるので、教えてもらおうと思っています。「なんで琉球っていうフレームを使うのか」ということ。あるいは、ナショナリズムと普遍的な価値。琉球というのを掲げた場合、琉球なら奄美はどう思うのか、先島と本島に関して、どういうふうにそこが違うのか、両属体制をどう思うのか――どれくらいの認識で琉球という言葉を使っているのかについて、私は非常に関心があります。多分、元山さんは、今いろいろと考えているところだと思うんです。その思考が途中で停止しちゃって、スローガンに先行されて動くようになると、沖縄には基盤を持てなくなる。

山口　そうですね。ＳＥＡＬＤｓはやはり、基本的には非常に部分的な動きで、普通の学生と話していると、距離を感じることの方が多いです。みんながＳＥＡＬＤｓになる必要はない。しかし、彼らに違和感を持つ若者にも、今の日本を見て、問題点を理解してほしいというのが私の課題です。

佐藤　静岡文化芸術大学の答案の採点を昨日ようやく終えました。一〇四人登録していて、「イスラム国」の問題とか、国際法の構成とか、いくつかに分けた。二回生以降の三回生・四回生などはしっかりした答えを書いてきますよ。よく考えているし、政治的な意識もかなり高い。あの大学の場合は、静岡にそのまま残って就職する人が多いです。選り好みをしなければ、就職もほとんどできる。学生たちは、実によく考えていますよ。

それから最近驚いたことは、あるステーキのチェーン店に行ったのですが、あそこのアルバイトの子たちは、名札の一番最後のところに将来の夢が書いてある。それを見ると、「事務員」というのがほとんど。二〇歳前後だと思うけど、それで若干の調理をしたり、基本的にはものを運んで清掃をしているわけです。ちょっと雑談をしてみると、その子たちの夢が、正規とか非正規ではなく、とにかく何でもいいから、体を使っている仕事からいつか別の場所で、非正規でもいいからデスクワークをしたいと。これは、社会が非常にシュリンクしているということですよ。最近イタリアンでも、立ち飲み屋が増えているでしょう？　立ち飲み屋に時々行って、サラリーマンたちは何をみんな話しているんだろうと、立ち聞きする。するとだいたい二つですね。「自分は能力があるのに、会社でいかにそれが正当に評価されていないか」ということと、二つ目は「こんな会社は辞めて起業してやる」ということ。その両方の人って、絶対、今いる会社でうだつが上がらないし、辞めて起業することもないと思います。そういうところにおいて、社会自体がシュリンクしていることが分かる。

それから、これは民主党への政権交代以降の変化ですか、国会議員が料亭に行かなくなっている。あの人たちがどこに行っていると思いますか？

山口　カラオケ屋ですか？

佐藤　そう、カラオケ屋。外部の人や有権者から話しかけられない、見られない場所で、自分たちの内輪だけで歌を歌っている。これは民主党政権が作った文化だけど、自民党の若手も一緒です。公共圏に対して関心がないし、そういう場所で人に話しかけられるのが不快で嫌なんですよ。

欲望の追求と老後の不安が関心事

山口　一人一人の若者は、ＳＥＡＬＤｓみたいに社会的・政治的に弾ける人は少ないです。みんな割と行儀もいいし、それなりに勉強の習慣もある。

佐藤　勉強もしているし政治について全然考えていないわけじゃない。それから、自分たちの将来に恐ろしい不安を持っている。上昇できないと思っている若者がどんな感じかというと、事務員になるとか、そんなふうに夢が小さくなっている。

もう一つは、精神科医の斎藤環さんが言っていたことですが、精神科の世界では、嫉妬と羨望を分ける。嫉妬というのは、自分との差がかなり大きいところの認知で、「ああいうふうになりたい」といった、一種の憧れから出てくる感情であると。それから、羨望は「うらやましい」ということで、比較的距離が近い。羨望の対象になっているのは、何かきっかけがあれば引きずりおろすことができるという方向性になるというのが斎藤さんの分析です。だから、「炎上」という形で表われている。炎上が増えているのは、嫉妬が少なくなって羨望の方にウエイトが移っているからという仮説を立てていました。これも社会のアトム化や経済の右肩下がりと非常に関係していると。そういうマクロな状況の中で、ミクロにはそういったことが出てくるし、引きこもりという現象が増えてくる。

山口　社会性、あるいはいろんな他者と接触することを許容しながら、他者とぶつかりながら自分も成長していくことが難しくなるというのは、どんな学問のテーマになるのか分からないですけど。

佐藤　学際的ですよね。だから、そこのところを今、斎藤さんと話している。斎藤さんは、そういうふうにして一人で孤独になっちゃったら大変だよ、ということで、それがまずいんだという意識が今まであったんだけど、SNSの発達によって、リアルなコミュニケーションがなくても承認が得られてしまうようになった。その点では、「これじゃまずい」ということがなく、外部とのリアルな接触が必要なくなってくる。

SNSを多用する人は、実は世間で言われているのとは逆で、リアルな人間関係が非常に強い人なんですって。というのは、「今度会おうね」とか「じゃあこの仕事がいつまでだから、明日会うことにしよう」といったような連絡なんです。深ーく入っていくソーシャルゲームとか、あるいは2ちゃんねらーみたいになっていく人、こっちの方は、かなり深刻だと言っていました。そこで承認欲求を満たすことができてしまう。

山口　それこそ、政治の方ではフロムの『自由からの逃走』みたいに、アトム化というのが独裁を用意して、アトム化された個人が、カリスマ的な独裁者によって承認されるパターンをいくつか説明してきたわけですけど。

佐藤　安倍さんは、ちょっとそういうタイプとも違いますね。

山口　違いますよね、明らかに。

佐藤　だから、従来の分析道具で、「安倍モンスター型」で描いた場合は、彼の危険性が見えないと思うんですよ。少なくとも、再チャレンジで成功した代表の一人みたいなイメージもありますよね。あとは、体が弱い、その意味では地獄を見たと。そういう表象で、一部の人には感情移入しやすいんでしょうね。しかし圧倒的大多数の人は、冷めている。そして異議申し立てをする人はもう本当にごく少ないということになれば、世の中の九五パーセントの人がまったく白紙だということで、力の構成からすると「安倍さんがすばらしい」と思っている人に、政治的意思決定が持っていかれてしまうんでしょうね。

　では世の中の人たちは何に関心があるのかというと、市民社会でバラバラになった結果、欲望を追求していると思うんです。食べることから始まって、学歴、そして自分の学歴が思うようにいかなければ子どもの受験とか。エネルギーがそっちの方向に振れちゃっている感じがある。もう一つは、老後の不安。小金があるぐらいでは、有料老人ホームに入っても突き落とされるかもしれない。ならば突き落とされない老人ホームをどうやって今から見つけるか――私くらいの世代の人は、みんなかなりそれで頭がいっぱいだと思うんですよ。あとはパートナーが先に死んでしまって、一人残された場合には、どういう人生になるのかとか。みんなそんなことを心配していますね。

山口　確かに、あらゆる世代において、不安が強まっていますよね。

佐藤　だから、そういったことは人に頼めるんだ、社会がやってくれるんだという安心感によって除去される制度設計をするべきだとみんな思っているけど、制度設計がそっちにいかないんですね。

山口　本当はそれが政治の役割ですよね。佐藤さんが冒頭で言われたように、安倍はイデオロギーの注入で何とか社会統合をしようとしているけど。

佐藤　そう、一君万民みたいな、相当黴も付いて錆びてきて、それで入っているつづら自体が腐ったようになってきて、そんなの機能するはずがないですよ。

高負担・高福祉で全然、問題ない

山口　システムを再構築することで、余計な不安は除去して、もうちょっと普通に生きていける世の中を作るということが政治の課題ですよね。

佐藤　私は、モデルとしては高負担・高福祉で全然、問題ないと思いますよ。仮に年収二〇〇万円ある人が、税金で一〇パーセント持っていかれるとします。年収一億だったら九五パーセント持っていかれる。それでも全然、制度設計さえきちんとできているなら、社会の不満は出てこないと思いますよ。

山口　そうなんですよね。二〇〇九年に民主党が政権を取った時に、多少はそういう意識で社会保障システムを建て直すことを議論した人たちもいたんですが、結局のところうまくいかなかった。財務省に利用されて消費増税の道だけ描かされ、みんなが払った税金で生活の基盤をどう立て直すかという政策展開を十分描けなかった。

佐藤　民主党がどうしてうまくいかなかったか。例えば、子ども手当は、相当の経済効果があったと思うんですよ。内閣府で資料やデータを調べているのに、それを今の政権が公表していないと思うんですね。だから子ども手当も、やはり民間できちんと調べてみるべきです。

山口　東大の大沢真理先生が財務省からもらった資料によると、年収四〇〇万以下の子ども二人の世帯だったら、払った税金よりも、受け取った手当や高校授業料相当分の方が多くなって、ネットでは得しているということです。

佐藤　政府が持っているデータを吐き出させるということを、民主党はちゃんとやらないとね。

山口　それからもう一つは、財源をどうするのかという話になった時、今言われたように、金持ちからいっぱい取るぞ、みたいな思い切りがなかったことですね。

佐藤　それは簡単な話で、金融資産で五〇〇〇万円から五億くらいまでの金持ちだったら、小金持ちだから、日本からは抜け出せないです。

山口　そうですね。抜け出す力がないでしょうね。英語もそんなにできる人はいないだろうし。

佐藤　五〇億の連中は抜け出せます。抜け出せないようなところから取ればいいんですよ。でもその連中には、名誉を与えないといけない。この人たちは社会にこれだけの貢献しているんだと言って、高額納税者に対しては社会的な名誉を付与する。何かそういったことをうまく考えて、その人たちの認知欲を満足させる。実際は逃げられないんだから。ただ、民主党のやり方でダメだと思うのは、子ども手当は、社会的なコンセンサスを得られなかったけど、子どものいる家庭全体が裨益したのだから、あれはあれでよかったと思うんです。例えば、軽減税率の一連の議論で出ているところの還付金なんてよくないですね。あるいは、軽減税率に関して、リアルな状況を公明党は知っているから、逆進性が高くてもいいんですよ。

山口　低所得者にとっては、やはり食料品が安くなる方がいいということですね。今後消費税率を一〇パーセント以上に上げる時代が来るでしょうから、いずれにしても西欧と同じような軽減税率は必要になるでしょうね。

佐藤　そうです。そうなれば、社会の分断を招かない。今の二パーセントだったらよくは見えてこないですけど、仮に消費税が三〇パーセントになった時――これはリアルだと思う――食品は八パーセント、そうすると一〇万円もするキャビアとか、一〇〇グラム六〇〇〇円の松坂牛を食べている人の方がずっと得をしていることになる。確かにそうで、その連中が反発しないということがこの制度のポイントになると思うんです。経済的な弱者は、まず情報弱者でもある。今、生活保護の受給資格がある人たちで、どれくらいの人が受けていると思います?

山口　捕捉率は、多分二〇パーセントもいっていないんじゃないですか?

佐藤　そう思います。情報弱者ですよね。

山口　申請に行かないわけですね。

佐藤　それから、生活習慣における弱者でもある。要するに、生活保護を受けるのは恥ずかしいと思っていて、周辺の目があるから申請に行けない。それを逆用して、富山モデルがすばらしい、みたいな話になるわけです。生活習慣の弱い人間に一か月に一回、今のような給付をして、十数万円が入ってきたら、数日で使っちゃいますよ。それに対して、「お前は何で計画性がないんだ」と言ったって無理です。というのは、問いの立て方が逆で、計画性がないからそういう状態になった。そうなるとやはり、一週間に一回の交付とか、現物給付——住宅なんて余っているんだから、そういう方向への切り替えが必要だと思う。

そのあたり民主党が、リアルな貧困の生活を知らなすぎるんです。リアルなシングルマザーやシングルファーザーの状況とか、リアルな貧困者、あるいはリアルな精神障害をもつ親の、子どもがどういう状況になっているかなどを知らなすぎる。そこの状況を知っているのが公明党なんですね。創価学会を通じて社会の現実を知っている。だから、公明党から出てくる案は、仮に今回の軽減税率が逆進性の高いものであるとしても、それは貧困層に受け入れ可能な、しかも彼らが恥をかかないですむような政策なんですよ。

繋がりの回復は生きている場で

山口　社会保障と税金の話で言えば、佐藤さんの言われる「官僚階級論」が、日本人にはすごく浸透していると思うんです。何か公共的な政策やサービスの対価として税を払うなんて思っている日本人はほとんどいない。階級としての官僚を養うために税金を払っているという、この感覚が抜けない限り、ヨーロッパ的な福祉国家を作るのは難しいでしょうし……。

佐藤　この階級闘争に成功したのは、小泉さんですよね。「官から民へ」の郵政民営化で、「あいつらは横着している」と。実際は郵政は中で回っているから、それによって税金は一円も節約されないんですけどね。考えてみたら、ヤクザを讃えている歌はたくさんあります。『会津の小鉄』にしても、『森の石松』にしても。でも、役人を讃えている歌って、ありますかね？

山口　ないですねえ。

佐藤　お巡りさんの歌といえば『犬のおまわりさん』だけど、あれは讃えているのではなくて……あれを歌うと警察官僚は怒りますよね。だからやっぱり、この国で役人は嫌われている。

山口　そこをどうやって乗り越えるかというという話で、著書の『官僚階級論』には「社稷《しゃしょく》」というキーワードが出てくる。社会的な相互性とか繋がりを回復するのは、政治とか権力とかを使って何かができるという話ではなくて、我々が生きている場で少しずつ作っていくしかない。

佐藤　しかもそれはケースバイケースだと思うんです。例えば、自分が応援している学生がいるでしょう？　将来出世払いでいいから返せと言って月に一二万円送って、大学を出るまで応援してやる。それで育英会の奨学金ももらったら一七万円ある。それでもｉＰａｄＡｉｒ２が欲しい、なんて言ってくる。その時には「お前、福沢諭吉を読め」と。自助努力というのは重要なんだ、「天は自ら助くる者を助く」だと。だから、自助と公助、それから共助は、全部組み合わさっているんです。置かれた人間のケースバイケースですね。娘を一人抱えたお母さんで、苦しいから給食センターのバイトだけやっている、月に入ってくるのが一二万円ということだったら、「お母さん、そんなに無理しないで、世の中お互い様なんだから、生活保護を申請しなさい」と、また「生活保護が嫌だったら、学校に関するものだけ免除してもらえるんだから、やりなさい」と説得する。そういったことが公助です。あるいは逆に、贈呈品が多くてミカンを四箱ももらってどうしよう……という場合は、「それなら川崎のフードバンクに送りなよ、そこから困っている家庭に配ってくれるから」と、後からきちんとどこに配ったかという連絡も来るし……というのが共助で、お互いがやろうという、ケースバイケースの話になってくるんですね。

そういうアンテナを、有識者でも社会の問題を感じている人が持って、自分が触れる範囲において少しずつ何かをやって構造を変えていくことが重要だと思うんですね。自分の家の中に賞味期限が少ししか残っていないものがあって、結局捨てることになるんだったら、フードバンクに送ればいい。それで解決できる。どうも左派・市民派は、そういう草の根の活動を軽く見ている感じがするんです。

それから、ご飯を一緒に食べに行っても、とにかく割り勘になるでしょう？　あれにものすごく違和感がある。一人一人が持っている背景が違うのに。創価学会の人たちは、会合の後に飲み食いをしません。いったん家に帰ってから、別途集まることはあっても、創価学会の会合の後に飲み食いをすると、その時に行けない人は当然、疎外感を感じる。だから、会館の中に食べ物を集めて、それでみんなで食べる。それに関しては拠出金なんて何も要らない。あの人たちは一年に一回しかお金を取りません。一二月に一回、財務で払うだけだから。誰がいくら払ったかも、責任者しか知らないし外には言わない。だから、会館に行けばタダ飯が食べられるわけです。本来は、教会がそれをやらないといけないんですよ。しかし、日本の教会は、ちゃんと献金袋を作って一人がいくら献金したかを書くし――一年ごとに一人ずつの献金額を全部、書いている。これではダメなんです。お賽銭箱を置かないと。

山口　考えてみたら、アメリカやヨーロッパの政党の組織化も、そういった形で――飯を食わす、とか、とりあえず住むところをあてがう、みたいな対人支援活動から始まったんですよね。

佐藤　例えば大学でも、何人かの学生を具体的に見て、コンプライアンスが邪魔をしているけど、将来、自分が豊かになったら社会に還元するということを考えている学生で、経済的事情で学業を断念せざるを得ないようになった学生を応援してあげなきゃいけない。そういう学生には教授判断で奨学金をつけられるようにするといい。そのお金が一億とかあれば、相当人を育てられますよ。そうすると人間は不思議なもので、誰かに面倒を見てもらえば、返すんですよね。そういう具体的な人づくりをしていなかきゃいけない。民主党はそこが弱い。松下政経塾の連中は、政経塾の先輩後輩なら人づくりもするし、助けます。でも、それがじゃれ合っているような感じになってしまっている。だから広がりが持てない。どこにその問題があるのかよく見えないんですね。自民党はもう論外で、自民党の一、二年生議員に魅力のある政治家なんてほとんどいないですね。

山口　そうですね……これは後知恵というか、今こんなことを言っても後悔するばかりですが、昔の中選挙区時代の政治家は、自分で後援会を立ち上げて、いろんな人と付き合いながら、支持者を広げる努力をして政治家になってきた。そこのプロセスを全部すっ飛ばして、何かのはずみで国会議員になった人ばかりになると、政党はダメになりますよね。

佐藤　だから、自民党で今でも強いところというか、今でも魅力を感じるのは地方議員ですよ。陳情を細かく処理して、なおかつこんなシーソーゲームになっちゃう国政は嫌だと言って、国政には行かないで県会議長を狙うとか。主要な市の首長を狙うといった自民党の草の根の保守の議員たちが必ずいるんです。どの県議会でも、保守の会派は必ず複数あって、仲が悪い。そうして切磋琢磨しているから、かつての派閥の競争は、実は地方では結構残っている。だから、自民党の地方組織は魅力ありますよ。

　民進党はもっと連合を大切にしてほしい。みんな連合の悪口を言うけど、組織労働者が強くなることによって政党も強くなるんですから。だから連合をもっと強化して、連合にとって裨益することを民進党はもう少し前面に出して、我々は組合に推されている政党なんだということでいいと思うんですよ。

「一君万民」で社会的統合を回復できるか

山口　小泉時代に「既得権」を徹底的に否定的シンボルにして、自民党の支持基盤である農協や医師会、業界団体とか、民主党の基盤だった労働組合も既得権を守る守旧派団体のような感じで徹底的に切り捨ててきた。そのことが民主政治の土台を相当壊してしまいましたよね。
佐藤　そうですよね。その既得権益の中で唯一切り込めなかったのが、宗教だった。それは自民党においても、民主党においても。既得権益の中での改革競争で、一時そちらに走りましたよね。彼らが手を突っ込むことができなかったのが宗教です。宗教団体への課税もできない。というのは、宗教団体は、立正佼成会にしても真光教にしても天理教にしても、票を持ってこれるから。自民党の方は逆に、創価学会一極ですね。結局、既得権益の中で残った部分が強くなった。民主党の選挙だって、宗教戦争の要素が強いじゃないですか。
山口　そうですね。立正佼成会にはずいぶん世話になっています。
佐藤　立正佼成会と、真光教、それから天理教。このへんはやっぱり大きな力を持っていますからね。

山口　結局、人間の持っている権利とは、見方によっては全部、既得権になるわけで。

佐藤　その通りです。だって、教授会の持っている人事権だって既得権益ですからね。そんなのは既得権益で、学校の利益にプラスになるような人を入れていない。それだったら理事会に権限を渡すべきだということも十分あり得る。

山口　国立大学はすでにそうなっていますね。

佐藤　現実の政治を考えた場合、民・公はいいと思う。もし民進党が、今の自・公との関係で公明党を切り崩すことができれば、日本の政治構造は相当変わると思いますよ。でもそのためには条件があって、公明党が宗教政党にならないといけない。要するに、公明党が今のような訳の分からない「公明正大な世の中を作ります」みたいな党じゃなくて、自分たちは創価学会に裏打ちされた、そこをベースにした価値観を共有する形で——もちろん世俗政党です、しかしその価値判断においては日蓮仏法があるから、その意味では王仏冥合の価値観政党ですと言えばいい。そうすると、その価値観と反する、例えば排外主義者は公明党には入れない。

この前、山口那津男さんと話して非常におもしろいと思ったのは、彼は共産党の国民連合政府に、非常に違和感を覚えると言うんです。というのも、私なりに彼の言葉を整理すると、共産党のベクトルが危険なのです。要するに、「人民的議会主義」とか「民主連合政府」と言って「国民」という言葉を忌避していた人たちが、国民連合政府と言うことになると、政治の基本を国籍に置いていくことになるんじゃないかと。

公明党は、結党の時から「大衆とともに」「民衆とともに」と言っていて、大衆・民衆・国民の順番でこれは結党五〇年でも変えていない。自民党が「国民政党」だということに対して、我々は「大衆政党」なのだと。その心は何かと言えば、日本国籍保持者以外と無国籍者を含めて、こういう人たちも政治の主体であるという考え方に立つから。今回、五〇周年党史を作った時も、「大衆とともに」でした。大衆の利益を尊重して、その次が国民。だから「国民の生活が第一」でもなければ、国民連合政府でもなく、大衆の生活が大事で、大衆に根差した政治ということなんだけど、これは意外といいポイントをついている。

社会民主主義の弱いところは、結局は国籍のところでファシズムとの区別がつきにくくなっているところですよ。そこで「納税者」というけど、それだと今度は納税できない人はどうなのかとなる。そうなると、公明党が掲げている「大衆」という主体は、使い古された言葉だけど決して悪くはないと思うんです。

山口　ヨーロッパ的社会民主主義も、こうやって移民とかどんどん入ってくると、相当動揺して、むしろ福祉国家を守れということが排外主義の思考とくっついてくるというのが現に起こっている現象ですね。

佐藤　配偶者を二年間呼べない、家族の呼び寄せをさせないということになっていますね。これはリアルなところで、日本でも単身赴任で二年間家族と一切会えないということになったら、大変な家庭的なトラブルを抱えますよね。ましてや難民の場合は、残された家族は命にかかわる状況ですから、これは限りなく「来るな」と言っているのに近い状態ですね。あるいは家族を捨てる者しか受け入れないということ。我々もこういうことを考えていかないといけない。日本人って、そんなに冷たい人たちでもなければ、そんなに制度設計が下手な人たちでもない。ただ、政治にそれがうまく組み込まれていかない。

山口　安倍政治を克服するという問いは、単なる安倍個人の問題を離れて、社会の分断状況をどうやって政治が修復できるかということですよね。

佐藤　私もそう思います。安倍さんは、最後の賭けをしているのかもしれませんね。一君万民という、いわば日本イデオロギーみたいなものの残滓を総動員することによって、最後の社会的な統合を回復できるか。それから主観的には国家社会主義的な形で経団連と……彼は主観的には資本家と戦っているのかもしれませんね。ただ、安倍さんには社会的な基盤がない。それから、動員できるような民衆もいない。

山口　対抗する側も、それに対して、大衆とか民衆……何だろうな、人々の自己認識をするための言葉の提供から始めないと。

佐藤　それは重要ですね。どういう言葉を選ぶかということ。そこのところでも公明党は成功しているんですよね。ただし、その言葉が通じるのは創価学会員という範囲でしかない。その中においては、公明党は言葉を持っている。

新自由主義の限界とファシズムの潜在力

山口　民主党が維新と合併して名前を変えたけど、そこから何か人々に対して、「自分たちのために何かを言おうとしている」というメッセージが伝わる感じがなくて……。

佐藤　維新との合弁にしても、維新の残りかすとの合弁ですよね。まさにあの橋下徹という人物をどういうふうにして捉え、巻き込んでいくかということが一つのカギになっていく。あの人は、一定の範囲において人々を動員する力、言葉の力がある。自助の一つのモデルだと思うんですよ。自分でお金を稼げるから、政治で金を作らなくてもいい。それから、SNSだけでなく、旧来型のメディアであるテレビを上手に使える、これはすごい強みですね。SNSだとどうしても、ある程度の能動性のある人たち、それからネット情報強者になっちゃう。だからネット情報の弱者であり、なおかつ受動的な形でマスな回路を使える政治家というと、やっぱり橋下さん。関西に行くと、必ずタクシーの運転手に橋下さんの評価を聞くことにしている。悪く言っていた人はいないです。

山口　ああ、そうですか！

佐藤　東京でタクシーに乗ると、今度は安倍さんのことを聞くけど、よく言っている人を聞いたことがない。

山口　橋下という人は、安倍・菅とくっついて憲法改正をやりたがっているそうですけど、あれをうまくプラスの方向に使う可能性はあるんでしょうか？

佐藤　無視できないプレイヤーなのは確かですね。下手な形で出張られると、限りなくムッソリーニみたいになってしまう可能性がある。ヒトラーじゃない、ムッソリーニですね。裾野の支持がありますから、より面倒ですよ。

山口先生とは毛色が合わないと思うんですけど、精神科医の和田秀樹さんのような人の言説をどう捉えるかということですね。最近彼は、社会の分断の克服とか、新自由主義の自己責任論をものすごく非難していますね。社会的な統合を回復しなければいけない。彼は、相続税なんて、九九パーセントで構わない、それだって社会主義ではないと言う。一〇億円持っていて、税引き後の残りが一〇〇〇万でも、全然社会主義ではないと、それくらいのことを言っている。学校教育などの現場のいじめ対策でも、ある線を引いて、すぐに警察を入れろという発想ですね。

彼のような制度設計と橋下さんがくっつくと、けっこう力を持つと私は思うんです。彼は今度、朝日新書から『この国の冷たさの正体』という本を出していて、比較的売れている。私も毎日新聞で書評をしました。要するに、産経新聞の「正論」のラインだった人が、ぐーっと朝日の方向にシフトしているようなものだけど、よく見ると彼の発想こそがソフトファシズムなんですね。そこに朝日新書が魅力を感じてきている。やはりファシズムは、潜在力をまだ失っていないんです。新自由主義の限界は明らかになっていて、ソヴィエト型共産主義——統制経済、計画経済プラス合理的に社会を構築できるということ、それから性善説に立っていますよね、このシステムも限界に来てしまっている。

そうなると、過去に歴史に出てきているものは、宗教をベースに何らかの社会を作っていくことを除けば、ファシズムしかないんですよ。ファシズムは、途中からナチズムとくっついてしまったために荒唐無稽なものとして扱われてしまったけど、イタリア型のファシズムはまだ潜在力を使えてないような感じがします。それだけに怖いですよね。

ただ、ファシズムはやっぱりダメなんです。どうしてかというと、最終的には内側と外側を分けて、運動によって、戦闘の精神によって、その指に止まるものが内輪ですから。だから、障害があってもとりあえずその内側に入れる者は、力が弱くても、病気を抱えていてもいいのですが、入れない人間は「非国民」ということで、弾圧を加えるというよりも無関心なんです。

どこか中世のキリスト教に似ていると思うんですよ。キリスト教会から破門されるというのは、別に火あぶりにされるわけではないですね。ただ、コミュニケーションをとれなくなる。エクスコミュニケートされるわけだから、どこにも住めなくなって森の中に行くしかない。森の中にいて、自ら開墾して生活している分には誰も文句を言わないけど、誰もコミュニケーションはとらない。ファシズムはそういう人たちを生み出してくる。多分、狼男伝説というのは、そういう形で排除された人々に対する共同体の側からの恐れからできたものだと思う。だから、ファシズムでもないという形で何が作られるのかということ。そうすると、柄谷行人さんの第四象限のXじゃないけれど、普遍宗教になっていくわけですよね。

社民主義を国家に依存しないで構築する課題

山口　私としては、『官僚階級論』の最後にも出てきた、社会民主主義を国家に依存しない形でどうやって構築できるかというあたりが、多分、一番大きな今後の課題になってくると思います。水野和夫さんとの対談では、柄谷行人さんの言う市場によらない交換を具体化するという話も出てきました。

佐藤　例えば、沖縄はそれができていると思います。今回の統計でも、沖縄で子どもの貧困率が非常に高く、四十数パーセントに達している。それは、沖縄にも本格的に商業経済が到達してきたということと、ゆいまーる制が崩れかけているということ。今、翁長県政で政治においてはオール沖縄ができている、それで社会でもオール沖縄を作るという重要な課題ができたわけです。翁長県政が子どもの貧困を解決できるか、今、政権に突き付けられた最大の社会の問題となってきている。それに対して、子ども食堂であるとか、そういう具体的にお腹がいっぱいになって、勉強ができる環境をどうやって整えていくかという制度設計を、至急やらないといけないですね。

山口　そうですね。私のゼミでも、そういう子どもたちに勉強を教えるボランティアをやっている子が何人かいます。

佐藤　それは重要ですよ。重要なのは、そこにお金をつけることです。大学が、子どもたちの勉強を見ている学生たちにお金をつけないといけない。完全に無償になっているでしょう？　それはよくない。自分たちにも居酒屋でバイトをするのと同額くらいの収入がある、そして社会的にも意義がある、こういうメカニズムを作ることができればすごくいいと思うんです。

二年間それでやってみて、その記録をとって、こういうチームを作り、お金はこれくらいかけてやってみたら、子どもたちの学力がこれくらい向上した……というのを、学生たちにまとめて見せる。あるいは子どもたちに食事の方も問題がないのか、問題があるなら夕飯を一緒に食べて、その時の食事代も先生たちが面倒を見てやる。こういう小さい事例でいいから、二年くらいのスパンでやって成功例を積み上げていくことだと思うんです。

山口　確かに、そういう社会的な実践のところから攻めていって政治を変えていくことをやらなければいけませんね。

佐藤　山口先生にはそれを発信できる力があるわけですから。そのモデルで二年間で何らかの成果が出て、学生も満足ができたとする。他のバイトで消耗せずに、社会性のあるバイトでそれなりの報酬もあった、だからこのモデルはいいぞ、ということになれば、その学生が社会に出てからも手伝ってくれると思うんですよ。そういったみんなに共通のコンセンサスによって、よき納税者を作る。社会に出てから税金を払うようになるということが、実は成長戦略だということ。人間のプライドを大切にした、心の政策が重要ですね。

また、直接面倒を見る子どもたちの数を増やしすぎないことです。三〇人とか五〇人は無理だから、ちゃんと面倒を見られる一〇人なり五人なりを、三人くらいで見るくらいがいいと思いますよ。私も思いっきり協力しますから。

山口　それは新年度に学生と相談してみましょう。社会を変えるというのはそういうことですよね。そういうことの積み上げ。

佐藤　最近、私は川崎のフードバンクを見て、これは大したものだ、全国に広げるべきだと思っている。自分自身が母子家庭だった人が、他の人から食料を助けてもらったのが助かったということで、企業に呼びかけて賞味期限が三分の一になった食事を分ける。果物なんかはその日のうちに分けちゃう。今はどこを中心に分けているかというと、レトルトものを特に歓迎していて、これは障害のある人のためなんです。レンジにかけるだけだから、非常に簡単に作れる。

私は同志社の神学部でも教育をしているんですけど、社会福祉的なところに行きたいという学生たちが多い。ところが、いきなり介護ということになると、なんで大学院まで出て介護の現場に行かないといけないの、という反発がある。だから今、同志社の神学部の学生たちに勧めているのは、お前らの成績だったら公務員試験に受かるから、地方公務員を受けろ、ということです。それで生活保護とか、社会福祉とか児童養護施設などは、希望者が少ないから手を挙げればすぐに行ける。公務員としてそのあたりの仕事をやっていくのは、非常にやりがいのあることだよと言っています。少しずつ、自分のできる場所で人を作って押しこんでいくことですよね。公務員になる若者を、私が関与している静岡芸術文化大学と同志社大学と名桜大学で、年に一〇人作れれば、一〇年間で三〇〇人だから、何らかの影響は出てくると思うんです。最近は、そういったミクロなことに興味がありますね。

終章　民主政治の危機と好機

山口二郎

本書は、安倍晋三政権が進める日本の民主政治と市民社会の破壊に対して、抵抗と対抗提案を打ち出す人々と私の討論を収めた。このまま安倍政権の好き放題を許していては、戦後の民主政治と人々の生活が取り返しのつかないまでに破壊されるのではないか、二〇一六年の参議院選挙でこれを止めることができなければ、この年は日本の民主政治にとってのポイントオブノーリターンになるのではないかという危機感が、すべての論者に共通している。各論をふまえ、日本政治の今をやや広い／長い、空間／時間軸に位置付けて説明し、これからをなるべく希望的に展望してみたい。

1　アベ化する世界――民主政治の世界的危機

他者に対する敬意を欠いた自己愛過剰の政治家が権力を奪取し、あらゆる規範や常識を無視して権力を行使することによって自分の目的を追求する、という現象を「アベ化」と名付けるならば、既遂、未遂を含めて、世界中でアベ化が進行している。その先頭は、アメリカ共和党の大統領候補を目指すドナルド・トランプであろう。少数派や移民を排斥し、嘘を平然と垂れ流しつつ、「アメリカを再び偉大な国に」というスローガンで保守層の支持を集めている。経済界のエリートに奉仕する堕落した政府にも、少数派の人権が尊重される社会にも不満を募らせている白人男性がその中心である。ヨーロッパでは、つい最近までのイタリアに君臨したメディア王、シルビオ・ベルルスコーニ、フランスで移民排斥を唱える国民戦線の指導者マリー・ルペンも同類である。

一連の現象は、民主政治の脆さを示している。民主政治はいくつかの壮大な虚構（fiction）あるいは建て前の上に成り立っている。人間は知的能力、経済力、情報量などにおいてさまざまである。それらに関する違いを一切無視して、すべての人間は平等であるとみなし、人々の投じた票を同じ価値として計量するというのは、フィクションの極みである。人間には、他者に同情し、人間の尊厳を互いに守るという崇高な性格もあるが、自分と違った人間を見下し、差別したがるという劣情もある。民主政治あるいは文明社会は、人間が他者と接する社会生活を営むときには劣情を抑え込み、崇高な性格を表に出すという建前の上に存在する。この前提が崩壊すれば、民主政治も崩れ去る。

また、フィクションが現実とは乖離したものであることを知りつつ、それに基づいて世の中のルールを組み立てるという作業は、人間だけにできる知的なものである。しかし、人間は他の動物よりも知的であることを喜ぶとは限らない。知的作業は面倒であり、辛気臭い。感情をストレートに発散した方が楽だ、気持ちいいと感じる人も大勢いる。知性の重荷を否定する人間が多数派になれば、建て前も唾棄される。

いまや、世界中でデマゴーグが民主政治を支えてきた建て前がフィクションであると声高に言い立て、それがさも重大な発見であるかのように誇っている。そして、ものを考えることを面倒がり、疎ましく思う人々がフィクションに縛られなくてもよくなったと解放感に浸っている。

建て前が成立するためには、さらにその下に前提条件があった。古くから、衣食足りて礼節を知ると言い、孟子は恒産なくして恒心なしと言った。生活の安定がなければ、他者の尊重だの人間の尊厳だのと建て前を唱える余裕はない。物的な生活基盤だけでなく、精神的な基盤、他者から信頼されているとか必要とされていると感じられることも、恒心や礼節の必要条件であった。グローバル化が世界を席巻してきたこの二〇年ほど、心身両面の基盤が破壊されてきた。今までの安定した生活を奪われたという被害者意識を持つ人々、将来の生活の見通しを持てないという不安を持つ人々は、礼節や恒心は無縁である。ヨーロッパでは、イスラム教を信じる異質な人々が怒濤のように流入し、ヨーロッパ人のアイデンティティを脅かしている。

このような状況では、民主政治の依拠する脆い前提の虚構性をあげつらい、人々の劣情を煽るところに政治的好機を見出すデマゴーグが出現するのも当然である。今、民主政治は一九三〇年代以来の危機に直面しているということもできる。

こうした共通性の中で、さらに本家日本のアベ化の特徴は何か。

第一は歴史の忘却、あるいは自己中心的な捏造と建て前の否定が結びついている点である。アメリカやフランスのデマゴーグは、合衆国憲法やフランス人権宣言に回帰し、それを忠実に実践するのは自分たちだと正当化する。憲法や人権宣言はすでに伝統である。伝統に忠誠を誓ったうえで、移民は十全な権利の主体ではないし、女性の権利を否定するイスラム教徒には人権など認めるべきではないとする理屈を立てる。憲法や人権宣言の適用範囲を狭めることによって、真の市民とその他の敵を識別する。

日本の場合、憲法は伝統ではない。人間の平等や権利の不可侵という建前は、第二次世界大戦で日本が負けたため、アメリカから押し付けられた外来の観念であり、日本人の体質や発想に合わないというのが安倍たちの考えである。建て前の虚構性を主張するとき、敗戦の歴史を否定し、さすがに負けていなかったとは言えないため、あの戦争は間違っていなかったという強がりを言う。憲法の縛りから自由な国家権力を現出させること（集団的自衛権の行使容認はその典型）は、憲法の正統性を否定することであり、それが、アベ化の大きなテーマとなる。建て前の否定が、建て前の成立以前に存在していた古い国家形態の正当化と連動するのが安倍政治の特徴である。

第二は責任の不在である。建て前の破壊はもちろん権力者の作為である。しかし、日本の場合、権力を正面から振りかざして建て前を壊す、あるいは建て前を守ろうとする人々を抑圧するという形を取るとは限らない。むしろ、建て前を自発的に放棄するよう仕向けるところに権力を発揮することが多い。

最近の放送メディアに対する威嚇はその典型である。自己愛過剰の権力者に取って批判的なメディアは邪魔物である。しかし、報道の自由という建前があるため、戦前のような弾圧はできない。そこで、監督官庁の長である総務大臣が著しい不公平があれば放送局の放送免許を停止、取り消しするという「一般論」を述べ、何が不公平にあたるかは放送局に考えさせるという手法を取る。権力との間で紛糾を起こしたくないメディアは、政権の意向を忖度して、自発的に批判的な論調を抑え込み、報道の自由を自発的に放棄する結果となる。

報道だけではなく、学校や社会教育など様々な世界で、同調圧力による建て前の放棄という現象が進む。学校や公の施設で政治的なプロパガンダをしてはならないという一般論が強調される。すると、教師や施設管理者は、憲法を守れなど、現政権の進める政策に敵対するメッセージを発する運動を抑圧することとなる。

もちろん、安倍政権が今までの自民党政権にないほど、直接的、恣意的に権力を行使していることは確かである。辺野古新基地建設をめぐる安倍政権と沖縄県の紛争のように、法律に基づいた権力行使が争点化されれば裁判で理非曲直を明らかにすることもできる。しかし多くの場合、人々は自発的に自由を制約しているのであり、命令の発出主体が見えないという意味で、権力の中心が空虚であるということもできる。責任不在の日本において、巨大な権力は中空構造に見えるというパラドクスがある。

2　日本の民主化というプロジェクトの途上

ここまで述べたように、日本政治の現状は決して楽観できない。しかし、この二〇年余りの日本政治の試行錯誤の歴史の中に現状を位置づけると、多少違った絵も浮かび上がってくる。

安倍政治について、しばしば昔の自民党ではこのような強権的な支配はありえなかった、与党の中からブレーキがかかっただろうという批評が聞かれる。確かに、昔の自民党には派閥が跋扈し、反主流派は総理・総裁の足を引っ張った。六〇年安保の騒動の中で岸信介が退陣したのも、国民世論の批判は大前提ではあるが、自民党内の反主流派が岸を追い込んだという面を無視できない。しかし、派閥政治には金権腐敗という大きな害悪があり、これを克服するために一九九〇年代に選挙制度改革や政党助成金制度を実現した。政党の中央集権化は、改革の際に意図した結果である。問題は、集権化された政党の上に、人口減少や経済構造の転換という本来の政策課題に対応する的確なリーダーシップが形成されているのではなく、時代錯誤的なナショナリズムを鼓吹する独裁的リーダーが君臨していることである。

古い病弊を是正するためにある治療を行ったところ、一時的に治療は成功したように見えたが、新しい病気が発症したというのが現状である。現状がいやだからといって、今更アンシャン・レジームに帰ることはできない。金権腐敗の派閥政治と決別したことは、これからの政治を考える際の前提である。新しい病弊に対してはその都度粘り強く治療を試みるしかない。

五五年体制といわれる自民党による一党支配からは、我々は離脱した。今の安倍政権は、公明党との連立なしにはあり得ないものであり、昔の自民党政権と比べれば、脆い基盤の上に載っている。

政治や行政の世界では、この二〇年の間に、人々の使う言葉や常識に関して、大きな変化が起こっている。情報公開制度は定着し、パブリック・コメントなど市民参加の手続も中央、地方の政府で当たり前のものとなっている。政策決定に関する様々な資料は官庁のホームページに上げられている。実態として官僚の隠蔽体質は残り、市民参加も形骸的なものにとどまることが多い。それにしても、これらの制度を前提として官僚が動かざるを得ないということは、民主主義の進化にとって大きな前進と言わなければならない。

二〇〇九年の政権交代については、民主党政権の失敗という国民的記憶が強い。しかし、現実には政権交代によって生じた大きな変化がいくつもある。たとえば、審議会の委員の人選が変わり、ＮＰＯや障がい者対策などの分野では市民活動も政府の審議会に入って政策立案に加わった。その結果、新しい立法も実現した。福島第一原発の事故の後には、討議型世論調査が行われ、二〇三〇年代までに原発ゼロを目指すという政策が一度は政府によって採用された。民主党政権については期待が大きすぎたために合格点という評価はない。とはいえ、日本政治の歴史の中に重要な経験を残したことは事実である。五五年体制の崩壊という地点からの政治の動きを日本の民主化とみるならば、少しずつではあるが民主化は進んでいると評価することができる。

この点については、亡くなった篠原一が唱えた政治的移行（transition）という概念が参考になる。『世界』の二〇一〇年一一月号に掲載されたインタビュー、「トランジション第二幕へ」で篠原は次のように語っている。このインタビューは、政権交代の後、参院選で敗北し、民主党の風向きがおかしくなったときの、篠原による現状分析であった。

「こういう変動の時期は、ものごとをイベントや点として見るのではなく、長いプロセスとして、線として見る発想を常に持っていなければいけないと思うのです。（中略）

日本人はせっかちだから、すぐ「改革をほとんどやっていないじゃないか」という。そのためにもトランジション（政権移行）という概念を導入したほうがよいのではないかと思うわけです。トランジションは革命ではないから、長い時間がかかる。（中略）

日本の場合、（五五年体制が）成功したからこそ、その体制が長く続いたわけなので、これを転換することは容易ではない。逆行したり、元に戻ったりすることもある。トランジションとはそういうものなのです。」

安倍政治は篠原の言う「逆行」である。この逆行が変革の起点からさらに昔に戻る反動になる危険もある。しかし、民主化の中の一つの段階と考えるならば、この逆行を食い止めることについて、絶望感を抱かなくても済むだろう。

前進と逆行のせめぎあいは今も続いている。二〇一五年の安保法反対運動も、前進の動きの現れであった。この運動は、日本に新しい政治文化をもたらしたということができる。SEALDsに代表されるこれらの市民運動の意味を確認しておきたい。一言で言えば、民主主義を支える能動的な主体がようやく日本でも出現したということである。明治維新後、近代的な民主主義の制度や理論が欧米から輸入されたが、それを現実に動かす主体は不在であった。民主主義を担う市民をいかに作り出すかは、政治学のみならず社会科学にとっての伝統的な課題であった。かつて、和辻哲郎はヨーロッパ留学の経験をもとに、日欧の政治文化を比較して、日本においては個人の不在が公共への無関心をもたらし、それゆえ民主主義が成立しないことを慨嘆していた。やや長くなるが、『風土』（岩波文庫）から引用したい。

「「家」を守る日本人にとっては、領主が誰に代わろうとも、ただ彼の家を脅かさない限り痛痒を感じない問題であった。よしまた脅かされても、その脅威は忍従によって防ぎ得るものであった。……

それに対して城壁の内部における生活は、脅威への忍従が人から一切を奪い去ることを意味するがゆえに、ただ共同によって争闘的に防ぐほか道のないものであった。だから前者においては公共的なるものへの無関心を伴った忍従が発達し、後者においては公共的なるものへの強い関心関与とともに自己の主張の尊重が発達した。デモクラシーは後者において真に可能となるのである。共産党の示威運動の日に一つの窓から赤旗がつるされ、国粋党の示威運動の日に隣の窓から帝国旗がつるされるというような明白な態度決定の表示、示威運動に際して常に喜んで一兵卒として参与することを公共人としての義務とするごとき覚悟、それらはデモクラシーに欠くべからざるものである。」（『風土』、岩波文庫、二四九頁）

いうまでもなく、自民党政治は「公共的なるものへの無関心を伴った忍従」の上に立脚してきた。今までも六〇年安保や公害反対など、市民が関心を持って政治的表現を行ったことはあった。しかし、政治的な勢力に成長することはなかった。とくに、一九六〇年代以降、高度経済成長からバブルの時代には、経済的豊かさの追求という勢いが国民を統合した。人々は政治に目を向けることなく、私生活の豊かさと快楽に関心を向けた。それは自由主義の一つの形ではあった。それはまた、内政、外交の基本的な枠組みが固定され、大きな政策の方向性を問うという意味での政治が不要であった時代状況の反映でもあった。

そして、自民党政治の下で「公共」というシンボルは、もっぱら戦後民主主義における個人の尊重や人権保障の「行き過ぎ」を批判する意味で用いられた。和辻の議論とは正反対に、自己の主張を圧殺したうえで、社会の多数派、主流派への同調を求めるという文脈で、公共性を重んじよという説教が行われたのである。

二〇一五年安保では、人々は自分たちが生きる社会にとっての公共性を自ら探し求めて、立ち上がった。安保法制については、新規の立法を必要とする客観的な現実の出現や変化（法学で言う立法事実）が存在しないことが専門家によって指摘されていた。つまり、集団的自衛権の行使や安保法制の制定は、安倍首相が自らの私的な願望を実現するために企てたものであった。その意味で、公共性を欠く立法であった。これに対して、人々は今の日本にとっての公共の利益は何かを考え、それを守るために行動を起こしたのである。

さらに、この運動の成果の上に、多くの市民は議会内の勢力を変えるというより政治的な目標を設定し、二〇一六年の参議院選挙における野党協力を求めて粘り強く運動した。特に、地方の一人区における野党統一候補の擁立を求めた。野党の間には路線の違いや今までの行きがかりから協力に消極的な勢力もあったが、結局、野党協力は実現した。議会や政党政治の外側における市民の運動が野党を変え、選挙協力を実現させたというのは、日本の政党政治の歴史の中でも、画期的な出来事である。

3　よい社会のイメージを広げる

政治の世界で立憲主義を守り、法の支配や基本的人権を擁護することは、今の日本にとって極めて重要な課題である。しかし、政治の世界だけでスローガンを叫ぶことで選挙に勝てるわけではない。すでに日本では、人々が経済的に困窮し、日々の生活を持続するだけで精いっぱいという状況が部分的に出現している。これがさらに拡大すれば、国民主権や基本的人権の擁護など、絵に描いた餅となる。すべての人間に健康で文化的な生活が確保されなければ、人々は政治に対する関心を持つ暇はなくなる。

選挙の際には、安倍政権が進める経済成長政策に対して、オルターナティブを提示することが不可欠である。各種の世論調査が示す通り、安倍政権が進める憲法改正、原発再稼働などの政策に対しては、国民の多数は否定的である。しかし、安保法制の国会審議の最中を別とすれば、内閣支持率は常に五〇％前後で推移している。人々が安倍政権を支持する理由の一つには、中国や北朝鮮の脅威に対する漠然とした不安を抱えているので近隣諸国に決然たる姿勢を示すリーダーを求めているという理由があるだろう。もう一つは、各人が自分の生活実感において恩恵を感じないとしても、いわゆるアベノミクスによって株価が上がり、企業収益が増加したという景気回復のイメージが重要である。安倍首相自身、株価を維持することに強い関心を持っていると伝えられる。人々にとって自分の生活を守ることは最大の関心事であり、景気や雇用に関する肯定的な指標を見れば政権を支持しようという気になることは、当然である。

水野和夫氏が言うように、いま世界中で資本主義経済は資本の自己増殖の機会を塞がれてのた打ち回っている。安倍政権をはじめとする多くの国の政府は、そうした資本に奉仕することを自らの任務と考え、マイナス金利など、資本主義の常識に反する政策を総動員している。しかし、かつてのような成長は望めないだろう。また、人為的な為替安や雇用の規制緩和によって企業の収益を増やしても、富は人間には分配されない。企業は将来不安を口実に、富をため込むばかりである。

外岡秀俊氏が新しい成長戦略の必要性を述べたのは、決して安倍流のＧＤＰ拡大の模倣ではない。環境への悪影響を極力小さくしながら、人間の尊厳ある生活を持続するための経済活動を継続する知恵を絞れという意味であろう。水野氏の現状分析を前提としながら、新しい生産と消費のあり方を考え出せというのが、外岡氏のメッセージだと私は理解する。

自動車、耐久消費財、着る物や食べるものに関しては、消費が飽和状態に達している。しかし、介護、育児、医療などの対人サービスに関しては、供給が需要に追い付かないミスマッチが一層深刻化している。「保育園落ちた、日本死ね!!!」という女性のネット上の発言が、政治にも衝撃を与えている。実際、対人サービスの決定的不足は、人口減少、さらに社会の収縮への道を開いている。

多くの経済学者が指摘しているように、そこにこそ成長の機会がある。人間の尊厳を守るための対人サービスを市場化するのではなく、サービスの供給体制を公共的インフラストラクチャーとして整備し、そこで働く人間にも尊厳ある生活や労働を確保することこそ、アベノミクスに対抗する経済政策の柱となる。

もう一つの課題は、エネルギーの転換を持続可能な経済成長と結びつけることである。山岡淳一郎氏が明らかにした通り、原発はすでに終わった産業技術である。世界の中で日本の電機メーカーが最後にババを引かされている。再生可能エネルギーの拡大以外に、日本経済が立ち直る道はない。

エネルギー政策の転換は、日本の民主政治の再生にとっても不可欠のテーマである。3・11から五年たち、原発事故の記憶も風化する中で、安倍政権は原発再稼働を進めている。正確に言えば、政府が記憶の風化を進め、事故の真相究明を放棄している。このような原発政策は、かつて日本が無謀な戦争に突き進んだ時の「無責任の体系」（丸山真男）の繰り返しである。失敗を失敗として認めず、希望的観測に基づく成算のない政策を漫然と維持する。そして、失敗のつけはすべて国民にかぶせ、政策を立案、決定した一部のエリートは自己利益を追求する。こうした無責任の体系を克服することができるかどうか、今を生きる日本人の決意と力量が問われている。安倍政治との決別は、無責任の体系からの脱却でもある。

最後に、政党の課題について述べておきたい。二〇一六年三月に、民主党と維新の党が合併して、民進党が結成されることになった。私は、自民党に対する対抗勢力として民主党を応援してきた。一強多弱と言われる状況で大きな対抗勢力ができることは、政治を転換するために必要なことだとは思う。しかし、新しい野党の行方を占うことにはあまり意味がない。新党の内部対立やまとまりのなさをあげつらうことにはもっと意味がない。

二〇一五年秋の安保法制成立以後、立憲主義を擁護する多くの市民が野党協力を求める声を上げ続け、その民意を受け止めて参議院選挙に向けて野党が協力の体制を作ったことの方が、新党結成よりも、日本の政党政治にとっては重要な意義を持つ。市民が能動的、積極的に発言、行動し、政治家や政党はその後を追いかけるというのが、民主政治の一つの姿である。新党には期待もあきらめも持たず、取るべき理念や政策を叫び続けることによって、野党が少しずつ進化するというシナリオを追求するしかない。そのための市民の政治的実力については、楽観できるというのが今の私の結論である。

[著者紹介]

内田　樹（うちだ・たつる）
1950年 東京生まれ。東京都立大学大学院人文科学研究科博士課程中退。現在、神戸女学院大学名誉教授。武道と哲学研究の学塾「凱風館」主宰。著書『ためらいの倫理学』（角川文庫）、『私家版・ユダヤ文化論』（文春新書、第6回小林秀雄賞受賞）、『日本辺境論』（新潮新書、新書大賞2010受賞）他。

柳澤 協二（やなぎさわ・きょうじ）
1946年 東京生まれ。東京大学法学部卒。70年防衛庁入庁。防衛研究所所長、内閣官房副長官補などを歴任。現在、NPO法人・国際地政学研究所理事長。著書『亡国の安保政策』『検証 官邸のイラク戦争』（以上、岩波書店）、『自分で考える集団的自衛権』（青灯社）、『自衛隊の転機』（NHK出版新書）他。

水野 和夫（みずの・かずお）
1953年 愛知県生まれ。早稲田大学大学院経済学研究科修士課程修了。三菱UFJ証券チーフエコノミスト、内閣官房内閣審議官などを歴任。現在、法政大学法学部教授。著書『人々はなぜグローバル経済の本質を見誤るのか』（日本経済新聞社）『資本主義の終焉と歴史の危機』（集英社新書）他。

山岡 淳一郎（やまおか・じゅんいちろう）
1959年 愛媛県生まれ。早稲田大学文学部中退。ノンフィクション作家。東京富士大学客員教授。著書『田中角栄 封じられた資源戦略』（草思社）、『原発と権力』『インフラの呪縛』（以上、ちくま新書）、『日本電力戦争』（草思社）、『国民皆保険が危ない』（平凡社）、『医療のこと、もっと知ってほしい』（岩波ジュニア新書）他。

鈴木 哲夫（すずき・てつお）
1958年 福岡県生まれ。早稲田大学法学部卒。フリージャーナリスト。テレビ西日本報道部、フジテレビ報道センター政治部、東京MXテレビ、日本BS放送報道局長などを経る。著書『政変劇の舞台裏』（葦書房）『政党が操る選挙報道』（集英社新書）、『最後の小沢一郎』（オークラ出版）、『安倍政権のメディア支配』（イースト新書）他。

外岡 秀俊（そとおか・ひでとし）
1953年 北海道生まれ。東京大学法学部卒。作家・ジャーナリスト。朝日新聞社でニューヨーク特派員、編集委員、ヨーロッパ総局長、東京本社編集局長などを経る。著書『北帰行』（河出書房新社、文藝賞受賞）、『地震と社会「阪神大震災」記』（みすず書房）、『震災と原発 国家の過ち』（朝日新書）他。

佐藤　優（さとう・まさる）
1960年 東京生まれ。同志社大学大学院神学研究科博士前期課程修了。作家、元外務省主任分析官。同志社大学神学部客員教授、静岡文化芸術大学招聘客員教授。著書『国家の罠』（毎日出版文化賞特別賞受賞）『自壊する帝国』（新潮ドキュメント賞、大宅壮一ノンフィクション賞受賞、以上新潮社）、『世界史の極意』『資本主義の極意』（以上、NHK出版新書）、『官僚階級論』（モナド新書）他。

［編著者］山口 二郎（やまぐち・じろう）　1958年岡山県生まれ。東京大学法学部卒。同大学助手、北海道大学法学部教授などを経て、現在、法政大学法学部教授。著書『いまを生きるための政治学』（岩波現代全書）、『政治のしくみがわかる本』（岩波ジュニア新書）、『若者のための政治マニュアル』（講談社現代新書）、『ブレア時代のイギリス』『政権交代とは何だったのか』（以上、岩波新書）他。

安倍晋三が〈日本〉を壊す
——この国のかたちとは：山口二郎対談集

2016年5月20日　第1刷発行

著　者　山口二郎（編著）内田 樹　柳澤協二　水野和夫
　　　　山岡淳一郎　鈴木哲夫　外岡秀俊　佐藤 優

発行者　辻　一三

発行所　株式会社青灯社
東京都新宿区新宿 1－4－13
郵便番号 160－0022
電話 03－5368－6923（編集）
　　 03－5368－6550（販売）
URL http://www.seitosha-p.co.jp
振替　00120－8－260856

印刷・製本　株式会社シナノ

ISBN978－4－86228－087－9 C0031

小社ロゴは、田中恭吉「ろうそく」（和歌山県立近代美術館所蔵）をもとに、菊地信義氏が作成